前沿科技·人工智能系列

中国数字人产业发展报告

中国仿真学会　组编

主编：丁刚毅

副主编：宋　震　赵立诺　宋雷雨

电子工业出版社
Publishing House of Electronics Industry
北京·BEIJING

内 容 简 介

数字人产业快速发展，以星火燎原的姿态逐渐蔓延至整个传统产业，对整个国家乃至全球的工业生产方式和经济发展方式都产生了巨大影响。作为数字人行业的第一本产业报告蓝皮书，本书对近年来数字人产业的发展和现状进行了研究，内容包括全国、全球数字人产业的总体现状，数字人相关的政策、技术发展、应用场景，及其在行业中的具体实践与应用情况。本书可以为国家相关部门、企事业单位，以及数字人行业从业者提供重要的决策参考和智库支持。

未经许可，不得以任何方式复制或抄袭本书之部分或全部内容。
版权所有，侵权必究。

图书在版编目（CIP）数据

中国数字人产业发展报告 / 中国仿真学会组编 ； 丁刚毅主编. -- 北京 ： 电子工业出版社, 2025. 1.
(前沿科技). -- ISBN 978-7-121-49546-5

Ⅰ. F492.3

中国国家版本馆 CIP 数据核字第 20253UW898 号

责任编辑：满美希　　　文字编辑：杜　皎
印　　刷：北京建宏印刷有限公司
装　　订：北京建宏印刷有限公司
出版发行：电子工业出版社
　　　　　北京市海淀区万寿路 173 信箱　邮编：100036
开　　本：720×1000　1/16　印张：16　字数：330 千字
版　　次：2025 年 1 月第 1 版
印　　次：2025 年 6 月第 2 次印刷
定　　价：98.00 元

凡所购买电子工业出版社图书有缺损问题，请向购买书店调换。若书店售缺，请与本社发行部联系，联系及邮购电话：(010) 88254888，88258888。
质量投诉请发邮件至 zlts@phei.com.cn，盗版侵权举报请发邮件至 dbqq@phei.com.cn。
本书咨询联系方式：manmx@phei.com.cn。

《中国数字人产业发展报告》
编委会

组　编：中国仿真学会

主　编：丁刚毅

副主编：宋　震　赵立诺　宋雷雨

编　委（按姓氏拼音排序）：

包仪华	保明喆	程诗雅	丁刚毅	邓秀军
范振峰	方乐雅	高　峰	甘杨雨	顾潇文
蒋　浩	久　子	雷景伊	李洪新	李林橙
李世尊	李淑静	李中秋	李卓骏	刘　铂
刘嘉俊	刘思涵	陆　峰	宁　静	农京瑾
潘怡丹	石羽碟	史　仪	宋雷雨	宋　毅
宋　震	邵天甲	王　浩	王纯璐	王鼎添
王　健	王　鑫	王　语	文　冬	翁冬冬
谢雪光	许　岚	徐裕琴	杨超然	杨　琢
余皓天	袁海杰	赵立诺	周佳庆	钟芝红

支持单位：

数字栩生（北京）科技有限公司

北京小元数科文化科技有限公司

北京小元筑梦科技有限公司

小哆智能科技（北京）有限公司

北京迪生数字娱乐科技股份有限公司

北京广益集思智能科技有限公司

北京度量科技有限公司

前言

虚拟数字人产业快速发展，已经让我们无法忽视虚拟数字人这种计算机图形技术从实验室走向大众化应用的现实情况了。数百亿美元的全球市值、日新月异的突破性技术，以及不断新增的应用场景，让活跃在计算机界面上的"数字生命"真正走上人类历史舞台。

虚拟数字人通常被称作"数字人"，"虚拟"二字往往被省略，其原因在于数字技术生成的事物在本质上就是"虚拟"的，似乎不必再强调"数字即虚拟"这个意思。"虚拟"与"实存"相对，是实在论哲学中的一对基础概念，它们建立在事物的自然本质上，即"虚拟"是无法在实在界中存在的事物，而"实存"是"虚拟"的反面，即存在于实在界中的事物。因此，"虚拟"可以泛指一切非实在界的事物，如绘画、电影、文学或人类的想象。这也是为什么"虚拟人"这个名称曾经昙花一现，但很快被"数字人"替代，因为虚拟人指称的对象太宽泛。而"数字人"一词在当下同样具有多义性："'数字人'可以指'数字生命'（digitalized zoe）与'数字生活'（digitalized bios）：'数字生命'是人在生物性的基础层面上被数字化，而'数字生活'则是人在共同体的社会-政治层面被数字化。"[1]因此，"虚拟数字人"是对这一事物最为贴切的术语，既说明了这一事物并非以数字文化作为基本生活形式的实存人类，也说明了它的技术根基。但是，对本书而言，我们在大多数情况下仍然使用"数字人"这一简称，以便读者阅读，也是为了方便与业界人士进行交流和讨论。

从文化上讲，数字人并非全新的事物，但却带来一个崭新的产业。从 1964 年波音公司创造的"波音人"（Boeing Man）到 2020 年以后柳夜熙、洛天依、AIYA 在互联网上走红，数字人实际上已经经历了一个甲子的发展历程。直至 2020 年前后芯片技术、计算机图形技术获得巨大发展，数字人产业才真正放开手脚（从曾

---

[1] 吴冠军. 健康码、虚拟数字人与余数生命——技术政治学与生命政治学的反思[J]. 探索与争鸣，2020, (9): 115-122, 159.

经成本极为高昂的逐帧制作模式，到如今可以大规模生成、即时驱动的低成本生产方式），终于完成了前产业化、民用化阶段，走向大规模生产、精细化分工、多元化应用的新阶段。

本书是关于中国数字人产业发展的研究报告。当下，我国已经成为数字人产业全球领先国家之一，对中国数字人的产业发展及时进行调研，具有极大的价值。本书在一定程度上具有智库作用，可以为有关部门、企业、业界人士，以及学者和艺术家提供参考。

本书共分为四个部分，即"总报告""政策与市场""技术与行业"和"应用案例"。

"总报告"主要从中国数字人产业、全球数字人产业、数字人传播情况和数字人核心分类法四个方面，介绍数字人在不同区域、不同领域的应用情况，以及数字人技术发展现状与趋势，勾勒了一幅基本的产业地形图。

"政策与市场"主要介绍与分析我国与其他国家的相关政策、法律及伦理保护情况，以帮助相关企业和人士了解这一领域的政策支持与法律规范，并总结当下数字人产业人才发展创新的基本情况。

"技术与行业"是本书的核心内容，这一部分不仅介绍了当下数字人发展的核心技术及其发展趋势，而且探讨了数字人与人工智能、教育行业、文旅行业、影视行业、服务行业的结合方式，便于各个行业的从业人士更多地了解数字人的用法与产业前景，推动对数字人的进一步应用与推广。

"应用案例"记录了当前产业中极具代表性的数字人制作、发行和应用案例，以及一些正在蓬勃发展的数字人企业的具体实践，可以为正在这一领域深耕的企业和业界人士提供更为实际的、具有可行性的落地参考方案。

参与本书编写工作的各位编委、教授和同学们，进行了漫长的、细致的调研工作，最终为读者呈现出这部角度多样、视野广阔的产业研究总集。中央戏剧学院的宋震教授，作为本书的第一副主编，进行了大量的指导和调研工作，这是本书得以问世的基础之一。北京理工大学光电学院的翁冬冬教授作为国家重点研发计划项目"实时高逼真孪生数字人关键技术研发与应用示范"的首席专家，对本书的出版起到了至关重要的作用，他联合了从学术界到业界、从理工科到新文科的力量，并解决了本书在概念辨析、技术细节上的关键问题。北京外国语大学的赵立诺老师作为这一跨学科领域的新锐力量，在全书的统筹、统稿以及指导研究方法方面，起到了重要的作用，也为本书提供了更为全面的新文科视野和理论方法。中国传媒大学的宋雷雨教授，不仅在广度上为本书提供指导，而且与学生一起共赴田野、亲力亲为，让本书的质量提升到一个更高的层次。

同时，我郑重感谢北京外国语大学国际新闻与传播学院的宋毅教授、邓秀军教授，北京航空航天大学计算机学院陆峰教授、北京科技大学智能科学与技术学院文冬教授、上海师范大学的钟芝红老师，没有他们的大力支持，本书不会有如此广阔而深入的研究成果；感谢王健、谢雪光、包仪华、刘铂、刘嘉俊、余皓天、甘杨雨，以及王语、程诗雅、方乐雅、石羽碟、徐裕琴、李卓骏、保明喆、李淑静、刘思涵、潘怡丹、史仪、许岚、顾潇文、宁静、农京瑾、王鼎添、杨琢等博士后、博士、硕士生们的积极参与；感谢数字栩生（北京）科技有限公司、北京小元数科文化科技有限公司、北京小元筑梦科技有限公司、小哆智能科技（北京）有限公司、北京迪生数字娱乐科技股份有限公司、北京广益集思智能科技有限公司、北京度量科技有限公司等业界同仁的大力支持，将他们的实践经验与科研成果无私地分享出来。

  本书的出版，是从技术、应用、政策等方面对中国数字人产业发展的一个较为全面的总结，既有对历史的回顾，也有对未来发展的展望。我们希望通过本书体现出来的调查研究工作，可以帮助国家和业界推动整个行业的发展，推动产业升级，促进技术创新，为数字经济、国民经济的发展带来更大的力量。

丁刚毅

2024 年 11 月

目录

01 第一篇　总报告

中国数字人产业发展现状综述　　002
全球数字人产业综述　　016
全球数字人传播发展报告　　031
数字人的核心分类法——原生数字人与孪生数字人　　047

02 第二篇　政策与市场

中国数字人政策比较研究　　062
中国数字人的科技伦理与法律监管　　077
数字人创新人才现状、需求与发展　　091

03 第三篇　技术与行业

数字人显示与渲染——传统渲染与数字人交互显示　　108
人工智能内容生成技术与数字人技术融合发展　　119
数字人在教育行业的应用与前景　　132
数字人在文旅领域的应用与前景　　143

| 数字人在中国影视领域的应用与前景 | 156 |
| 数字人在服务行业的应用与前景 | 169 |

04 第四篇　应用案例

数字梅兰芳的复现	180
"苏东坡数字人"的开发与应用	189
从动画到元宇宙——连接虚实世界的生命行为数字化	197
二维数字人直播带货	215
数字人技术应用与产业实践	223
高质量的数字人驱动方式——光学动作捕捉技术	230

第一篇

总 报 告

中国数字人产业发展现状综述

丁刚毅[①]　王　语[②]

摘要：中国数字人产业近年来蓬勃发展，产品形态丰富，参与者众多，创造了巨大的经济价值，并对社会产生了广泛的影响。本文以2023年中国数字人产业为研究对象，对数字人行业目前呈现出的迅猛但不均衡的发展现象进行了分析和阐述。本文着重探讨了几个问题：目前行业应用层竞争激烈，但基础硬件、软件核心供应相对薄弱；数字人应用领域B端拓展迅速，而个人产品尚不成熟；产业生态充满活力，但缺乏标准和规范；等等。

关键词：数字人；人工智能；数字人产业链；数字人商业模式；数字人产业生态

在"十四五"规划纲要中，虚拟现实技术被定位为数字经济的重点产业之一。虚拟数字人[③]成为数字经济的核心资产，在影视、游戏行业中已得到广泛应用。随着元宇宙概念的兴起，数字人的重要性日益凸显。2021年数字人相关企业融资事件共有2843起，融资金额达2540亿元[1]。在传统行业数字化转型及降本增效的推动下，中国人工智能（artificial intelligence，AI）数字人业务需求进一步释放，未来人工智能数字人将向着情感化、人性化的方向发展，为企业及个人提供更加贴近用户需求的服务。

本文专注于研究从2020年到2023年中国数字人发展的情况。具体来说，本文将深入考察国内数字人发展的技术水平、产业格局、应用范围、产业生态，以及目前发展中凸显出的特点、优势和挑战，以全球数字人产业发展为背景，探讨中国数字人产业如何巩固并提升。

[①] 丁刚毅，北京理工大学软件学院院长，教授、博士生导师。
[②] 王语，北京大学艺术学院硕士研究生。
[③] 以下简称"数字人"——编者注。

一、技术现状：硬件打底，技术架构，人工智能赋能

2022年，与整体经济下行形成对比的是，数字人领域呈现出逆势上升的态势，投融资活动明显超过了上一年。特别是在2022年底，随着整体经济的回暖，该领域内的投融资事件持续增加。

公开数据显示，2022年全年国内数字人领域融资事件超百起，融资金额超过百亿元；东方财富网的"虚拟数字人"板块指数在2022年第四季度增长了16%[2]。根据天眼查的数据，我国现有超过58.7万家数字人相关企业，其中超过27.8万家成立于2022年，比上一年增长了41.4%[3]。从企业注册资本来看，八成企业注册资本在500万元以内；从企业成立时间来看，超八成相关企业成立时间在3年内，而44.9%的企业是在1年内成立的[4]。

数字技术对于我国文化产业的发展产生了重大影响。根据国家统计局的数据，2022年全国文化及相关产业增加值为53782亿元，比上一年增长2.7%（未扣除价格因素），占国内生产总值的4.46%；多个省市（尤其北京市、珠三角等科技发展重地）也在近年来陆续发布了支持数字人产业发展的相关政策。北京市出台了全国首个数字人产业专项支持政策，旨在将北京市打造成全国数字人产业创新高地，预计在2025年实现这一目标[5]。因此，数字人产业在我国的发展情况整体处于向好的趋势，发展潜力巨大。随着人工智能技术的兴起，数字人领域迎来了新的发展契机。据多家数据机构预测，到2026年，我国人工智能数字人市场规模将达到102.4亿元[6]。商业分析机构量子位统计，多种对话式人工智能服务将升级为数字人形态，总规模预计将在2030年超过950亿元[7]。依托数字文化产业，数字人在文娱①产业领域，发展潜力尤为巨大。

在全球范围内，数字人都是炙手可热的新的经济增长点。根据对2023年全球数字人技术市场的现状及竞争格局的分析，数字人专利总价值超过50亿美元[8]。尽管在技术上国内外数字人行业并无明显的差距，处于同一起跑线②，但就产业发展情况而言，国内相比美国仍然存在差距：在全球范围内，在数字人服务、游戏应用等领域，美国一些企业已经相对较为成熟并获得市场认可；国内除了电商带货成绩斐然，其他行业的数字人应用仍然处在探索和尝鲜的阶段。

数字人制作离不开软件和硬件的紧密结合，其中硬件包括显示设备、光学器件、传感器和芯片，软件涉及建模、驱动、渲染等多个方面的技术支持。这一领域技术门槛较高，一般科技企业难以承担高昂的研发成本。在硬件方面，显示设

---

① 文娱，文化娱乐的简称。
② 陈龙强，张丽锦. 虚拟数字人3.0：人"人"共生的元宇宙大时代[M]. 北京：中信出版社，2022.

备扮演数字人成像的载体，包括手机、计算机、增强现实（augmented reality，AR）、虚拟现实（virtual reality，VR）等设备；传感器相当于数字人的五官，是实现人机交互的核心组成部分；芯片则是数字人进行数据处理、传输和内容分析等行为的核心组件。目前，数字人主要以图片、视频、实时直播和实时动画等形式存在于二维电子屏幕上；未来，虚拟现实设备和空间全息投影也将成为其重要的存在方式。在软件方面，数字人需要多方面的软件支持，包括建模、驱动和渲染等。目前，市场上创建写实数字人的建模技术路径主要分为静态扫描建模和动态数据捕捉。静态扫描建模主要采用相机阵列扫描建模的方式，而动态数据捕捉包括动作捕捉建模和动态体积视频两个方面。

在数字人驱动方面，现在主要采用智能合成结合动作捕捉的方式。二维（2D）和三维（3D）数字人都能够通过智能合成实现口型动作，其基本逻辑是建立从输入文本到输出听觉和视觉信息的映射，通过对采集到的文本、语音、口型视频和口型动画数据进行模型训练，生成一个能够根据文本驱动口型的模型，进而合成视频。然而，除了口型之外的其他动作，如眨眼、点头、微笑等，目前通常通过脚本方案将预录好的视频或动作进行选择性播放来实现。

实现上述方案的一个基础是动作捕捉技术，动作捕捉根据实现方式的不同分为光学动作捕捉、惯性动作捕捉等类型。光学动作捕捉通过对特定目标跟踪实现动作捕捉，其中最常用的是基于被动反射标记的光学动作捕捉；而惯性动作捕捉基于惯性测量单元（IMU）完成对目标主体动作的捕捉。光学动作捕捉精度较高，成本也较高；而惯性动作捕捉成本较低，精度也较低，容易受到累积误差的影响。

在渲染技术方面，基于物理的渲染技术（PBR）仍然是主流方案，它能够较为准确地复现皮肤表面的反射和次表面散射光线，从而使渲染效果更为真实。同时，渲染技术的突破进一步增强了数字人的交互性，使数字人与人工智能技术能够更好地融合在一起。

生成式人工智能技术与大模型技术的崛起也对数字人行业产生了重大影响。生成式人工智能技术对于数字人产业的帮助主要在于提高数字人内容创作的效率，降低成本和门槛并丰富创作内容。大模型技术增强了数字人的交互体验，以便满足用户的不同需求和喜好，一些艺术家和业内人士认为大模型为数字人注入了灵魂[9]。

过去三维建模依赖传统的计算机图形学（computer graphics，CG）技术，动作捕捉需要采集真人大量数据，现在算法可以高效生成三维模型，可以更加逼真地处理面部细节。大模型对二维数字人效果的提升更为突出。目前市场上出现了许多二维数字人定制工具，其基本生产逻辑为在模型内输入文案素材，算法据此生成数字人形象。创作工具的发展与普及让更多个人用户成为内容创作者，也带来了用户生成内容（user generated content，UGC）的繁荣。生成式人工智能作为内容创作工具，将进一步降低图片、视频等内容的创作门槛，帮助数字人创作者更便捷高效地生成内容，使更多没有技术背景但有创意的用户可以参与到数字人的创作中来。数字人形象具有很强的可塑性，结合生成式人工智能技术和大模型技术，能够在虚拟主持人、数字员工、虚拟偶像等新业态上满足用户的多样化需求，产生巨大的市场机会，推动数字人产业高速发展[10]。

此外，第五代移动通信技术（5G）、区块链技术等也成为数字人拓展发展方式和运用现有渠道的推动力①。利用区块链技术，可以对作品进行鉴权，证明与数字人相关的模型、图像、视频、音频等作品的版权归属，保证权属的真实性和唯一性。作品在区块链上被确权后，后续交易都会实时记录，实现数字版权全生命周期管理，也可以将其作为司法取证中的技术保障。

二、应用现状：千树万树梨花开

（一）产品形态：数字人的价值演变

目前，从技术上可以将数字人分为"原生数字人"和"孪生数字人"；从应用上可以将数字人分为"身份型数字人"和"服务型数字人"。它们在商业和经济层面发挥作用，其社会价值和精神价值也逐渐凸显。

具体而言，功能突出的数字人可以替代真人提供服务，主要有两种产品形态：数字人员工和数字人助理。前者可以在特定工作场景下（如政务、金融等）以客户服务人员、新闻播报人员和虚拟主持人等身份进行工作，后者主要提供日常陪伴、关怀等服务。此外，身份型数字人主要用于娱乐和社交，其中虚拟知识产权（intellectual property，IP）偶像推动虚拟内容生产，而虚拟世界第二分身则用于社交娱乐和替代真人进行内容生产和简单交互，从而减少对真人表演的需求，降低标准化内容的制作成本。就价值逻辑而言，可以分为两个方面：一方面，部分主体通过使用数字人技术和产品进行节流，以节省成本，增加可收入价值，这解释了许多主体为何采用数字人员工；另一方面，采用数字人产品可以创造新的角色形象，创造更大的经济价值，如运用数字人打造虚拟IP，实现直播带货。

目前，通用的数字人助理仍然处于初期阶段，而基于智能音箱等非可视化设备的语音助手仍然是主流。尽管拥有具体形象的数字人是智能虚拟助手的多模态高级形态，但其仍然需要一定时间转化并投入更多的实际运用场景。部分企业目前已经在这一方面进行尝试。美国 Hybri 公司已经推出了首个与增强现实相结合的人工智能虚拟助手应用程序[11]。使用者基于照片，可以利用它生成虚拟形象，该形象将以增强现实形式持续存在，进行简单的交互。国内知名人工智能虚拟助

---

① MITCHELL M. Artificial intelligence: a guide for thinking humans[M]. Pelican, 2020.

手，包括小冰、小爱同学、摩科数字人等，相关企业都在为语音对话系统定制专属数字人形象，但目前仍然处于对外展示阶段，受限于对实时渲染等方面的需求，尚未在实际产品中广泛搭载。人工智能党建助手是其中一个案例，它集语音识别、自然语言理解和虚拟人合成等人工智能核心技术于一身，能够提供新闻播报、知识咨询等服务[12]，试图解决偏远地区基层党组织红色教育困难的问题，实现党员教育向科技化、便捷化、数字化转变。

在国外，特定场景下的多模态助手已经成为数字人企业的业务发展重点，涵盖医疗顾问、日常陪伴、客户服务等领域。三星 Neon 项目的负责人普拉纳夫·米斯特里指出："这不是因为你想要更多知识，而是因为你需要和人聊天和有人陪伴。"[13]同时，国外企业对数字人外表逼真度的追求也日益加深，UneeQ、Soul Machines、Hour One 等企业在数字人的设计和制作上，都进行了大量投入。应用落地与形象还原也是国内数字人发展的重要方向。

目前，对数字人的应用并非只是建立在经济价值之上，一些数字人具有提供更多的社会价值与符号价值的趋向，特别是面向 C 端①和 G 端②的数字人。2023年杭州亚运会，全球首次数字人传递圣火，这代表杭州作为我国新一线城市的年轻化、前沿化发展方式，以及我国崭新的数字生态面貌。对于社会微观主体而言，数字人也逐渐发挥着身份象征的作用，如蓝色光标集团利用董事长的数字人分身，向全体员工送上新春祝福，体现了数字人在未来应用的新场景、新可能，也是对数字人与品牌营销相结合的深入探索。

（二）产业链条：形成闭环，但发力不均

目前，国内数字人产业链日益完善，各个环节均有突出表现，但与美国等产业链较为完备的国家相比，我国数字人产业基础层和中游平台层相对较为薄弱，应用范围相对较为集中。我国数字人产业看似形成基本链形结构，但并未形成顺畅的良性循环，有许多需要继续补足之处。

从产业结构来看，我国数字人产业主要包括基础端、中间端、应用端和一站式服务四个主要部分。基础端主要包括数字人产品硬件配套设备和软件生成技术；中间端包括MCN③企业、生产企业和管理运营资产的商业机构；应用端则主要用于向更多领域融合；一站式服务模式逐渐成为数字人行业各主体发展的主要模式之一。

数字人产业链代表企业如图 1 所示。

---

① C 端，即"consumer 端"或"customer 端"，C 端产品是面向普通消费者的产品。
② G 端，即"government 端"，G 端产品是面向政府机构和公共服务的产品。
③ MCN，即"multi-channel network"，中文译为"多频道网络"，指与内容创作者合作或直接生产内容的实体或组织，在发布内容的网络平台上进行营销推广。

基础端	中间端	应用端	一站式服务
Unity	中科深智	淘宝	腾讯
腾讯xFaceBulder	网易伏羲	花西子	
字节跳动Pixsoul	商汤科技	虎牙直播	
搜狗	科大讯飞	抖音	百度
数字栩生	联创电子	人民日报	
相芯科技	京东方	中央广播电视总台	
OptiTrack	百度	B站	……
诺亦腾	燃麦科技	欧莱雅	
……	万象	……	
	天量云VR		
	……		

图1 数字人产业链代表企业

作为数字人产业的基础设施，基础端是我国正在着力发展的部分。国外一些企业提供数字人软件和硬件解决方案，如Epic Games公司的MetaHuman。在数字人硬件方面，国外企业也有很多布局，如提供显示设备的微软、宏达（HTC），提供光学器件的爱普生、普莱思（Plessey），提供传感器的索尼、AMN，提供芯片的英特尔、英伟达，形成了较为深厚的技术壁垒，在国际市场上占据先机。国内基础端企业大多为巨头企业，如腾讯、字节跳动、搜狗等。根据智慧芽全球专利数据库，国内许多互联网巨头在数字人方面申请了相关专利，如字节跳动公开了"一种虚拟角色捏脸的方法、装置、电子设备及存储介质"发明专利。此外，一些创业企业，如国承万通旗下的STEPVR、影创科技、孚芯科技等，纷纷聚焦硬件提供、扩展现实（extended reality，XR）解决方案，以及动作捕捉、面部捕捉方案等。这些企业虽然现阶段还无力与美国成熟企业抗衡，但其自主研发的技术解决方案已经开始逐步占领国内市场，并走向国际。

中间端是数字人产业发展的中坚力量。目前，我国数字人以B端[①]的企业商用为主，而随着平台型服务机构的兴起，数字人的制作和运营成本及周期都大幅下降，开始具备面向C端消费者服务的条件，将从以商用为主向"人人拥有虚拟分身"的民用场景演进。目前，数字人在文娱、金融、电商、政务等场景中纷纷落地；头部企业通过升级技术、降低成本的方式，加快数字人"飞入寻常百姓家"的步伐。

数字人技术服务商可以分为两类：一类是平台型技术提供商，如腾讯、网易伏羲、火山引擎、百度、商汤科技等；另一类是全栈或单点式数字人技术服务商，

---

① B端，即"business to business"，企业与企业之间的交互和服务。

如数字栩生、魔珐科技、相芯科技、智造科技、STEPVR、中科深智、爱化身等。运营解决方案及服务平台则覆盖了数字人的 IP 孵化、形象设计与制作、场景制作、后期内容制作、IP 经纪、IP 代运营、电商服务及后期的数字资产管理等，能够提供定制化或批量化的数字人服务方案。运营平台方汇聚的企业较多，以科技巨头及人工智能独角兽企业为核心玩家，如腾讯、百度、阿里云、科大讯飞等企业均有提供相应数字人技术的服务平台；同时，还有产业新秀深度扎根其中，如魔珐科技、中科深智、STEPVR、偶邦智能、次世文化、头号偶像等。中游出现的大量连接上下游的服务商，成为数字人产业发展的重要保障。

现在数字人行业中各个主体的总体发展趋向是提供一站式服务，即提供从数字人生成到运营模式设计等一系列操作，同时在生产技术服务平台（包括渲染平台和解决方案平台）为数字人应用的开发和优化提供技术支持。在整个数字经济和互联网发展背景下，行业普遍重视降低产品的使用门槛，许多厂商发布产品时都试图通过极小的样本素材实现数字人的一键生成。但是，在电商场景里，许多企业为了降低品牌客户使用数字人的门槛，提供数字人代运营模式。在这种模式下，技术和服务融为一体，企业可以把与数字人相关的工作整体交由机构负责，无须自行剪辑视频或操作数字人后台，只需按月支付软件服务费即可。这种业态模式使数字人服务商的角色与电商场景中的传统 MCN 机构和代运营厂商的角色产生了重叠。

大型企业、初创团队、人工智能企业及数字化服务商等，都开始在这一领域频繁活动。大型企业的布局早已开始。例如，腾讯、百度、阿里巴巴、京东、火山引擎等平台，在元宇宙概念下或基于直播带货等多个场景，推出了数字人产品平台或服务。腾讯云小微在 2021 年 11 月发布了数智人产品矩阵。百度在 2021 年人工智能开发者大会上发布了百度智能云"曦灵"平台，并发布了"度晓晓"等数字人 IP。

随着大模型技术的出现，厂商们推出了新的数字人平台，制作效率和成本管理能力有了显著提升。2023 年 4 月，腾讯云发布小样本数智人生产平台，3 分钟真人口播视频，24 小时内制作出与真人近似的"数智人"，成本降至千元级。快手在 2023 年 8 月发布生成式人工智能数字人产品快手智播，致力于利用"全模态、大模型生成式人工智能解决方案"解决视频和音频素材问题。商汤科技在 2023 年 4 月的技术交流日上展示了二维数字人视频生成平台"如影"（SenseAvatar），仅需 5 分钟的视频素材，就可以生成拥有自然声音和口型的多语种数字人分身。魔珐科技在 2023 年 8 月推出视频生成式人工智能生成平台、生成式人工智能直播平台和虚拟人服务生成式人工智能平台三款消费级产品。一些跨界"玩家"，如 MCN 企业谦寻控股，发布了人工智能数字人直播解决方案和一站式人工智能直播综合服务平台。

在应用端，各个行业都开始了尝试。国际数据公司（IDC）的相关报告显示，金融行业是现在数字人应用相对更成熟的领域——到 2025 年，超过 80%的银行将部署数字人，数字人承担 90%的客户服务和理财咨询服务。浦发银行是国内最早使用数字员工的银行，目前三维数字人"小浦"已经在二十多个岗位任职，包括财富规划师、文档审核员、大堂经理、电话客服等。在其他行业，企业的数字人也可以与内部系统绑定，员工可以跟它交流，了解企业的规章制度，查询各种信息；在医疗领域，数字人可以作为认知智能大模型，辅助医生进行诊断和治疗；在教育领域，数字人可以作为个性化教学助手，帮助学生提高学习效果，而合作和技术共享将成为行业内的一大特点。

进入 5G 时代，随着设备成本的降低、数据传输速度的提升、深度学习等算法的优化，数字人开始走进日常生活，在文娱、教育、医疗等消费场景中发挥着意想不到的作用：人们不用去健身房上私教课，不用去培训班上一对多课程，在家就能实现一对一的"真人"教学；消费者可以与明星广告代言人"真人"亲密互动。数字人从商用到民用市场的下沉刚刚开始，却发展迅速，加速了行业产品及服务创新。根据商业分析机构量子位的预测，多模态人工智能助手是未来服务型数字人的主要增长点。

（三）商业模式：IP 变现与专属定制

目前，数字人在营销领域的应用可以分为 IP 型数字人和非 IP 型数字人两大类，应用最广泛的领域主要集中在直播和文娱行业，其商业营收方式取决于具体应用情况。其中，通过"原生数字人"技术创造的"数字偶像"已经得到相当成熟的应用。虚拟 IP 是指在现实中不存在对应真人的数字人，其外貌、基本设定、喜好和背景等都是经过人工设定的。虚拟 IP 有两种存在方式，一种是全新创造的 IP，另一种是对文本、漫画、游戏等原有 IP 的立体化，使其能够在多个渠道进行互动和运营。

在孪生数字人中，次世文化等企业致力于为明星创造虚拟形象。这种虚拟形象在本质上是真人偶像身份的延续，其主要目的是协助真人明星提高曝光率，而不是像此处所指的虚拟 IP 那样完全独立存在。

与真人偶像或者真人主持人相比，原生数字人有相似的商业价值渠道。自身产品包括音乐、视频，营收方式与人设绑定，在运营商塑造的人物设定和具体形象下，数字人主要通过广告和直播实现营收。这种数字人的典型代表有燃麦科技推出的虚拟偶像 AYAYI、天娱数科推出的虚拟人天妤等。目前，原生数字人虚拟 IP 的商业价值已经得到了充分验证，国内的虚拟 IP 翎不仅登上了 *Vogue* 杂志，还获得了为特斯拉代言的机会。除这些知名数字人以外，很多品牌也布局专属数字人，如浙文互联为东风风光打造的虚拟人"可甜"，但作为短期商业项目，其生产周期和产生的社会影响都比较有限。直播和网红行业也成为原生数字人虚拟 IP 的重要发展市场。代表性的虚拟IP包括中国抖音网红阿喜，B站（Bilibili）网红鹿鸣等。

相比真人IP，原生数字人虚拟IP解决了MCN对特定IP长期稳定持有的问题，以偶像或网红为核心场景，在直播、代言等领域都有了显著的发展，比传统动画企业更能够满足目前短视频和直播的需求。相对于真人IP可能面临突发事件、高昂收费，以及品牌方难以积累自有流量的问题，虚拟偶像可以依托机构运营，人设稳定，能够高频次地参与相关品牌活动。此外，随着我国短视频和直播业态的迅速发展，虚拟IP更能够适应高频、碎片化且实时的IP运营需求，数字人的孵化周期从三个月到半年不等，但比真人已经相当迅速[14]。因此，MCN行业也出现了专门从事数字人虚拟偶像经纪的企业，传统娱乐企业开始涉足虚拟偶像领域，如万像文化、乐华娱乐等。

虚拟偶像的打造通常采用文娱企业与技术企业联合打造的方式。文娱企业负责前期形象设计、人设创建及后期流量和活动运营；技术企业为数字人制作、互动提供技术支持。相比大量生产新的形象，深入经营、挖掘单个IP，培养相应的虚拟IP，并在成熟后进行经验复制，是一种更可持续的经营模式。在运营方面，虚拟IP与真人主持人模式类似，核心收入来源为直播打赏，但只有头部虚拟IP能够实现代言或与品牌形成强商业合作。这意味着，现在的原生数字人虚拟IP仍然没有走到产业的爆发期。

中之人[①]是现在虚拟IP驱动的主要方式。因为人工智能不够稳定，而虚拟IP需要稳定的人设和表演活动，所以中之人目前仍然是填充虚拟内容的主力。而且，现在粉丝对于中之人的重视程度不亚于对于虚拟IP本身。不过，这也构成了虚拟IP发展的阻力：一旦中之人或团队出现负面新闻，虚拟偶像也会受到强烈影响，甚至面临不得不隐退的局面。现阶段能够真正摆脱真人而实现永无错误的虚拟IP并不存在。

数字人IP实现商业收益的方式较为单一，与传统行业的收入方式高度重合，尤其在发展初期，只有少数头部数字人可以实现高收益和长久的可持续经营。要破解数字人市场商业模式单一、产品缺乏差异化的问题，要注意以下两个方面：一方面，需要科技实现突破。通过人工智能实现拟人交互和高度定制化，这是吸引C端用户的主要手段；同时，批量生产IP、减少人的劳动压力，是吸引B端用户的核心办法[15]。然而，大部分数字人和背后的运营团队都逃不开这种单一的商业模式。另一方面，数字人在本质上是一种强内容驱动的产品，目前数字人企业更多是从产业布局、业务需求、技术生产等角度出发，普遍缺乏内容创作人才。

---

① 中之人，网络流行词，指操纵虚拟主持人进行直播的人。

三、产业现状：政策有望引领发展，竞争合作动态推进

（一）产业生态：呈南北分野与协调并进趋势

截至2023年底，我国数字人相关企业数量庞大，在企业信息网站（天眼查）搜寻相关企业，网页多达40多页。从这些企业的成立时间来看，超八成成立时间在3年内，其中44.9%的企业成立于1年内。这些企业大部分依旧围绕珠三角、长三角地区，同时北京也是数字人企业和产业主体培养基地。

江西、成都、贵州等地也有数字人和相关企业机构落地成长。虽然东南沿海和京津冀地区依旧是全国科技产业和数字人产业的先锋区域，但政策先行，各地积极跟进，有望促使数字人产业南北均衡发展[16]。根据《2022中国硬科技发展白皮书》，我国南部、北部、中部都有城市积极推出科技创新激励政策，西安坚持"以两链融合为牵引，加速硬科技成果转化"的发展路径和模式，探索出了"支持硬科技研发—畅通硬科技转化—培育硬科技企业—做强硬科技产业"的硬科技发展体系，展现了其作为硬科技发源地的特色[17]；深圳"以市场活力为内驱，激发硬科技发展动能"，构建起了以市场为导向、以产业化为目的、以企业为主体的创新体系和围绕市场主体进行资源和政策配置的创新组织模式[18]；合肥则"以创新投入为杠杆，撬动硬科技创新发展"，构建创新链、产业链、人才链、资金链"四链融合"的创新体系，用"合肥模式"激活了硬科技创新基因[19]。

（二）合作模式：商业效益的制胜关键

目前，数字人产业各个环节的链接方式，即产业中各方主体的合作方式，是商业效益的重要影响因素。

首先，无论是使用二维还是三维数字人，定制数字人套餐都是必选项，许多中游平台层企业可以提供从设计、制作到营销的整套数字人服务，应用端主体可以选择直接购买完整服务。有的企业提供非买断服务，应用方需要购买数字人订阅服务。根据壹览商业报道，数字人行业从业者游鱼展示了企业在阿里巴巴国际站的二维数字人套餐：一套系统的使用费用为29800元，包括一次形象克隆、一次声音克隆、一次形象及声音采集，并提供30个共享数字人形象和100种音色，并支持7天24小时直播。

其次，除销售数字人外，部分企业还出售硬件。一次性购买软件和硬件有利于降低运营维护成本，但后期更换场景及服饰，则需要支付额外费用，在直播时长、技术更新层面是不需要收费的。

最后，租赁与共创是成本更低的合作方式。一些直播频率较低的商家更倾向于选择以租赁形式使用数字人。然而，即便是租赁方式，商家也需要买断数字人资产，以获得形象版权，而租赁费用仅限于硬件设备。共创则是指企业与数字人服务商共同持有IP。因此，大多数企业会"估算需要投入的成本，并通过企业之前的数据预期大概的流水，考虑在多长时间内收回成本，以确认在流水里的抽成比例"[20]。企业以低成本从数字人服务商这里得到数字人，在带货直播的过程中，以抽成的形式将佣金返给服务商。至于抽成的额度，要根据企业以往的直播数据来界定，自身带货体量大的企业抽成比例相对低一些。

（三）竞争格局：中外差异与发展趋势

从竞争格局来看，国内外的数字人产业均未达到成熟阶段，但呈现出相对较高的行业集中度。尽管行业内玩家数量不断增加，但由于对技术实力和合作渠道的高要求，头部企业相对匮乏。在国内市场，专注于中小客户和经纪业务的一批专业数字人企业已经崭露头角，特别是在虚拟直播和虚拟偶像等潜力市场中。

在细分市场方面，国内外竞争差异显著。尽管市场关注自动生成虚拟内容，但在外表细节、预设模板和配套系统等方面国内外存在明显差异，国外企业在这一领域具备产品和客户优势。虚拟偶像领域受到亚洲文娱企业等关注，而国外更关注情感关怀顾问或助手类数字人和用于构建数字人的应用。在虚拟客户服务方面，国内市场更为关注，而虚拟直播成为国内玩家的独特关注方向。总体而言，目前国内外在细分市场上的竞争仍然处于试验产品可行性、塑造标杆客户的阶段，距离商业化推广尚有一段距离。

在整体对比中，国内外数字人制造商在具体玩家、技术水平、关键场景、产品形态和运营方式等方面存在明显差异。这种行业性差异源于技术层面，也是由我国直播业态崛起、互联网元素的复杂性以及庞大的人口基数等多方面因素推动形成的。尽管存在体系化差异，未来国内外在具体使用场景上仍然有合并的可能性。这种差异不应被视为发展速度不同，而是可能在同一细分市场中形成截然不同的业态。鉴于国内数字人领域的头部企业多依托已有的技术和业务基础进入该行业，我们在此不对各企业的成立年限和融资状况进行详细介绍。

值得关注的是，除了人工智能和计算机图形厂商，一些动作捕捉设备厂商通过自研软件也进入了虚拟直播领域。我国数字人领域未来的玩家生态可能更加丰富，具体业务领域和切入方式将与企业基因密切相关，头部客户和中部客户之间的差异将更为明显。相较之下，国外更倾向于采用"高保真+计算驱动"的技术路线，在数字人外表和驱动方面取得更为理想的效果。这种差异可能源于我国美术技术人才的缺失，而国外更多选择真人进行1:1建模，在数据采集量和模型设计等方面存在不同。

此外，国内厂商多数选择自主承担语音、文字和图像方面的工作，而国外厂商更重视开发核心的自然语言处理能力，并支持客户自主选择对话系统。这种差异可能源于国外以计算机图形厂商为主导的企业格局。一些国内厂商表示，未来可能向外部厂商开放部分能力，这种差异在计算机图形厂商中可能逐渐消失[21]。

在产品交付方面，国外更关注提供大量预设的数字人形象，并在客户方完成训练和迭代；国内则更强调内容的交付，且相对注重定制化项目。一些业内人士表示，这种选择有助于回避特定技术上的差异。

总体而言，国外以提供人性化助手为核心，强调对人的情感关怀，而国内更强调简化现有生产方式和丰富生产内容。国内企业大多数起步于虚拟直播或虚拟主持人领域，由于国内市场规模庞大，缺乏业务延展的动力。目前的趋势表明，国外企业更多地聚焦直接面向客户和消费者的市场，延续了虚拟陪伴文化的发展方向，而国内企业更关注实用性更强的面向电商及消费者的领域，通过降低客户服务等服务型场景的成本，更迅速地实现技术价值。

四、挑战、优势与建议

此外，尽管数字人服务商可以提供一站式服务等合作模式，但仍然存在大量商家被"割韭菜"的现象。

一方面，企业的后续运营维护是无底洞。对许多企业来说，购买三维数字人，是认为其可以成功 IP 化并为企业变现。从合作模式来看，除部分较为成熟的数字人服务商的共创合作形式外，许多数字人生意依然是"一锤子买卖"。孵化一个 IP 是极为漫长的过程，长线运营维护需要耗费企业大量人力物力，若后期运营维护不到位，数字人成为企业的"烂尾"项目是常见现象。

另一方面，存在许多"卖完即撤"的服务商。2023 年 5 月，抖音发布人工智能标识令，开始监管数字人这一新标的。在内容上没有竞争力，只会重复口播的大量二维数字人被封禁，许多商家前脚斥巨资购买数字人开启直播带货，后脚直播间就被封禁或限流，别说降本增效了，数字人都成了赔本生意。许多服务商只会在卖出数字人的同时给出一份"可以避免封号风险的建议方案"，但并不能从根本上解决问题。据报道，目前数字人代理市场比较混乱，有的采用类似微商的代理模式。一级代理商先从做智能交互的研发企业拿到较低折扣，甚至不需要先交钱就能招募下级代理。总体来看，这种代理模式比较乱，难以做好区域保护，下级代理、商家的权益难以得到保障[22]。因此，在产业实践中，数字人技术门槛并没有想象的那么高。数字人建模及一些计算机语言在某些所谓技术网站上已经是公开的，许多人拿过来再加工组装即可拿去贩卖，组装的内容少就可能卖得便宜点[23]。许多预算较低的中小商家会选择用低价购买一些粗制滥造的数字人，文案和数字人视频素材无法有效结合，导致直播效果极差，最终只能放弃。

事实上，即便企业对于数字人的态度褒贬不一，头部平台早已表明了态度。抖音每日开放的数字人直播间多达 4 万个，已经严重影响真人直播的流量及抖音内容生态的整体质量，因此不得不对其进行规范[24]。由于数字人市场产品质量差异较大，许多电商并没有看到预期效果，有些数字人效果被夸大，有些数字人开播后数据惨淡，甚至被平台封号。

现在的市场生态表明，产业链各个环节自说自话，没有统一规范，不同平台和主体各出其声，相互之间难以达成共识，不利于形成良好的商业环境。各个环节的市场主体之间难以形成良好的竞争和促进关系，也不利于整个产业链各个阶段之间具体主体之间的联系与合作。因此，我国数字人产业急需相关政策和标准进行规范，以促进数字人产业长期可持续发展。

五、总结：发展趋于冷静，潜力有待持续开发

"2023 年每一家企业都需要一个数字人。"这是 2023 年底行业内的一句著名的口号。随着科技飞速发展，数字人产业作为一项新兴的产业，正迅速崛起并蓬勃发展，成为我国科技创新与经济增长的重要驱动力。我国政府将数字人产业列为战略性新兴产业，积极扶持其发展，为行业发展提供了巨大的机遇。

虽然行业刚刚起步，顶尖企业和"赚快钱"的企业同时存在，但由于中央和地方政府监管政策、扶持政策的出现，以及市场逐渐规范，我国数字人产业有着巨大的发展优势和潜力。

在短短几年内，我国数字人技术迅速突破，数字人生产成本大幅降低。据报道，目前单一数字人的制作成本已从六位数下降到五分之一到十分之一[25]。与此同时，技术快速迭代，现在最前沿的 3.0 数字人虽然成本高昂，但在逼真性和交互性方面效果显著。广阔而生机勃勃的数字人市场随时可能爆发新的应用场景和增长点，为数字人发展提供新的方向。此外，面向 C 端的庞大市场，是数字人增长发展的重要方向，也是国内市场具备的巨大潜在优势。现在，数字化效率提升速度快，人工智能技术推动数字人制作成本降低、制作周期缩短、生产门槛降低，行业数字化转型促进效率提升。

另外，随着大数据和大模型技术的发展，数据可以驱动决策，数字人感知能力增强，内容输出能力向智能化发展。以数据驱动的决策方式可以为企业提供更准确的决策支持。各个行业都在进行创新升级，数字人实现产品化，程序接口开放性强，数字人应用创新技术可以反哺各个行业，促进其发展进步。

数字人产业在众多因素的驱动下强势崛起，呈现出蓬勃发展的态势。首先，技术突破是数字人产业发展的关键。我国在人工智能、计算机图形学、机器学习

等领域取得了显著进展，为数字人技术打下了坚实的基础。然而，在国内产业链基础硬件、软件的提供方中，外国或外资企业数量占比较大。其次，市场需求不断增长，数字人应用广泛，包括虚拟主持人、虚拟助手、虚拟培训师等，满足了不同行业的需求。最后，政府出台了一系列支持政策和激励措施，鼓励企业投入数字人产业，促进了产业的发展。关键技术是数字人产业成功的基石。人工智能、虚拟现实和增强现实、人机交互等技术不断进步，使数字人变得更加逼真，具备智能和情感，真正具有交互性，提高了用户体验，成为人类真正的助手。另外，数字人技术同其他技术（如加密货币和区块链技术）的融合和创新不断推动数字人产业的发展。

我国数字人产业已经在多个领域取得了成功应用，包括娱乐与媒体、教育与培训、医疗与康复、工业与制造等领域。虚拟主持人、虚拟医生、虚拟培训师等数字人形象在这些领域发挥了重要作用，改善了用户体验，提高了工作效率。然而，数字人在直播和娱乐产业之外的应用需要进一步拓展，而且目前市场迫切需要统一标准和持续的政策规范。

展望未来，我国数字人产业将进入相对平稳的发展阶段。行业融合将进一步推动数字人产业发展，数字人将更广泛地融入各个行业，推动产业升级和创新。技术进化也将持续进行，数字人的逼真度和互动性将不断提高，更加贴近人类。同时，国内数字人企业将积极开展国际合作，拓展全球市场，为数字人产业的国际化发展贡献力量。

综上所述，我国数字人产业正在迅速崛起，成为科技创新和经济增长的重要引擎。政府、企业和科研机构都在积极推动该产业的发展，相信在不久的将来，我国数字人将在全球范围内创造新成就，为社会带来更多创新和便利。

电子参考文献

扫描二维码，阅读本文电子参考文献。

全球数字人产业综述

赵立诺[1] 程诗雅[2] 李卓骏[3]

摘要："数字人"这一概念源于"赛博格"，随着智能技术的发展不断地演进更新。作为元宇宙虚拟活动的参与主体，数字人始终承载着人们将接触元宇宙的端口具象化，甚至拟人化的愿景。由于数字人产业尚处于早期发展阶段，各国的技术环境、政策措施、企业布局等差异决定了全球数字人产业发展的不均衡。本文通过观察与分析全球范围内数字人的发展与应用，对现在全球数字人产业的世界格局分布、技术壁垒、生态状况进行了具体分析。

关键词：数字人；人工智能；文化与科技

据产业情报机构 Research and Markets 研究，预计到 2028 年，全球数字人市场规模将达到 5047.6 亿美元。同时，市场调研机构 Allied Market Research 的数据显示，2021 年全球数字人市场价值为 113 亿美元，预计到 2031 年将达到 4403 亿美元，从 2022 年到 2031 年复合年增长率（CAGR）为 44.7%。[1]

陀螺研究院统计，2020—2022 年，全球数字人企业数量不断取得新突破，从 12 家激增至 44 家，同比增长 2.7 倍。投融资规模从 1.65 亿元扩大至 49.88 亿元，投融资规模同比增长超 29 倍。从各企业投融资金额来看，全球超 1 亿元融资规模企业有 14 家。其中最大的一笔融资来自 2021 年韩国元宇宙虚拟社交平台 ZEPETO，融资金额达 12.1 亿元。由此不难看出，数字人技术在许多行业和应用案例中正以指数级速度增长，数字人市场正在快速扩张，数字人经济将通过创新商业模式推动数字化转型。[2]

---

[1] 赵立诺，北京外国语大学艺术研究院讲师。
[2] 程诗雅，北京外国语大学国际新闻与传播学院研究生。
[3] 李卓骏，北京外国语大学日语学院本科生。

一、数字人的内涵、历史与技术：赛博格、智能化、写实化

数字人指的是运用在非物理空间中存在、经由数字技术（包括计算机图形技术、人工智能技术、自然语言处理技术）制作的、与人类形象接近、具有人类特征及部分行为能力的数字化人物形象。数字人既包括模拟现实中已有的人类进行二次创作的数字孪生人，又包括在虚拟世界创作出来的、拥有独立身份的数字人。随着技术的不断进步，数字人技术广泛应用于娱乐、教育、医疗等领域，逐步成为推动产业数字化转型的重要力量。

"数字人"这一概念源于"赛博格"（cyborg）。1960年，美国航空航天局的科学家曼弗雷德·克莱因斯（Manfred Clynes）和南森·S. 克莱因（Nathan S. Kline）在文章《赛博格与太空》中首次提出"赛博格"这一概念。通过对宇宙旅行的研究，他们认为人在太空中必须不断地检查和调整机器才能够存活下来，所以从事创造性活动的时间被机器占据，而赛博格系统完全可以使这类生存层面上的问题被自动地、无意识地处理，从而留出让人自由探索、创造和思考的空间。[3]

人类历史上对于人形机器人研发的重重阻碍，在赛博格概念的引导下出现了新的转机。"cyborg"一词由控制论（cybernetic）和有机体（organism）两个词组成，是人（有机体）和机械系统的相互嵌合，其思想源于诺伯特·维纳（Nobert Wiener）提出的控制论，即人的身体可以基于控制与反馈原则，如同机械一样运作，因此具有与机器嵌合、构成自我调节的人机系统的可能性。

在技术实践方面，1961年，贝尔实验室的三名工程师通过写代码，让大型计算机IBM 7094"唱"了一段歌曲《黛西贝尔》（*Daisy Bell*），开启了计算机和虚拟人物进行技术结合的科技窗口。这可以被看作数字人技术的最早形态。1964年，美国波音公司研发了第一个具有人的形象的数字人——波音人（Boing Man）。波音人的出现让人们看到了元宇宙技术的社会功能和数字人与自然人相伴相生的可能性。20世纪80年代，随着计算机技术的发展，日本推出了虚拟偶像林明美，获得了良好的商业反馈。同样在20世纪80年代，英国人乔治亚·斯通（Georgia Stone）为一档音乐视频节目创作了世界首位虚拟电影演员麦克斯（Max Headroom）。随后，麦克斯参演了一些电影和广告，这是以服务为表象的数字人的初次尝试。在数字人的未来，大型媒体企业将主导社会。[4]

除"血肉枯弱，机械飞升"的人与机器的现实结合之外，基于赛博格构想，1985年，唐娜·J. 哈拉维（Donna J. Haraway）在其《赛博格宣言》中提出，赛博格是在理论上虚构的机器和生物体的混合物，是一种对社会与现实身体的虚构，也是一种暗示某些非常有成效的耦合的想象的源泉。其认为通信技术和生物技术

是重构我们身体的关键工具。[5]赛博格这一概念为数字人的发展奠定了思想基础，提出了具有可行性的方法，即人与机器结合。无论在现实空间还是在虚拟空间，数字人都是"人"化的。因此，在后来的具体实践中，数字人逐渐呈现出思维上的智能化与外形上的写实化，分别通过模拟人的大脑和身体来构成真正意义上的数字人。21世纪，随着人工智能技术的发展，更多的虚拟偶像（如初音未来）、虚拟主持人（如绊爱）、数字人网红（如IMMA）、数字员工（如微软小冰）、数字孪生人（如数字孪生人科比）等的出现，让数字人应用领域呈现出不断扩张的趋势。

2022年9月，全球知名IT研究与咨询机构高德纳（Gartner）发布报告《数字人将推动数字化转型》（*Digital Humans Will Drive Digital Transformation*）。该机构2022年发布的新兴技术成熟度曲线显示，数字人处于技术萌芽期，到达生产成熟期需要的时间将超过10年。[6]

2023年8月，在全球知名的SIGGRAPH[①]年会上，美国人工智能企业英伟达创始人兼首席执行官、两年前曾以数字人形象的虚拟方式向现场观众发表主题演讲的黄仁勋，在推出数字孪生的实时三维图形协作平台Omniverse的同时，阐明了引发图形革命的三大驱动力——人工智能、虚拟世界和数字人，这三种驱动力正在推动视觉设计进入更宽广的轨道。黄仁勋还表示，数字人虚拟形象将成为未来广受欢迎的机器人形式之一，将为元宇宙注入更多生机与活力。

在这个进行得热火朝天的多模态与跨模态项目中，美国微软公司共有40篇论文在电气与电子工程师协会（IEEE）国际计算机视觉与模式识别会议（CVPR 2023）上发表。其中关于数字人技术的部分多次提到了"语言、视觉和多模式预训练""三维生成式模型"等。[7]这些技术可以在短时间内快速地生成具有逼真发型和胡须等面部毛发的高度详细数字人化身，[8]模型只使用一张二维图像或一行文字描述，就能创建出逼真的三维头像。

从赛博格思想起源到智能化数字人问世，经历了因技术限制而粗糙呈现的手绘萌芽阶段、计算机技术进步带来的机器辅助生产（如建模、驱动、渲染技术）的探索阶段、人工智能和深度学习带来的效果增强和写实化初期阶段，以及在底层技术（如人物生成、人物表达、合成显示、识别感知、分析决策等）不断提升的条件下，逐步实现交互功能的成长发展阶段。

数字人作为技术集合物，始终在不断的技术演进中更迭出新的形态。前瞻研究院的报告显示，目前全球数字人技术行业处于成长期。随着万物互联时代的到来，深度学习和卷积神经网络（CNN）推动基于人工智能的计算机视觉技术迅速改进，数字人在人们的日常生活中有了更实际、更广泛的应用（如影视动漫、数字营销、文化旅游、通信会议、教育教学等领域），并逐渐打破现实世界和虚拟世界的边界。[9]

---

① SIGGRAPH，全称为"Special Interest Group on GRAPHics and Interactive Techniques"，意为"计算机图形图像特别兴趣小组"。

二、欧美数字人产业发展现状

在全球数字人领域，美国和欧洲国家发展较早。尤其在特效、计算机图形领域，欧美基础层厂商已经深耕多年，他们不仅在硬件和软件方面取得了重大突破，还建立了庞大的人才库和研发团队，为产业的持续发展奠定了坚实的基础。他们不仅在电影制作中广泛应用特效和计算机图形技术，还在游戏开发、虚拟现实、增强现实等领域展现出强大的创新能力。同时，这些技术的成功应用也进一步促进了该地区数字娱乐产业的繁荣发展，吸引了大量投资和人才涌入，形成了良性循环的发展格局。

（一）数字人专利申请：欧美与中国

从2002年开始，全球开始出现数字人专利。截至2022年12月14日，全球数字人专利申请量合计有28524项，专利申请量一般。但仅2022年，全球数字人专利申请量就为3054项。全球数字人行业专利总价值为50.38亿美元，其中3万美元以下的数字人专利申请量最多，近14000项。其次是3万~30万美元的数字人专利，合计专利申请量超1万项。[10]

从专利价值方面看，拥有高价值技术专利的主要是欧美国家。例如，苹果公司的情境特定用户接口（CN113010085A）专利价值最高，达1455万美元；其次为Facebook①的"方法、系统和计算机可读非暂时性存储介质"（CN109118290B）[11]，专利价值达1414万美元。除此之外，著名的互联网企业谷歌凭借其虚拟现实交互技术也获得了不少的专利价值。从专利申请量看，截至2022年，在国内互联网企业方面，腾讯、网易等大企业在全球数字人技术专利申请量上拔得头筹。其中，腾讯数字人专利申请量最多，其申请量超过2500项。[12]

与此同时，随着人工智能技术的应用与发展，作为现实世界与元宇宙接入端口的数字人正朝智能化、精细化、多样化的方向发展。在全球范围内，已经出现医疗、教育、金融、文旅、电商等领域的数字人应用实践。一个特别的现象是，国内现在十分火热、备受关注的虚拟主持人在国外却鲜少出现。这主要是因为国内消费市场和直播业态造就了这一独特的"虚拟主持人热"现象，也说明数字人行业从来不是独立作业的形态，而是与消费市场、受众需求息息相关的。基于此，高德纳在其发布的相关报告中总结了12种数字人主要应用场景案例[13]，如表1所示。

---

① Facebook现在更名为"Meta"。

表1 12种数字人主要应用场景案例[14]

序号	应用场景	具体案例
1	通过数字化身提供个性化的用户体验	● Soul Machine公司将IBM Watson的人工智能和UneeQ的数字人进行情感智能集成； ● 带有人脸和情绪表情的数字化身被用于客户与用户界面（UI）的互动； ● 根据客户的个性做出反应，并在银行、品牌人物形象和教育工作方面得到初步应用
2	基于应用App的数字人创造	● 应用程序（如Epic Game的Meta Human）可以让任何人在智能手机上创建实时的、逼真的数字人； ● 虚拟形象中的人脸详细特征将数字人的创造和部署民主化； ● 作为游戏和电影中的角色，沉浸式培训和客户服务
3	机器人作为特殊人群的照顾者	● Mind Heart公司的EduPal机器人和Charta Cloud Robotics公司的NAO人形机器人； ● 为患有孤独症的儿童进入社会和接受教育提供干预治疗和促进其技能发展的人形机器人项目
4	新冠疫情催生人形机器人服务和护理	● Pepper公司的人形机器人，Hanson Robotics公司的机器人索菲亚和Promobot公司的机器人"普通俄罗斯女人"； ● Hanson Robotics公司大量生产机器人索菲亚，为社会孤立人群提供护理和治疗，促进医疗保健行业发展
5	人力资源管理培训	● Talespin创造了半现实的人类化身，可以培训高管，并提高他们的决策能力； ● 为培训提供现实依据，而非理论依据
6	死后的"生活"	● HereAfter公司使人们能够创造出自己的虚拟居民形象，其数字版本甚至可以在其死后继续存在； ● 人们将能够通过智能手机和语音计算设备与虚拟居民进行互动
7	虚拟影响者	● 计算机生成的虚拟影响者，如Lil Miquela与肯德基的虚拟上校，已经具有特定的性格类型； ● 他们在多平台上存在，其在社交媒体平台上的参与度是现实生活中有影响力的人的3倍
8	复活逝者	● Eterni.me公司建立了一个支持人工智能的聊天机器人，可以收集包括地理定位、运动、活动和照片在内的信息； ● 用户可以用Facebook的数据创建自己或家人的化身，在他们去世后继续存在
9	伴侣	● Hybri设计了基于人工智能、虚拟现实和增强现实的可定制虚拟伙伴，为个人提供陪伴服务； ● 这是在新冠疫情期间自我隔离的孤独时期通过智能手机提供的
10	娱乐	● 人工智能机器人艾丽卡在好莱坞一部有机器人角色的电影中扮演主角
11	旅游	● 旅游预订企业将类人数字助手作为视觉机器人； ● 它们配置了人工智能工作流程和用户识别程序，以口头响应用户的旅行请求

续表

序号	应用场景	具体案例
12	财务顾问	● 一些金融机构和金融科技企业将对话式人工智能作为机器人顾问,以取代人类金融顾问或增强其能力,提供 7 天 24 小时全天候服务,旨在优化投资组合; ● SpareBank1SR-Bank 是斯堪的纳维亚半岛最大的储蓄银行之一,正在升级其现有的虚拟代理,希望拥有世界上第一个经过认证的数字财务顾问

资料来源:Gartner. *Digital Humans Will Drive Digital Transformation*

翻译参考:《全球数字化转型前沿》

中国互联网企业在数字人技术开发上展现出了极高的热情,拥有能够支持数字人技术深度发展的经济能力和广阔的市场需求,但从目前专利价值来看,基础数字人技术仍然由欧美国家,主要是美国的技术企业把控,中国数字人行业技术如何实现从"量"的积累到"质"的飞跃,是各个技术企业需要不断研究的重点。

(二)美国:技术、政策并行,打造数字人完整产业链

美国是全球最早布局数字化转型的国家,美国商务部早在 1998 年就发布了数字经济专题报告《浮现中的数字经济》(*The Emerging Digital Economy*),指出信息技术、互联网和电子商务的发展会产生新的数字经济形态。中国信息通信研究院发布的报告显示,2020 年美国数字经济规模达到 13.6 万亿美元,约占美国 GDP 的 65%,位居世界第一。[15]截至 2021 年 10 月底,美国数字经济蓬勃发展,年均增速达到 6%以上,是其整体经济增速的 3 倍。美国政府非常注重数字新兴产业的前沿性、前瞻性研究,通过制定战略政策、投入资金、设置机构等方式,积极推进芯片、人工智能、5G 通信及下一代通信、先进计算机等数字技术的研发。

奥巴马时期的美国政府的核心举措就是建设由 45 家制造业创新中心组成的国家制造业创新网络,汇聚各方力量,发展颠覆性技术,加快先进制造技术商业化和对劳动力的培养。2017 年底,美国国会通过的税改法案,除降低跨国企业的海外利润税外,还将企业所得税从 35%降低到 21%;废除了联邦企业所得税替代性最低税,使高科技企业能够更好地享受研发支出抵免待遇。面临重重挑战,美国拜登政府以更大力度推进美国先进制造业的复兴,着力创造经济与就业新引擎。①

美国数字人行业在基础技术层面分为硬件端和软件端两个方面。硬件端开发企业有英伟达、苹果等企业,其产品包括所有数字人呈现及交互所需的硬件,包括显示设备、光学器件、传感器、芯片等。显示设备是数字人的载体,既包括手机、电视机、投影机、LED 显示器等二维显示设备,也包括裸眼立体、增强现实、

---

① 黄梁峻. 美国:着眼全球市场力促数字经济发展[M]//唐立军,朱柏成,王磊,等. 北京数字经济发展报告(2021—2022). 北京:社会科学文献出版社,2022:207-217.

虚拟现实等三维显示设备。软件端除呈现和交互软件外，还包括建模软件、渲染引擎等。建模软件能够对数字人的身体、衣物进行三维建模。渲染引擎能够对灯光、毛发、衣物等进行渲染，主流引擎包括 Unity Technologies 公司的 Unity 3D、Epic Games 公司的 Unreal Engine 等。

此外，美国的高校和科研机构也在深入进行数字人技术研究。例如，加州大学伯克利分校的"Bebop"项目，以及纽约大学的"NYU GESTURE"项目等，都在不断推进技术创新。在这一方面，Facebook 更是进入赛道的早期大厂，其在 2019 年就推出了第一代数字人形象 Codec Avatar 1.0，在 2020 年 8 月推出 Codec Avatar 2.0，试图通过采用多重神经网络、麦克风和眼球追踪技术，根据客户形象以最快速度生成三维数字人。2022 年，Facebook 开始开发原生数字人 Molly（源于《星球大战》）与 Zendure（源于一位 Facebook 用户）。作为美国顶级大厂，微软公司也与小冰公司①联合，在亚洲地区推出了基于微软国际版 Azure 的新一代人工智能数字员工。

从供应 C 端的数字化身方面看，在美国数字化转型过程中，随着图像识别技术、人体识别算法的进步，昂贵的光学动作捕捉设备不再是建模和驱动的必备工具。普通摄像头、传感器等设备也能够支持完全不了解计算机技术的使用者创建人物形象，以及进行精准驱动。例如，用于生成数字人的工具化平台，支持用户创建虚拟现实化身。在技术不断趋于成熟，产业垂直化的情况下，如何满足受众需求、如何进一步优化数字人产业中尚未开发资源的配置，是目前美国数字人市场在 C 端供应面呈现出的探索业态。

在资金投入方面，2021 年美国财政预算向人工智能、5G、微电子等关键领域投入 70 亿美元研究经费。2021 年 6 月，美国参议院投票通过《2021 年美国创新与竞争法案》，承诺在 5 年内向芯片、人工智能、量子计算、半导体等关键科技研究领域投入约 2500 亿美元。②

在组织机构方面，美国注重根据具体需要灵活设置政府机构，将其作为技术研究和决策过程中与私营部门、学术界和其他利益相关者进行协调和协作的中心枢纽。例如，2021 年 9 月，美国商务部成立国家人工智能咨询委员会，与美国国家人工智能计划办公室合作，就一系列与人工智能相关的问题向美国总统及联邦机构提供建议。美国促进数字技术研发的举措如表 2 所示。

表 2 美国促进数字技术研发的举措

时　　间	战略/政策	发布/实验机构
2016 年 7 月	先进无线通信研究计划	美国国家科学基金会

---

① 小冰公司全称为"北京红棉小冰科技有限公司"，其前身为微软人工智能小冰团队。
② 黄梁峻. 美国：着眼全球市场力促数字经济发展[M]//唐立军，朱柏成，王磊，等. 北京数字经济发展报告（2021—2022）. 北京：社会科学文献出版社，2022：207-217.

续表

时间	战略/政策	发布/实验机构
2016年10月	国家人工智能研发战略计划	美国政府
2018年9月	5G Fast战略	美国联邦通信委员会等
2018年12月	国家量子倡议法案	美国国会
2019年2月	美国人工智能计划	美国政府
2019年6月	国家人工智能研发战略计划（更新版）	美国政府
2020年1月	促进美国在5G领域的国际领导地位法案	美国国会
2020年2月	美国量子网络战略构想	美国政府
2020年3月	5G安全国家战略	美国政府
2020年11月	引领未来先进计算生态系统：战略计划	美国政府
2020年11月	关于利用云计算资源推进联邦资助的人工智能研发的建议	美国政府
2021年4月	2021年战略竞争法案	美国国会
2021年6月	2021年美国创新与竞争法案	美国国会
2022年2月	美国量子信息科学和技术劳动力发展国家战略计划	美国政府科技政策办公室

资料来源：国家工业信息安全发展研究中心

在数字人行业中，美国在硬件端和软件端都拥有优秀的技术公司和研究机构。从硬件端的英伟达、苹果到软件端的Unity Technologies和Epic Games，美国企业在数字人技术的研发和应用方面处于领先地位。高校和科研机构也在深入进行数字人技术的研究，不断推动技术创新。美国在数字人产业的发展中展现出了强大的创新能力和领先优势，为全球数字经济的发展注入了活力和动力。

（三）欧洲：丰厚的技术底蕴与立法规范

欧洲在机器学习、深度学习和自然语言处理等领域取得重要突破，助推欧洲科研机构和高等教育机构积极开展人工智能研究，并取得了一系列重要成果。欧洲各国政府越发重视数字人产业的发展，并积极采取政策措施支持该产业的成长。法国、德国、英国等国家相继出台了人工智能发展战略，投入大量资源用于研发和创新。

2023年12月14日，经过马拉松式谈判，欧洲议会、欧洲理事会和欧盟委员会三方就《人工智能法案》达成协议。"欧盟就《人工智能法案》达成协议，具有里程碑意义。"英国《卫报》报道称，欧盟委员会内部市场专员蒂埃里·布雷顿在社交平台X上写道："《人工智能法案》不仅是一本规则手册，还将成为帮助欧盟初创企业和研究人员引领全球人工智能竞赛的平台。"[16]

"欧盟在数字人相关产业立法方面遵循'向善'的理念，在相关企业责任的约束方面，为全球其他经济体提供了重要的参考。"中国现代国际关系研究院欧洲研究所欧洲经济项目负责人董一凡表示：欧盟推动《人工智能法案》落地生效，一方面可以利用布鲁塞尔效应，让在欧洲开展人工智能业务的利益攸关方遵守相关规则约束，从而对全球人工智能技术和产业发展产生直接影响；另一方面，欧盟将通过与联合国、二十国集团（G20）和七国集团（G7）等多边平台合作，积极推广自身理念和规则，增强该法案的国际影响力。欧盟《人工智能法案》最终通过后，将成为全球加强数字人产业发展浪潮中的重要"靶子"。欧盟内部立法往往具有很强的溢出效应。例如，欧盟《通用数据保护条例》已逐渐成为全球范围内各个国家建立数据保护相关机制的重要参考，也是几乎所有全球化运营的企业必须实时跟踪的重要合规依据。

针对欧盟《人工智能法案》当中的算法透明度、通用人工智能护栏、禁止使用的场景划分等内容，各国后续立法会针对本国实际情况逐条参考，确定保障措施和例外条款。[17]欧盟《人工智能法案》后续施行情况，也将成为各国着重观察的重点，其中如何平衡监管与发展是重中之重。

其中，法国政府在 2018 年宣布了"AI 造福人类"（AI for Humanity）计划，计划投资 13 亿欧元用于人工智能领域的研究和应用。此外，欧洲各地还设立了一系列创新中心和实验室，为相关产业提供孵化和加速服务，促进创新和技术转化。[18]2023 年 6 月 16 日，据英国《金融时报》报道，仅成立四周、连产品都还没有的法国人工智能初创企业 Mistral AI 在种子轮融资中筹集了 1.05 亿欧元(1.13 亿美元)，并刷新了欧洲的种子轮融资纪录。

Synthesia 是一个基于人工智能的视频生成制作平台，2017 年在英国伦敦，由一群来自牛津大学、剑桥大学、斯坦福大学和谷歌公司的科学家和工程师创立，其利用深度学习算法合成逼真的人脸表情和口型，让虚拟人物根据用户输入的文字来说话。如今，该平台已经被超过 5 万家不同规模的企业信赖和使用，其中包括一些知名品牌，如埃森哲、微软、迪卡侬、迪士尼等。该平台还与联合国教科文组织合作，利用人工智能技术来提高全球范围内的教育质量和可及性，[19]成为英国这一领域的头部平台。

三、日韩及其他地区数字人产业发展现状

自 1957 年起，日本后现代化的深入及高度消费型社会的确立，为日本数字人产业主体多样化提供了良好的文化背景。

1982 年，日本动画《超时空要塞》爆火，女主角林明美以一曲《可曾记得爱》，在动画片中积累了超高人气。制作企业 GAINAX 顺势以林明美的名义推出专辑，成功登上音乐排行榜 Oricon，林明美成为第一位虚拟偶像，二次元风格的数字人开始进入现实世界[20]，并很快得到了深受 ACG（Animation、Comics、Games）/MAG

(Manga、Anime、Game)①文化浸润的日本大众的欢迎。因此，自20世纪80年代开始，虚拟偶像概念已经开始在亚洲流行。

受制于当时的数字技术，数字化在这个阶段并不明显，数字人仍以二维方式停留在画面上，制作企业给予虚拟形象立体化人设，其展现方式以事先完成的音频和视频为主，并不具备实时交互功能，对数字人的运营还没有从完全的IP经济真正发展出数字经济。

伴随计算机技术与亚文化领域的同人创作的发展，以及同人志即卖会（Comic Market）创立，在从传统媒体向平台型媒体的转变中，日本数字人产业的生产者很快意识到了文化市场传播过程中的专业生产内容（PGC）向用户生产内容（UGC）的转变，并把这样的传播方式运用到产品制作过程中来，让数字人与现实人类产生了初期的"内容交互"。

2007年，克理普敦未来媒体（Crypton Future Media）使用语音合成程序开发音源库，并以此制作发行了虚拟歌姬软件角色主唱系列。[21]其中最初的，也是最为著名的虚拟歌姬初音未来诞生时，是两大同人平台Niconico动画和Oixiv强盛的年代。同年8月17日，克理普敦未来媒体在官方网站上公开了使用初音未来试做的样片，被用户转投到Niconico动画；于是，在8月31日初音未来发售当天，就有用户将其借助音源完成的音乐作品投在该网站上，受到了网友的热议。

2011年5月，初音未来在美国接下丰田卡罗拉的广告；同年7月，第一次在日本之外的国家单独现场演出。作为世界上第一个使用全息投影技术举办演唱会的虚拟偶像，已公开的数据称，初音未来一场现场演出的收入约300万日元，折合人民币约17.96万元（2012年）。根据Vocaloid给出的现场演出列表，其中至少有30场初音未来的现场演出。按2012年的数据计算，2009—2017年，初音未来单现场演出的收入大概为500万元人民币。无独有偶，此后，日本企业Aww推出由真人驱动的全球首位Youtube虚拟主持人绊爱。2021年12月，绊爱主频道A.I.Channel在YouTube订阅数突破300万，总播放量破4亿次。另一个频道A.I.Games订阅数也有152万，播放量1.8亿次，Twitter（现名"X"）粉丝为62.5万人，在日本本土乃至海外二次元文化市场受到人们的广泛关注。[22]

在超写实领域，日本也发展较早。早在1996年，日本的演员经纪企业Horipro，为了纪念企业创立35周年，联合Visual Science研究所，斥资数十万美元，在50名研究人员共同参与下，利用计算机图形技术开发虚拟偶像伊达杏子，伊达杏子成为如今的超写实虚拟人的鼻祖，但技术与IP热度的缺失导致这位虚拟偶像在发布后反响平平，并未引起人们的持续关注。[23]此后，亮相于2021年东京残奥会闭幕式上的数字人虚拟网红Imma，其头部由三维计算机图形技术制作，与实拍的身体和背景图片进行合成，在技术进步的加持下看起来与真人极为相似，而且

---

① ACG/MAG，意为动画、漫画、游戏。

与火遍全球的虚拟主持人绊爱同样由日本科技企业 Aww 制作并运营。但就受众反馈来看，Imma 更像是一位文化使者，从设计到包装再到出席的活动，都展现出高度的社会性，更加关注现实。最终，即使在成熟的图像技术与包装理念的共同作用下，Imma 也没能成为写实化身份型数字人爆款。由此推论，是否数字人在形象上越像人、在行为社会化的同时丢失作为身份型数字人的独特性，失去同人创作可以开发的想象空间，失去二次元人物与现实世界的间离效果，反而"泯然众人矣"呢？也许这正是目前高保真写实化身份型数字人发展的困境之一，毕竟在写实化身份型数字人为人们提供情绪价值的过程中，破除恐怖谷效应仍是亟待解决的核心问题之一。

与日本相比，韩国在这一领域发展较晚，且顶级技术企业较少。韩国最受瞩目的项目是三星子公司 STAR Labs 的 Neon "人工智人"（Artificial Human）项目。值得注意的是，从林明美到初音未来，再到绊爱，无论是虚拟偶像还是虚拟主持人，无论数字人本身是由计算机图形技术生成的还是由现实真人驱动的，日本数字人行业取得突出甚至突破性成就的身份型数字人都是以二次元人物风格推向市场的，高拟真度的写实化身份型数字人并未在日本数字人产业中掀起狂潮，反而因为制作技术的限制与受众对于拟真数字人"不买账"而呈现出勉力求生的姿态。数字人领域对于技术要求较高，而且前期成本投入巨大。因此，现在，除中国、美国、俄罗斯、日本、韩国，以及欧洲国家等老牌技术大国之外，其他国家主要与这些国家进行数字人底层研发合作，在数字人服务、应用、娱乐等方面发展。

新西兰也开始了在这一领域的发展。Soul Machines 是一家专注于数字人研发的人工智能企业，总部位于新西兰，在零售、医疗、教育、金融等领域推出了相应的数字人解决方案。目前，与该企业合作的客户包含雀巢、宝洁等知名企业。

四、全球数字人发展困境

（一）拟真技术需破除恐怖谷效应

"恐怖谷"一词最早由德国心理学家恩斯特·延奇（Ernst Jentsch）在其 1906 年的论文《恐怖谷心理学》中提出。1970 年，日本机器人专家森政弘（也称森昌弘）提出，机器人往往会夸大恐怖谷效应。[24]

从全球数字人发展现状来看，无论是技术发展趋势，还是应用场景的优化，恐怖谷效应都是目前数字人落地应用面临的一大阻碍。大多数数字人还未做到完全拟真，这种恐惧往往源于数字人在外貌、动作或情感表达等细节方面的不足，使观众难以接受或产生抵触情绪，从而影响了数字人技术的实际应用和推广。因此，拟真技术已经成为现在全球数字人技术的核心发展方向。

（二）深度制造冲击：数字人相关政策与立法内容空缺

尽管数字人概念早已有之，但真正将数字人应用在一定规模上推向市场，并逐渐市场化还是面临一些现实问题。目前，数字人行业相关配套政策与法律存在许多内容上的空白。

2019年，美国网络媒体公司（CNET）报道了一则关于数字人造假的新闻。数字人造假的视频内容为Facebook首席执行官马克·扎克伯格关于大数据发表的简短演讲。出现在图片分享网站Instagram上的视频显示，视频中的扎克伯格称："试想一下：一个人完全控制数十亿人被盗的数据，掌握他们所有的秘密、生活和未来。这都要归咎于Spectre漏洞。它让我明白，谁控制了数据，谁就控制了未来。"事实上，扎克伯格从没有说过这些话。这段视频是利用"深度伪造"（deepfake）技术制作的，它利用人工智能创建视频，并伪造目标没有说过的话。[25]该视频很快被证实为虚假宣传，这让人们意识到在数字人不断拟真和智能化、市场化的过程中可能存在信息安全隐患。《华尔街日报》认为，怀疑主义会对未来人们的消费文化产生重要影响。例如，在数字人生产和使用的过程中，如果每个人都被赋予了训练和制作数字人的能力，那么当对数字人的滥用产生时，人们首先要通过自我的辨别和怀疑能力来对待此类恶性事件。事实上，不止于此，深度制造时代的到来会对场景时代产生巨大冲击，场景将不再令人信服，人们的数据安全将时时处于"薛定谔状态"。区块链对于数据控制的追求和大模型训练对数据的窃取，随着深度制造先驱者数字人的应用实践将不断进行技术对垒。

从训练模型的数据获取，到数字人形象设计，再到应用落地，数字人常常面临数据窃取、肖像侵权、内容不当等社会治理风险。因此，数字人应用频繁的中国市场应该加快进行数字人相关政策法规的设计，尽快完善政策法规，明确监察机制和内容保护范围，进一步引导企业与部门规范生产和使用数字人，反哺现实世界的数字化、智能化进程。

（三）低效沟通导致用户转向人工服务

目前，数字人服务还存在应用模型训练不完善的问题，并不能完全替代人工客户服务人员为用户服务，数字人的到来并没有改善各行各业的服务业态。例如，在衣食住行中最常见的购物环节，尤其是在网购中，随着应用端自助服务的不断完善，用户通常可以直接通过固定选项和流程操作退换货和退款等问题，一旦用户需要的服务内容不在自主空间内，数字人客服能够提供的在线服务也非常有限，最终不得不通过"转人工"来解决问题。

因此，数字人提供客户服务的繁杂流程及较低体验促使消费者转而选择传统的人工服务；其他虚拟助手或聊天机器人虽不具备数字人的逼真外观，但能够提供更直观、便捷的文本或语音交互服务，执行简单的任务，逐渐成为数字人的替代品。[26]云问科技的虚拟产品线顾问田有为表示："从无法交流到能够随口而谈，人工智能也需要经历人类的学习、理解、思考和补充四大过程，对应到人工智能层面就是知识搭建、语义理解、语义处理和自主学习。"[27]数字人模型训练还需要经过漫长的技术制作过程，企业期待用数字人代替人工来实现降本增效还有很长的一段路要走。

（四）全球地区发展不均衡

首先，数字人的基础制作层源自软件工程，无论是由技术驱动还是由真人驱动，拥有成熟技术的欧洲、北美地区都具有很强的竞争力。在软件引擎［如 Unity（Unity Technologies）、Unreal Engine 4（Epic Games）］和动画数据库［如 Mixamo（Adobe Systems Incorporated）］方面继续改进和扩展，数字人的使用将继续增加，关注和整合数字人的研究也不断增加。①

其次，亚洲地区以中国为代表，有广阔的数字人市场。可以预见的是，数字人的最终服务对象为 C 端用户，B 端应用从电影动画向广告营销、电商直播、虚拟偶像等领域不断扩展。未来，以虚拟分身为代表的应用潜力巨大。从需求角度来看，数字人制造和运营服务在 B 端市场不断扩大领域和规模，面向更广大的 C 端用户提供服务，制作方式也从专业生产内容向用户生产内容发展。[28]

除此之外，在南美洲、中国、俄罗斯、日本、韩国以外的亚洲地区，以及技术和市场更为落后的非洲地区，数字人产业的发展还处于萌芽状态，未来可期。由此可见，数字人的发展存在全球发展不均衡的问题。

五、发展策略：走向真正广阔的数字人市场

2023 年，生成数字人的底层技术大模型和深度学习算法的进步，使数字人的制作成本大幅降低，腾讯云智能数智人产品总经理陈磊曾经在接受媒体采访时表示："小样本数智人 12 小时就能够出样片，成本已降至千元级别。"[29]2024 年初，OpenAI 推出 Sora（由文本生成视频人工智能大模型），又为数字人的生成技术提供了强大助力。数字人生产技术成本的降低对于市场需求的反哺有着重要的意义。据相关机构测算，在 2030 年近 2700 亿元的数字人市场规模里，身份型数字人将占 1750 亿元，服务型数字人占 950 亿元。[30]就发展前景来看，全球数字人应用市场具有广阔的发展前景。

---

① SCHROEDER N L, CRAIG S D. Learning with virtual humans: Introduction to the special issue[J]. Journal of Research on Technology in Education, 53(1): 1-7.

（一）底层技术的发展是基础与重中之重

从外形上看，针对人们会产生的恐怖谷效应，从日本虚拟偶像的发展经验中可以得出，二次元形象的数字人（如初音未来、绊爱等）比仿真型数字人更易让人们接受。因此，虽然研究开发者在技术上不断追求让数字人更像人，从毛发到肌理，从语言表达到行为动作，但让数字人不那么像人，或许反而更易消除恐怖谷效应。这种观点并不是否定数字人类人化的意义，而是在不断追求高逼真数字人的外形发展上提供了另一种可能性。例如，动画电影《超能陆战队》中的"大白"，以憨态可掬的外表和柔软的内心获得了全世界观众的喜爱。数字人在各行各业的应用存在身份型和服务型分类，考虑到不同年龄层受众对于数字人的认知与接受存在一定程度的差异，数字人外形的发展方向并不一定要以类人化为唯一标准。

此外，在《机器人接受度的影响因素》一文中，作者论述了人类对机器人的接受度会受到机器人本身因素的影响。机器人本身因素比人类因素更为可控，且对于机器人的设计者、生产者和售卖者而言更具有可操作的现实意义。具体而言，机器人本身因素又可以分为外部特征和内部能力两部分。① 参考机器人接受度影响因素，对数字人的接受度进行进一步的社会调查，对于数字人落地应用和扩大市场具有更大的实践价值。

（二）推进行业融合，加快数字人应用落地

从产业端来看，目前中国数字人产业发展主要集中在应用层，大多数企业仍做着费力不讨好的"打包"数字人的中介业务。支持产业快速发展的底层元素最基本的便是技术的发展，因此，加速推进数字技术向生产端渗透是亟待解决的问题。

作为科技产业，数字人产业需要人工智能、产品设计、运营、融资等多方面人才。因此，互联网产业发展较好的区域，如北京、杭州、上海、深圳等互联网和数字内容生产高地，将成为数字人产业的重要聚居地。在众多因素中，艺术和科技是最强驱动力。北京艺术资源相对集中，拥有北京理工大学、中国传媒大学、中央美术学院等头部艺术院校和专家资源；科技产业优势突出，互联网企业数量较多，聚集了大量技术研发、人工智能算法等方面的人才。同时，北京市政府高度重视数字人产业，发布了数字人产业发展政策。在产业和政策的推动下，北京有望成为数字人产业聚焦的新高地[31]。

2023年，生成式人工智能技术的爆发加速了人工智能大模型对部分产业的颠

---

① 许丽颖，喻丰. 影响机器人接受度的因素[R]. 科学通报，2020, 65(6):496-510.

覆，并带来数字人产业的新机遇。在人工智能大模型的驱动下，基于深度学习的自然语言生成技术与数字人结合，使数字人的智能化水平大幅提升，解决了数字人技术门槛高、资金投入大等难题，真正赋予数字人以"人"的要素。

（三）完善法律条款，加强监管与准入制度

数字人行业的发展在全球遍地开花，但关于数字人的立法在全球范围内尚属一个着墨不多的领域。在对于国际数字人相关法律内容的整合借鉴下，结合中国数字人产业发展和消费市场情况，国家广播电视总局在 2021 年发布的《广播电视和网络视听"十四五"科技发展规划》指出："面向新闻、综艺、体育、财经、气象等电视节目研究虚拟形象合成技术，包括 2D 虚拟形象的合成，3D 虚拟形象的驱动，虚拟引擎构建、语音驱动、动作捕捉、表情捕捉等技术，提升节目制作效率及质量；同时探索短视频主持人、数字网红、直播带货等虚拟形象在节目互动环节中的应用，增加个性化和趣味性。"[32]

2022 年，欧盟通过了《数字市场法案》和《数字服务法案》，用以规范数字企业提供的服务，进而规范数字市场。2023 年 6 月，欧盟《人工智能法案》发布，进一步规范和监管涵盖数字人概念在内的数字内容，从而达到了反数字经济垄断的目的。

2022 年，中国广告协会数字元宇宙工作委员会发布《元宇宙法律研究报告系列：虚拟数字人法律研究报告》。2023 年 8 月，国家网信办、国家发展改革委、教育部、科技部、工业和信息化部、公安部、国家广播电视总局联合发布《生成式人工智能服务管理暂行办法》。从目前看来，数字人行业一直是国家数字经济规划的重要内容，随着技术研发和消费市场的扩大，与数字人相关的基础法律条例、政策监管措施将拥有更完善、更安全的落地环境。

电子参考文献

扫描二维码，阅读本文电子参考文献。

全球数字人传播发展报告

徐裕琴[①]　宋　毅[②]

摘要： 数字人作为一种传递泛娱乐化或专业化社会信息的新型数字媒介，在全球信息传播中的作用日益显著。本文着重对北美、欧洲和亚洲地区的数字人传播现状进行梳理。各国的数字人传播各有所长：日本、韩国、中国分别依托具有优势的动漫、偶像和数字产业打造虚拟偶像文化；中国、美国游戏厂商虚拟形象技术出众；欧洲、美国影视数字替身视觉效果逼真、虚拟时尚KOL营销模式成熟，并且注重提供情感连接与个性化服务；虚拟社交平台和虚拟助手是国内外众多厂商的共同关注。此外，数字人本身的形象设计也反映出文化差异。目前，全球数字人传播仍然面临技术与资金限制、霸权与操纵风险、法律与伦理挑战、环境污染与资源浪费等发展局限。

关键词： 数字人传播；全球；文娱

一、引言

数字人是具有人类人设的数字化形象[③]。根据市场应用分类，数字人可以分为身份型和服务型。前者拥有特定身份和人格特征，制作技术更注重创意和美观，如虚拟偶像、虚拟化身、虚拟角色等，主要用于音乐、影视、社交、游戏等文娱领域。后者用于替代真人在特定场景提供特定服务，制作技术更注重智能化和交互性，如虚拟客户服务人员、虚拟讲解员等，主要用于传媒、文旅、金融、医疗、教育等领域的标准化内容生产。

近年来，数字人市场呈现出强劲的增长态势。2022年，全球数字人市场规模为143.2亿美元[1]，预计到2028年，全球虚拟活动市场规模将达到5047.6亿美元[2]。

[①] 徐裕琴，北京外国语大学国际新闻与传播学院2023级新闻学（国际新闻传播方向）硕士研究生，主要研究方向为国际传播、跨文化传播。

[②] 宋毅，北京外国语大学国际新闻与传播学院教授，主要研究方向为跨文化/组群沟通、国际出版。

[③] 郭全中. 虚拟数字人发展的现状、关键与未来[J]. 新闻与写作，2022(7): 56-64.

其中，北美、亚洲和欧洲是主要市场，主要包括美国、加拿大、中国、日本、韩国、英国、法国等国，但各国的发展优势和侧重领域呈现出明显的差异。北美拥有英伟达、微软、Unity Technologies 等重要的技术提供商，影视、游戏、娱乐、医疗保健等行业是其数字人发展的重要推动力。亚洲的数字人技术近年来发展迅速并和发达的动漫、偶像、游戏、直播等产业的发展紧密结合。欧洲拥有大量相关技术企业，如 Vicon（英国）、Xsens（荷兰）、Cubic Motion（英国）、普莱思（英国）等，研究机构也积极参与相关技术的研究和创新，汽车、航空航天和教育等行业是其主要推动力[3]。

在传播学视域下，数字人被视为新型数字媒介①，数字人传播特指利用数字人传递社会信息或运行社会信息系统。由于技术基础和应用场景各不相同，不同类型的数字人传播现状在各国呈现出明显的差异。本文将数字人传播的内容分为泛娱乐化内容和专业化内容，重点考察作为主要市场的北美、欧洲和亚洲地区的数字人传播现状。

二、泛娱乐化内容传播现状综述

文娱内容的传播是数字人的主要应用场景之一。20 世纪八九十年代，数字人首先在音乐和影视领域得到应用。进入数字化时代，数字人传播的落地场景进一步扩展到游戏、社交等领域。

（一）音乐：日本、韩国、中国依托优势产业打造虚拟偶像文化

最新数据显示，全球虚拟偶像和虚拟主持人市场预计将从 2023 年的 10.827 亿美元增长到 2029 年的 40.4433 亿美元，预测期内复合年增长率为 24.56%[4]，呈现出快速大幅增长的趋势。该领域主要企业包括 ANYCOLOR（日本）、COVER（日本）、Bilibili、774 inc（日本）、Re: AcT（日本）、乐华娱乐、爱奇艺、VSPO!（日本）、VShojo（日本）、.LIVE（日本）、Neo-Porte（日本）、Phase-Connect（加拿大）、ALTERLY（印度尼西亚）、Aogiri High School（日本）、NoriPro（日本）、V&U Entertainment（韩国）等。

日本是虚拟偶像的发源地和最大的市场[5]。1982 年的日本动画《超时空要塞》中的女主角林明美是世界上首位虚拟歌姬，其专辑成功进入当时日本知名音乐排行榜。日本的虚拟偶像根植于其高度发达的动漫产业，尤其擅长打造二次元虚拟

---

① 夏翠娟，铁钟，黄薇. 元宇宙中的数字记忆："虚拟数字人"的数字记忆概念模型及其应用场景[J]. 图书馆论坛，2023, 43(5): 152-161.

偶像，并且在全球享有较高的知名度和受欢迎程度。例如，克理普敦未来媒体打造的二次元虚拟歌手初音未来是第一款被广泛认可的数字人，其在日本、新加坡、马来西亚、印度尼西亚，以及北美等地多次举办演唱会；日本虚拟娱乐企业 Activ8 推出的二次元风格虚拟主持人绊爱，是世界上第一位也是到目前为止最知名的虚拟主持人，在 YouTube 有近 300 万名粉丝。2022 年，日本虚拟主持人市场规模达到 520 亿日元（约合 3.5 亿美元）[6]。

韩国的虚拟偶像与其发达的娱乐偶像产业紧密结合，尤其擅长打造娱乐虚拟偶像。2020 年，韩国数字人开发企业 Sidus-X 推出韩国首位数字人 Rozy 并于 2022 年发布首支单曲 *Who Am I*，拓展歌手业务；2022 年，游戏开发企业 Smilegate 与虚拟特效开发商 Giantstep 共同打造的虚拟歌手 Han YuA 公开发行首支单曲 *I Like That*，正式出道；人工智能企业 Pulse9 开发的 11 人人工智能偶像组合 Eternity 的单曲 *I'm Real* 和 *No Filter* MV 在 YouTube 上的观看量均达到 360 万次。传统娱乐企业主要通过与技术企业合作，联合打造真人偶像虚拟分身，使其虚拟形象依附于现实演员，以创造更大价值。例如，2017 年和 2019 年，韩国顶级偶像企业 SM 分别与美国人工智能初创企业 ObEN、英特尔工作室合作，开展人工智能与演员 IP 集合的新内容代理业务；2020 年，SM 又推出由四位真人成员及其虚拟形象组成的新女团。另外三家著名的韩国娱乐企业 JYP、YG、HYBE 则对虚拟社交平台 ZEPETO 的运营企业 Naver Z 进行投资，开展演员虚拟形象、虚拟粉丝见面会等合作。

中国发达的数字产业和网络文化产业是中国虚拟偶像发展的重要基础。根据艾媒咨询《2023 年中国虚拟偶像产业发展研究报告》[7]，2022 年中国的虚拟偶像带动周边市场规模为 1866.1 亿元（约合 262 亿美元），预计 2025 年将达到 6402.7 亿元（约合 899 亿美元）。2012 年，上海禾念信息科技有限公司打造的虚拟演员洛天依是中国最知名的虚拟偶像之一。截至 2024 年 1 月，洛天依微博粉丝达 547 万人，B 站粉丝达 351.8 万人，网易云音乐粉丝达 171.8 万人，收录歌曲 4462 首，还参加了中央电视台和各大卫视的舞台表演并登上 2022 年北京冬奥会文化节开幕式。2020 年，乐华娱乐与字节跳动共同打造了国内第一个虚拟偶像团体 A-Soul，目前已发布多支单曲，全网粉丝超 1000 万人。

综上所述，亚洲地区的日本、韩国和中国分别依托本国发达的动漫产业、娱乐偶像产业和数字产业，形成了较大规模的虚拟偶像产业和文化，尤其是日本动漫风格的虚拟偶像文化对具有大量虚拟偶像用户基数的美国、印度尼西亚、中国等都产生了显著的影响。虚拟偶像文化的发展也带动了与之相关的漫画、动画、游戏等产业的繁荣。值得注意的是，该领域日益呈现出多主体共建的特征，即技术供应商、数字资产运营商、文娱企业、经纪企业等深度参与其中，以建立从技术、内容生产到运营的全方位支持体系。

（二）影视：欧美数字替身技术视觉效果逼真

影视领域不仅对数字人的视觉效果要求高，而且在很大程度上影响社会对数字人的认知。截至 2023 年底，全球排名前十位的票房影片分别是《阿凡达》《复仇者联盟 4：终局之战》《阿凡达：水之道》《泰坦尼克号》《星球大战 7：原力觉醒》《复仇者联盟 3：无限战争》《蜘蛛侠：英雄无归》《侏罗纪世界》《狮子王 2019》《复仇者联盟》，这十部电影无一例外都是使用了数字人技术的美国电影。根据猫眼专业版的数据，截至 2023 年 12 月底，在 2023 年全球排名前十位的票房影片中，有六部使用了较多的特效技术（票房占 59%，如表 1 所示），另有两部为动画电影（票房占 23%）。根据市场研究机构 Mordor Intelligence 的数据，全球动画和视觉特效市场规模预计将从 2023 年的 1813.8 亿美元增长到 2028 年的 2846.2 亿美元，复合年增长率为 9.43%[8]。由此可见，以数字替身为代表的数字人和影视类产品相结合展现出广阔的市场前景。

表 1　2021—2023 年全球排名前十位的电影中特效电影及票房占比

排名	2023 年	票房/亿美元	2022 年	票房/亿美元	2021 年	票房/亿美元
1	《芭比》	14.31	《壮志凌云 2：独行侠》	14.88	《蜘蛛侠 3：英雄无归》	18.08
2	《超级马力欧兄弟大电影》	13.61	《阿凡达：水之道》	11.68	《长津湖》	9.02
3	《阿凡达：水之道》	11.26	《侏罗纪世界 3》	10.01	《你好，李焕英》	8.22
4	《奥本海默》	9.42	《奇异博士：疯狂多元宇宙》	9.55	《007：无暇赴死》	7.72
5	《银河护卫队 2》	8.45	《小黄人大眼萌：神偷奶爸前传》	9.39	《速度与激情 9》	7.26
6	《蜘蛛侠：纵横宇宙》	7.40	《黑豹 2》	8.08	《唐人街探案 3》	6.86
7	《速度与激情 10》	7.03	《新蝙蝠侠》	7.7	《毒液 2》	5.02
8	《满江红》	6.67	《雷神 4：爱与雷霆》	7.6	《哥斯拉大战金刚》	4.68
9	《流浪地球 2》	5.98	《长津湖之水门桥》	6.26	《尚气与十环传奇》	4.32
10	《小美人鱼》	5.69	《独行月球》	4.6	《永恒族》	4.02
特效电影数/票房占比	6	59%	7	66%	7	68%

注：楷体为特效技术使用较多的电影，斜体为动画电影。"票房占比"仅统计特效电影，不包含动画电影。

资料来源：猫眼专业版、国海证券《传媒行业元宇宙系列深度报告之二：数字虚拟人科技人文的交点赋能产业的起点》

总体上，欧美的影视和特效企业起步较早，制作体系较为完善。早在 2001

年，电影《指环王》就利用计算机图形技术和动作捕捉技术创造了世界首个虚拟电影角色"咕噜"，其技术后续被《加勒比海盗》《猩球崛起》等电影采用。经过多年发展，欧美影视行业的数字替身效果已经接近真人。2019年，20世纪福克斯电影公司出品的科幻动作片《战斗天使阿丽塔》的主角阿丽塔是第一位完全采用数字人技术制作的超高精度角色。在人物细节方面，制作团队利用人工智能算法使阿丽塔脸上的细小绒毛达到自然毛发效果，眼睛特写达900万像素，使该虚拟角色即使与真人演员同时出镜也不显得突兀。2019年，《复仇者联盟4：终局之战》利用数字人技术塑造了许多逼真的数字人角色，能与真实演员的表演无缝衔接。2022年，詹姆斯·卡梅隆执导的科幻巨作《阿凡达：水之道》采用了先进的数字人技术，通过计算机生成人物奈特莉（Neytiri）的三维模型，将人类与纳美族的虚构世界融合，为观众提供了逼真的视觉享受。

尽管特效技术的整体水平同欧美还有一定的差距，但近年来中国特效企业逐渐崭露头角，大型制片企业引入国际水准的技术和团队，不乏原力动画、数字王国这样的高水平特效企业和《新三岔口》《飞向月球》《流浪地球》《哪吒之魔童降世》《战狼2》等优秀作品。关于数字人在中国影视领域的应用，此处不再赘述。

全球主要影视特效企业如表2所示。

表2　全球主要影视特效企业

地区	总部所在地	影视特效企业	简要介绍
欧美	美国	工业光魔（Industrial Light & Magic）	全球最著名的电影特效制作企业之一，负责许多史诗级电影的视觉效果，如《侏罗纪公园》《复仇者联盟》《星球大战》系列等
		皮克斯动画工作室（Pixar Animation Studios）	以计算机动画为主，与迪士尼合作《寻梦环游记》《玩具总动员》系列等
		数字领域（Digital Domain）	提供视觉效果和数字娱乐解决方案，负责《泰坦尼克号》《特种部队》等电影的视觉效果
		Blur Studio	为电影、电视、广告和游戏制作高质量的视觉效果和动画，负责制作《死侍》《女猎手》《超人：钢铁之躯》等电影的视觉效果
	新西兰	威塔数码（Weta Digital）	全球领先的综合性视觉效果企业，负责制作《指环王》《阿凡达》及《霍比特人》三部曲等电影的视觉效果
	英国	Framestore	国际性的视觉效果企业，参与制作《阿凡达》《银河护卫队》及《神奇动物》系列等电影
		Double Negative（DNEG）	作品有《星际穿越》《盗梦空间》《大侦探福尔摩斯》《哈利·波特与死亡圣器》等电影
		Moving Picture Company（MPC）	全球最大的视觉效果制作企业之一，参与制作《猩球崛起》《007：大破天幕杀机》等电影

续表

地区	总部所在地	影视特效企业	简要介绍
欧美	法国	照明娱乐（Illumination Entertainment）	作品有《神偷奶爸》《欢乐好声音》《爱宠大机密》等电影
	德国	Pixomondo	作品有《2012》《超凡蜘蛛侠》《神奇女侠》及《速度与激情》系列等电影
亚洲	日本	吉卜力工作室（Studio Ghibli）	世界著名的动画制片厂，作品有《千与千寻》《幽灵公主》《风之谷》等电影
	日本	索尼影像工作室（Sony Pictures Imageworks）	作品有《蜘蛛侠》《隐形人》《精灵鼠小弟》《星河战队》等电影
	中国	数字王国	全球性的视觉效果创作企业，作品有《泰坦尼克号》《美梦成真》《返老还童》等电影
	中国	原力动画	以三维数字信息技术和三维数字内容生产能力为核心，代表作有《阿凡达》《爵迹》《驯龙高手》《妈妈咪鸭》（原创）等电影

资料来源：根据网络资料整理

（三）游戏：中美游戏厂商虚拟形象技术出众

数字人被游戏厂商热情接纳，用于为玩家提供代入感和沉浸感。2020年5月，游戏《堡垒之夜》官方联合美国著名说唱歌手兼音乐制作人特拉维斯·斯科特（Travis Scott）举办了一场名为"Astronomical Tour"的虚拟在线演唱会，超过1200万玩家参与了这场视觉盛宴。数字人还被用于营销游戏和游戏内产品。2018年，游戏制造商拳头游戏（Riot Games）携虚拟女子组合 KD/A 亮相，在韩国本土和欧美都引起了不小的轰动，而 K/DA 系列皮肤也成为《英雄联盟》历史上最畅销的皮肤之一。

随着软件和硬件技术更新迭代，游戏厂商有更好的虚拟形象技术沉淀，在游戏画面精细度和角色操控自由度方面愈加强大。根据数据企业 Newzoo 的市场报告[9]，2023年全球游戏收入达到1840亿美元，同比增幅为0.6%。2023年上半年全球收入前十名的游戏发行商依次是腾讯（154亿美元）、索尼（80亿美元）、苹果（69亿美元）、微软（60亿美元）、网易（50亿美元）、谷歌（50亿美元）、动视暴雪（44亿美元）、EA（38亿美元）、任天堂（31亿美元）和 Take-Two（24亿美元），其中美国企业6家、中国企业2家、日本企业2家。亚太地区几乎占据全球游戏业市场份额的半壁江山（46%），达到841亿美元，其次是北美（27%）、欧洲（18%）、拉丁美洲（5%）、中东和北非（4%）。

腾讯是全球游戏巨头和游戏市场的领导者。腾讯在游戏产业深耕多年，目前已经具备极为丰富的 IP 储备，如《QQ炫舞》的星瞳、《英雄联盟》的 K/DA 女团等。在技术方面，腾讯不仅拥有云计算技术和领先的自研实验室，其投资版图还拓展到 Epic Games 等头部游戏企业。例如，腾讯游戏旗下的 NExT Studios 和 Epic Games 合作，利用高精度动作捕捉和渲染技术打造了可以实时交互的高保真数字人塞壬（Siren）。另一家领先全球的在线游戏开发与发行企业——网易，同样是数字人赛道的核心玩家之一。早在 2017 年，网易就成立了国内首家游戏人工智能研究机构——网易伏羲，研究方向包括强化学习、数字人、用户画像、机器人、云计算平台等。2023 年，网易伏羲凭借"深层语义理解""关键信息抽取"等多项专利技术在《逆水寒》手机游戏中实现了游戏行业首创的"文字捏脸"玩法。

美国拥有两大游戏引擎，即 Epic Games 开发的 Unreal Engine 和 Unity Technologies 开发的 Unity 3D，二者在当今游戏引擎市场中形成了双头垄断的竞争格局。尤其是美国的游戏制作企业 Epic Games 在图形处理单元（GPU）、游戏引擎、渲染技术等方面全球领先，其开发的实时渲染引擎 Unreal Engine 广泛用于《战争机器》《堡垒之夜》等众多游戏。2021 年，该企业推出基于虚拟引擎驱动的 MetaHuman Creator，将其作为辅助的视频游戏角色创建工具，用户可以基于预设的发型、面部、肤色等自行创造虚拟角色。

开发数字人的游戏制作企业（部分）如表 3 所示。

表 3 开发数字人的游戏制作企业（部分）

地区	企业	基础层	平台层	应用层
亚洲	腾讯	布局 Epic Games 等游戏引擎企业；拥有云计算技术和自研实验室	—	IP 储备丰富；可提供多模态交互方案
	网易	—	网易伏羲平台提供数字人形象、驱动、互动娱乐等虚拟交互服务	沉浸式活动平台"瑶台"
北美	Epic Games	拥有业内顶尖的游戏引擎		
	Unity Technologies	拥有业内顶尖的游戏引擎		

资料来源：网络资料、中银证券《虚拟人行业深度研究》（2022 年）

（四）社交与营销：欧美虚拟时尚 KOL[①]营销模式成熟

融文集团与全球市场营销顾问企业 Kepios 的数据显示[10]，截至 2023 年 10 月，全球社交媒体用户数量为 49.5 亿个，相当于全球总人口的 61.4%，且社交媒

---

① "KOL"为营销学概念，是"key opinion leader"的简称，意为"关键意见领袖"。

体用户数量在过去 12 个月中持续增长，年增长率为 4.5%。每个月有超过 90%的互联网用户使用社交媒体，可见社交媒体平台已经成为网民的主要活动场域。与此同时，社交媒体平台也成为虚拟偶像传播时尚、生活方式等内容，与粉丝建立独特而密切的关系的重要场域。

依托优质的时尚资源，欧美国家擅长打造虚拟模特、时尚 KOL 等。2017 年，伦敦摄影师卡梅伦-詹姆斯·威尔逊（Cameron-James Wilson）打造的超写实型虚拟黑人模特 Shudu，形象逼真，身材高挑，气质高冷，还出演了巴尔曼等品牌广告片。欧美的数字人应用端多以 MCN 为主，拥有多个全球名列前茅的虚拟 KOL，通过 Instagram、YouTube、X 等社交媒体平台持续输出内容，使其在社交媒体平台上的参与度远高于现实生活中有影响力的人。2016 年，由三维计算机动画企业 ModelingCafe 制作、科技企业 Brud 运营的数字人 Lil Miquela，以其时尚的外表和丰富的日常社交内容，迅速在 Instagram 上吸引了大量粉丝。Lil Miquela 的 Instagram 账号以分享记录日常生活的图片为主，包括家居生活、品牌活动、外出旅游、朋友聚会、美食美妆等。她甚至声援跨性别者平权活动，支持种族平等等社会议题。2018 年，Lil Miquela 与特朗普、蕾哈娜等人一起被美国《时代》周刊列为"25 位最有影响力的互联网人物"。德国艺术创意人约尔格·朱伯（Joerg Zuber）创造的虚拟模特 Noonoouri 也主要通过 Instagram 发布与时尚、美妆、艺术、生活方式相关的内容，甚至在一些时尚和艺术事件中发表看法和评论。

日本除了二次元虚拟偶像，近年来也涌现出一批超写实风格的虚拟 IP，如日本科技企业 Aww 制作并运营的 Imma。Imma 有着标志性的粉色头发、极具原宿风街拍打扮的时尚都市女性形象，主要活跃于时尚、公益等领域，经常通过社交媒体平台发布与时尚、美容、生活方式相关的照片与视频动态。中国的柳夜熙则凭借其"元宇宙、国风、赛博朋克、会捉妖的虚拟美妆达人"的独特人设定位与剧情化内容打破了传统的"网红式套路"，实现了差异化突围，在抖音平台一经发布便收获了巨大热度。

根据 Hype Auditor 和 Virtual Humans.org[11]的统计，目前在社交媒体上最具影响力的虚拟博主中，Lu do Magalu、Lil Miquela、Thalasya、Noonoouri、Imma、Bermuda 属于数字人，如表 4 所示。欧美国家虽然未像亚洲地区一样形成大规模的虚拟偶像文化，但具备较强的虚拟偶像运营能力，Lil Miquela、Noonoouri、Bermuda 均已经运营 5～7 年，目前仍然在社交媒体平台上持续输出内容。

表 4 社交媒体上最具影响力的数字人

姓名	出道时间	账号	粉丝量/名	帖文量/篇	国家
Lu Do Magalu	2009 年	@magazineluiza	670 万	2127	巴西
Lil Miquela	2016 年	@lilmiquela	269 万	1298	美国
Thalasya	2018 年	@thalasya	46.1 万	222	印度尼西亚

续表

姓名	出道时间	账号	粉丝量/名	帖文量/篇	国家
Noonoouri	2018 年	@noonoouri	42.7 万	1685	法国
Imma	2018 年	@imma.gram	39.4 万	747	日本
Bermuda	2016 年	@bermuda	12.5 万	3073	美国

资料来源：根据网络资料整理，数据截至 2024 年 1 月。

数字人在传播品牌故事、推广产品与服务、改善用户体验，进而创造商业价值方面发挥的作用，已经在商业实践中得到了充分验证。一些商业品牌从自身调性与数字人人设定位的适配度方面考虑，邀请数字人参与拍摄宣传片和宣传海报、与真人明星互动、多渠道品牌推广等营销活动。欧美成熟的虚拟偶像早已拉开了品牌营销的先河，表 5 为 Instagram 排名前六位的虚拟偶像与品牌的合作。有研究显示，超过八成的受访者因为虚拟偶像代言而提升了购买意愿，可见虚拟偶像品牌代言效益明显。另外一些品牌则自主或与外部团队合作打造符合自身特性的虚拟代言人或虚拟品牌形象。例如，2019 年，肯德基推出紧跟时尚、热爱健身、性格开朗的全新潮爷形象，使这一传统品牌更加年轻化，以此拉近和年轻人的距离；2021 年，美妆品牌花西子推出专属虚拟形象，展现其一以贯之的东方美妆特色。

表 5　Instagram 排名前六位的虚拟偶像与品牌的合作

姓名	Lu Do Magalu	Lil Miquela	Thalasya	Noonoouri	Imma	Bermuda
人设	科技博主、家庭主妇、网红和女推销员的奇特结合体	歌手、模特	IT 女孩	虚拟模特	虚拟模特	虚拟模特
主要的品牌合作方	Adidas Red Bull Samsung McDonald's MAC	Calvin Klein Prada Samsung Chanel	Chocolatos Tokopedia Canon Indonesia	Marc Jacobs Dior Versace Valentino Kim Kardashian Giorgio Armani Miu Miu Calvin Klein Alexander McQueen	Amazon IKEA Dior Puma Nike Calvin Klein Magnum Burberry	Mercedes Vetements Chanel

资料来源：根据网络资料整理。

值得注意的是，除品牌代言外，中国的数字人还与直播带货行业紧密结合，这得益于近年来中国直播电商市场规模双位数的高速增长。"电数宝"电商大数据库显示[12]，2023 年上半年直播电商交易规模约为 19916 亿元，全年交易规模达到

45657亿元，同比增长30.44%。《中国互联网络发展状况统计报告》指出，以虚拟主持人为代表的新兴产品技术帮助行业实现降本增效[13]。例如，动画企业重力聿画旗下的虚拟IP"我是不白吃"，2021年直播带货的商品交易额超过亿元，成为虚拟主持人领域的头部明星。

除此之外，元宇宙的发展还衍生出新型社交方式，即虚拟社交。用户可以通过打造自身的虚拟形象作为元宇宙的入口，实现在虚拟世界中的交互和大众自传播。全球的虚拟社交头部企业都在加紧布局该领域，先后测试或上线虚拟社交产品或生成数字人工具化平台。全球主要虚拟社交产品如表6所示。海外虚拟社交以虚拟现实平台为主流[14]。2016年，美国游戏开发商Against Gravity推出可以自定义虚拟形象的软件Rec Room。2017年，格雷厄姆·盖勒（Graham Gaylor）和杰西·乔德雷（Jesse Joudrey）开发出了具有高自由度的在线虚拟现实社交软件VRChat。2018年，韩国SNOW公司上线可以根据照片进行形象识别后手动捏脸的手机端软件ZEPETO。美国Meta公司2021年上线自带高精度捏脸系统的软件Horizon Worlds。以定位于"虚拟现实+增强现实协同办公"的在线社交服务企业Spatial为例，其用户能够在平台上通过拍摄或上传照片快速创建虚拟化身，并通过虚拟现实设备的手部追踪功能展现用户的手势和身体形态。没有虚拟现实设备的用户则可以通过键盘按键，利用平台内嵌的不同肢体动作展现自己的风格特色。

表6 全球主要虚拟社交产品

国家	类型	应用名称	开发商	上线时间
中国	虚拟现实/个人计算机/手机端	希壤	百度	2021年
	手机端	超级QQ秀	腾讯	2021年
	手机端	BUD	零点一娱乐	2021年
	虚拟现实	Oasis VR	Oasis绿洲VR	2019年
韩国	手机端	ZEPETO	SNOW	2018年
美国	虚拟现实	Horizon Worlds	Meta（Facebook）	2021年
	虚拟现实	VRChat	格雷厄姆·盖勒等	2017年
	虚拟现实	Rec Room	Against Gravity	2016年

资料来源：网络资料、国海证券《元宇宙系列深度报告之二：数字虚拟人——科技人文的交点，赋能产业的起点》

随着技术与算法的进步，昂贵的惯性或光学动作捕捉设备不再是驱动数字人的必需工具，普通摄像头结合理想的识别算法也能实现较为精准的驱动，如iPhone 12的摄像头支持简单的动作捕捉。面部捕捉、动作捕捉等设备的普及显著降低了虚拟内容生成的门槛，使更多个人创作者能够实现自身形象或基于自身外观特征的虚拟化转移。以Holotech Studios公司开发的虚拟角色模拟软件FaceRig为例，它支持用户将自己的脸变成各种卡通形象，并提供面部表情追踪、背景环境和声音切换等功能。

（五）美学：数字人形象设计反映文化差异

数字人作为新型数字媒介，其本身的形象设计也是重要的传播内容。数字人受到地域、文化、受众等因素影响，反映出不同的价值观和审美标准。

在以多元化和包容性为主流价值观的社会中，数字人的设计往往能够反映种族、性别、年龄和体型的多元化，以更好地代表和连接不同的受众。现代化、个性化的数字人形象通常包括时尚的服装和独特的面部表情、姿态、声音特点等，使其在符合当代审美趋势的同时具有鲜明的个性。例如，活跃在社交媒体上的 Lil Miquela 的设定是巴西和西班牙混血女孩，拥有健康的小麦色皮肤、浓眉、雀斑、标志性的丸子头和齐刘海，以及新锐潮流的服装穿搭。Noonoouri 拥有黑色长发、瘦削的身形、奥黛丽·赫本式的大眼睛、精致的五官、白皙的肤色，透露出该形象和高端时尚可以产生的关联性。

东方数字人的形象设计通常受到亚洲文化的影响。例如，受日本流行的动漫文化影响，一些数字人的外观类似动漫或游戏中的幻想角色，强调奇异、神秘的氛围（如初音未来）或可爱、活泼、夸张的特征（如 Kizuna AI）。还有一些数字人受到传统艺术和文化的影响。例如，魔珐科技创造的国风虚拟偶像令颜欢以元宇宙虚拟武侠形象出现在纽约时代广场大屏幕上，充分融合了汉服、舞狮、史书、武术、玄幻等元素，展现了中华文化独有的"精气神"和武侠文化独特的东方气韵。国内首个超写实虚拟 KOL 翎（LING）的外形具有鲜明的东方色彩，她热爱中华传统文化，擅长书法、太极拳、京剧，主打国风路线。值得一提的是，近年来，国产数字人逐渐摆脱了对欧美风、日韩风的简单模仿，转而融入中国古典美学元素，这反映了中国数字文化创意产业的崛起和对本土文化特色的重视，彰显了文化自信。

三、专业化内容传播现状综述

（一）虚拟助手：国内外厂商的共同发力点

虚拟助手是指在交互要求相对简单的场景下，用于替代真人服务的数字人，提供新闻播报、金融客户服务、文旅导览、教育助手、产品说明等服务。数字人内容生成平台是国内外多家厂商共同的发力点。[15]

数字人在新闻领域的应用主要有新闻播报、人机互动采访、助力特殊群体等，并在许多国家落地，呈现出应用智能化、多样化、高效化等特征。数字人在传媒领域的应用案例如表7所示。非交互式虚拟助手可以根据文本、音视频等材料生成标准化内容并快速传播，而交互式虚拟助手不仅可以实现标准化内容产出和快速传播，还可以与观众实时交互。2023年12月，由人工智能驱动的个性化全球新闻网络Channel 1在YouTube上传了一段22分钟的视频，视频中展示的虚拟新闻主持人不仅形象逼真、表情和肢体动作自然，还能在某些场景中表现出幽默感。由于数字人的升级迭代对人工智能等技术要求较高，媒体机构自主展开技术研究和实践应用的案例相对较少，它们往往与人工智能企业合作，由企业提供技术保障，媒体机构负责提供应用场景和整体运营。例如，新华社的"小铮"、央视网的"小C"便分别是与腾讯游戏、百度智能云合作的成果。

表7 数字人在传媒领域的应用案例

国家	数字人	应用
美国	Channel1的人工智能新闻主持人	提供个性化的新闻
墨西哥	Radio Fórmula公司的NAT	提供墨西哥新闻和世界新闻
西班牙	Alba Renai	西班牙版热门真人秀《幸存者》特别节目主持人
英国	"伦敦世界"的虚拟气象播报员	播报天气预报
希腊	希腊国家广播公司的虚拟电视主持人Hermes	播报新闻
中国	新华社的数字记者"小铮"	完成载人航天工程、行星探测工程、探月工程等国家重大航天项目的"现场报道"任务
韩国	SBS的人工智能新闻主持人Zae-In	新闻直播
印度	News18的新闻主持人AI Kaur	可以实现英、西、法、德、中等多语种新闻播报和人机交互
以色列	人工智能企业Hour One的数字人	为在线足球媒体Ran.de做主持人
科威特	科威特新闻网的虚拟新闻主持人Fedha	播报在线新闻

资料来源：根据网络资料整理

许多国家的金融机构和科技企业已经推出虚拟客户服务人员、虚拟经理、虚拟引导员，对话式人工智能取代或增强真人金融顾问的能力，高效为客户提供金融信息和全天候服务。例如，SpareBank 1 SR-Bank是斯堪的纳维亚半岛最大的储蓄银行之一，目前正在升级其现有的虚拟代理，希望拥有世界上第一个经过认证的数字财务顾问。中国各大金融机构早已推出金融数字人服务业务，推行引导类数字人，深化运用交易类数字人。数字人在金融领域的应用案例如表8所示。

表8　数字人在金融领域的应用案例

国家	数字人	应用
美国	美国银行（Bank of America）的虚拟财务助手 Erica	提供账户信息、支出跟踪和财务建议等服务
加拿大	加拿大皇家银行的虚拟助手 Ava	回答客户问题，提供账户信息、财务建议等
挪威	DNB Bank 的人工智能助手	回答客户问题，处理常见的银行交易事务，提供有关账户和服务的信息
英国	英国苏格兰皇家银行的虚拟银行出纳员 Cora	帮助客户解决基本的银行问题
澳大利亚	澳大利亚和新西兰银行集团的数字助理 Jamie	协助客户查询信息
中国	工商银行的"工小智"	主要用于支付宝平台，提供用户服务和支持
中国	中信银行的"小信"	提供金融知识、账户查询、产品介绍等服务
阿拉伯联合酋长国	阿拉伯联合酋长国国民银行的数字人 EVA	提供智能客户服务，文字和语音互动，回答财务问题，提供账户信息，以及协助用户办理银行业务等

资料来源：根据网络资料整理。

在教育领域，虚拟教师被用于讲授既定的课程内容。例如，英国学者和工程师开发的虚拟教育助手 A. L. Ex（Artificial Language Experiment）用于帮助学生学习英语。中国首位教育领域少儿虚拟偶像"班长小艾"不仅以科普博主身份活跃于抖音等多个平台，还参加了《中国诗词大会》《时空课堂》等多个知识类节目。

在文旅领域，虚拟导游和虚拟讲解员被用于博物馆、科技馆、主题乐园等场所，提供导游与解说服务。例如，俄罗斯文化和旅游局的数字人 Valentine、奥地利旅游局的 Anna，以及新西兰旅游局的 Ava，均能为游客提供该国的文化、历史和旅游景点等信息。中国国家博物馆数字人仝古今，能以全新的数字化方式演绎文物故事。

（二）多模态助手：国外注重提供情感连接和高度个性化服务

目前，国内的服务型数字人主要用于替代真人进行简单的内容生成与问答交互，而一些具有人工智能和计算机图形技术优势的国家能够打造具有高度关怀感的数字人并率先在医疗等场景落地虚拟陪伴助手、心理咨询顾问等，用于提供情感连接。例如，总部位于美国佛罗里达州的增强现实企业 Realic 推出的 Hybri 小程序提供基于人工智能、虚拟现实和增强现实的可定制虚拟伙伴，为新冠疫情期间自我隔离的孤独个人提供陪伴服务。韩国 MBC 电视台《我遇见你》节目曾经用 8 个月时间打造虚拟现实系统，帮助一位母亲与已经去世的女儿"重逢"。2018

年，日本 Gatebox 公司曾经推出一款名为"逢妻光"（Hikari Azuma）的家用智能化全息虚拟陪伴机器人，旨在为用户提供情感陪伴和家庭助手服务。

不同于简单的虚拟客户服务，特定场景下的多模态助手是高度个性化的，能够提供与业务相关的个性化分析与推荐，目前国外厂商已有的落地场景包括个性化理财顾问、心理咨询顾问、购物助理等。例如，总部位于新西兰的 Soul Machines 公司，是人工智能领域的领导者，主要在欧洲开展业务。该企业利用其名为"Digital DNA"的专有技术创造了一系列具有生动的面部表情和语音的数字人，能够与用户进行自然且具有情感智能的交互，已用于客户服务、销售和教育等场景。在该领域颇有建树的还有总部位于新西兰的科技企业 UneeQ。2021 年，该企业与心理健康平台 Mentemia 合作，推出全球首个数字心理健康教练。加拿大的人工智能初创企业 TwentyBN 自主构建数字虚拟健身教练 Fiteness Ally，其可以基于使用者的实时运动情况进行个性化交互。

尽管作为科技产物的数字人本身并不具备真实情感，但通过采取情感识别技术和自然语言处理等方法，它们可以对用户的语言、声音、面部表情等进行分析，模拟人际交流中的情感交流，对用户的情感做出响应，从而为用户创造出一种"情感连接"体验。

四、结论与余论：发展局限与未来展望

元宇宙的诞生标志着虚拟世界从想象走向现实，人类迎来了一个全新的空间。作为对现实世界人类的延伸和映射，数字人为信息传播提供了更多便利与可能。然而，元宇宙目前还处于起步阶段，相关重点技术的成熟度和能力储备尚且不足，所以全球数字人产业的发展还面临许多挑战。

（一）技术和资金限制

在特定方向上，各种感知技术已经足以支撑数字人的使用，但要取得理想的综合效果，制作团队需要在机器视觉、语音交互、自然语言处理等方面都具有深厚的技术积累，并能够将这些技术进行有机结合，因此往往需要多家企业合作。另外，创建高质量的数字人涉及技术研发、软件与硬件设备、人才招聘与培训、制作与动画设计等环节，需要投入大量资金。根据蓝色光标《元宇宙营销工作手册》，仅设计一个数字人形象就要花费 10 万～100 万元，后续的内容制作和智能驱动研发投入尚未包括其中。塑造具有逼真面部表情、身体动作，可以进行语言交互，能够突破恐怖谷效应的超写实数字人，需要更高的技术成本。

（二）霸权与操纵风险

在全球范围内，数字人领域的玩家数量快速增长，除了传统的计算机图形企业，美国的Meta、英伟达等以技术见长的科技企业及互联网巨头悉数入局。此外还有文娱企业、媒体机构等玩家，甚至个人可以利用虚拟分身进行大众自传播。但是，该行业存在资本门槛的限制，并且对企业综合技术实力和渠道合作能力要求较高，因此头部企业仍然相对有限。伴随技术的更新迭代，"初始过滤"作用会愈发增强，集中化的趋势愈加明显①。各家企业巨头间的竞争愈加激烈，决定了数字人传播生态的相对封闭性，完全的开放和去中心化很难实现。掌握技术和资金的企业巨头无疑是数字人传播内容的主导者，掌握传播内容的决定权——当信息被加工成带有意识形态价值的商品，暗含所有者思想观念、政治立场及经济利益的内容时，就是赫伯特·席勒所说的"思想管理"②。以新闻传播领域为例，美国的科技企业采用隐蔽的资金补助模式，介入媒体机构新闻生产的过程。例如，扎克伯格通过"元新闻项目"资助大量美国新闻机构，以加强同媒体与记者的联系。以硅谷巨头为代表的私营企业以数据保护为名阻碍新闻机构获取公共资讯[16]。

除资本霸权与操纵外，数字人也可能使人产生技术依赖，进而导致人的自主性丧失③。逼真的虚拟场景和虚拟人物形象能够提供沉浸式、个性化的用户体验，同时增加了用户沉迷与社交隔离的风险。高度个性化的传播内容可能导致信息茧房的形成，不同观点群体内部产生意见和态度的自我强化与极化。依赖数字工具完成工作与学习任务，或依赖数字人提供的情感支持与陪伴，则存在情绪被操纵、决策被操纵、行为被操纵等潜在风险，使人逐渐成为数字人的驯化对象。此外，作为新型媒介的数字人进一步扩展了数字劳工的工作场所，并使其工作强度更高，这或许是一种新的隐蔽剥削。

（三）法律与伦理挑战

隐私和数据安全是最重要的道德考虑因素。智能技术对用户信息和行为模式的深挖能够带来信息传达的精准化。目前，商家通过用户画像对数据的平均可预测程度可以达到93%④。但是，与此同时，数字人通常会收集和处理大量声纹和

---

① 史安斌，俞雅芸，赵明君. 数字时代美国新闻媒体管控的"合理化"路径：历史溯源与现实拓展[J]. 青年记者，2023(13): 91-95.
② 席勒. 思想管理者[M]. 台北：远流出版公司，1996.
③ 杜智涛. 技术身体再造 虚拟数字人的正面效应与风险研究[J]. 人民论坛，2023(23): 44-47.
④ 巴拉巴西. 爆发：大数据时代预见未来的新思维（经典版）[M]. 马慧，译. 北京：北京联合出版公司，2017.

面部数据、行为偏好等个人敏感数据，智能服务与个人隐私之间形成了此消彼长的张力，正在蚕食个人隐私的界限。此外，数字人数据的云存储和第三方数据分享也存在被黑客攻击、数据泄露或被滥用的风险。

通过前面的分析不难发现，大多数数字人目前通过商业化运营，以流量为王的商业运作逻辑可能导致传播内容浅薄化、泛娱乐化的倾向加重，与社会伦理道德相悖。个体隐私也在市场化机制的推动下逐渐演变成为新型的商品资源。此外，由于法律政策相对滞后，数字人存在传播充满错误、偏见、歧视的内容，误导用户，干扰公共舆论的风险。

（四）环境污染与资源浪费

一方面，数字人的制作和运营需要大量的计算资源和能源，会造成巨大的资源消耗和碳排放量。而且，作为数字媒介载体的电子产品会产生数量巨大的有毒有害、不可自然降解的电子垃圾。

另一方面，利用数字人宣扬"即时满足"的消费观念，在很大程度上加剧了过度消费意识的扩散，造成了大量的商品和资源浪费，这些都对地球生态环境产生了不可估量的影响。

数字人正随着硬件和软件技术的快速发展，朝着智能化、便捷化、精细化、多样化的方向发展。世界各国在出台政策支持其发展的同时，也在对其加强治理与规范。随着技术逼真度、实时互动性和动态适应性的提升，数字人未来有望在更多领域实现创造性应用，可以满足个性化需要、提供情感连接和心理支持，更好地服务于市场和人们的需要。

电子参考文献

扫描二维码，阅读本文电子参考文献。

数字人的核心分类法——
原生数字人与孪生数字人

包仪华[①]　农京瑾[②]

摘要： 本文探讨了数字人的两种主要分类：原生数字人和孪生数字人。原生数字人，类似传统虚拟角色，由生成式人工智能等技术生成；而孪生数字人则复制真实人物形象，将其在虚拟空间中再现。本文详细分析了两者在技术实现上的联系与差异，包括动作捕捉、显示技术、芯片算力和光场采集等方面，进一步探讨了它们在目前应用场景中的作用，并提出了对未来发展方向的看法。最后，本文针对原生数字人和孪生数字人面临的技术挑战，如认可度、安全与隐私等问题，提出了对策和建议。

关键词： 数字人；原生数字人；孪生数字人；生成式人工智能；应用场景；技术瓶颈

随着数字人技术的深入发展，国家政策为其提供了强大的支持。《"十四五"数字经济发展规划》明确提出，要推动人工智能与虚拟技术深度融合，以助力经济数字化转型和服务智能化升级。这为数字人在各个领域的应用提供了重要的政策基础，进一步加速了其在医疗健康、金融服务、教育培训以及文化旅游等行业的创新和落地应用。在这一背景下，数字人技术可以通过多个维度进行分类。从功能特征上，数字人可分为提供信息咨询的虚拟助手、品牌代言的虚拟形象，以及注重互动娱乐的虚拟伴侣，满足不同领域的需求。在应用场景中，数字人广泛服务于医疗、金融、教育、文旅等行业，不同的领域需求决定了数字人所需的专业性与个性化表现。此外，从形态上，数字人可以划分为依托物理机器人实现交互的实体数字人，以及纯虚拟形态下通过软件界面与用户互动的虚拟数字人。这些分类方法帮助我们更精准地把握数字人技术的特点与市场方向，优化用户体验

[①] 包仪华，北京理工大学光电学院博士，主要研究方向为虚拟现实与增强现实，人机交互。
[②] 农京瑾，北京理工大学光电学院硕士生，主要研究方向为数字人技术与生成式人工智能技术。

并提升技术价值。

在众多数字人分类方法中，原生数字人和孪生数字人的概念为数字人技术的进一步细化和探讨提供了一个重要的视角。原生数字人依托生成式人工智能技术进行虚拟创造，具有更强的灵活性和创新性；而孪生数字人通过对真人进行高精度数字复刻，实现对虚拟形象的高度还原。两者分别代表了数字人在图像采集渲染与人工智能生成两大技术路径上的探索方向。

原生数字人通过人工或程序直接生成，无须依赖真实的人物形象，常被用于互动娱乐、教育培训和营销推广等场景，因其技术实现路径较为灵活且创建成本较低，故能够快速适应不同领域的需求。这种虚拟生成技术通过算法训练和图形渲染，可为用户提供个性化和高度定制的互动体验。原生数字人代表了人工智能领域创造力与技术创新的结合，展现出广泛的应用前景。

相较之下，孪生数字人则是基于真人数据进行的高精度虚拟复刻，常用于需要精准还原人物形象的场景，如名人 IP 开发、虚拟代言、影视制作等。采用孪生技术，能够将真实人物的外貌、表情和动作等细节转化为虚拟形象，形成与真人高度一致的数字化表现。孪生数字人在商业应用中展示出了巨大的潜力，特别是在品牌价值扩展和名人形象虚拟化的场景中。

这两类数字人不仅在技术实现方面差异明显，其应用目标和市场价值也存在显著差别。原生数字人更注重灵活的功能性应用，具备大规模推广的潜力，而孪生数字人更偏向于精准还原与品牌商业化运营，通常用于高端市场。通过深入分析这两类数字人不同的发展路径，我们能够更好地理解其技术核心、应用模式及市场定位。

本文重点讨论原生数字人和孪生数字人在技术实现、市场定位及其在不同场景中的作用，并提出应对策略和相关建议，以期为未来数字人技术的广泛应用提供有益的参考。

一、原生数字人与孪生数字人技术异同

研究原生数字人和孪生数字人的区别和联系对于深入了解数字人技术在各领域的应用效果、使用需求及社会价值和经济效益具有重要意义。通过深入分析这些区别和联系，我们能够更好地评估数字人在不同领域的应用效果，确定数字人适合的使用场景，优化数字人的功能和性能，以满足用户需求，并确保数字人能够真正解决实际问题，提供有价值的服务。

原生数字人与孪生数字人的区别如表 1 所示。

表 1 原生数字人与孪生数字人的区别

项　目	原生数字人	孪生数字人
创建过程	● 主要基于数字程序，人物信息来自程序的数据库 ● 创造过程完全由程序进行，外貌、性格、行为等都由程序创造	● 基于数字技术和真人数据，需要真人数据或信息 ● 创造过程基于物理世界，外貌、性格、行为等由作者或算法自由设定
核心技术	● 人工智能、生成式人工智能 ● 计算机图形学 ● 自然语言处理	● 光场扫描，图像采集 ● 数字重建，建模渲染 ● 数字同步，动作捕捉
使用领域	● 医疗：可用于疾病诊断、手术模拟等 ● 教育：可作为教师、培训师等 ● 娱乐：可作为歌手、演员、虚拟偶像、品牌代言人	● 医疗：可用于疾病诊断、手术模拟等 ● 商业：可作为数字助理提供服务 ● 社交：可作为虚拟代表进行互动 ● 娱乐：可复刻明星、名人，与粉丝交互等
社会效益	● 提供创新、多样性、自由等社会效益 ● 能够不断学习、进化、创新，创造用户所需的各种外貌、性格、行为，为用户提供自由选择的可能性	● 提供真实、相似、一致等社会效益 ● 在数字世界中反映真人的状态和行为，模拟真人的外貌、性格、行为，保持和真人一致的认知

与孪生数字人相比，真人驱动型原生数字人不需要与真人形象高度统一，省去了复杂的虚拟形象构建过程，因此技术成本相对较低，适用范围更广。在技术需求方面，相比孪生数字人对高精度硬件（如穹顶光场、深度摄影机等）的依赖，原生数字人更强调实时传输、便捷性和交互性。其基础硬件和软件包括显示设备、图像采集器件、建模软件和渲染引擎等。这些硬件和软件支持原生数字人的生成和驱动，虽然生产成本较低，但在应用过程中对技术的需求较高[①]。

（一）驱动设备：动作捕捉

孪生数字人需要高精度的图像采集设备，而原生数字人更依托生动的动作捕捉设备。对虚拟主持人、主持人等需要幕后真人进行实时驱动的数字人来说，如何快速和准确获取真人动作是动作捕捉设备的一大难点。目前，数字人动作捕捉主要基于两种技术——惯性传感器捕捉和光学捕捉。

光学动作捕捉技术在高精度数字人实时驱动中起到了至关重要的作用，特别是对于虚拟主持人等需要准确还原真人动作的场景。光学动作捕捉设备通过精确的图像采集和标记点跟踪，能够快速获取人体的动态数据，克服惯性传感器系统可能存在的漂移问题。Vicon 和 OptiTrack 是目前光学动作捕捉领域的主导者，Vicon 以其 200 帧/秒的高精度和亚毫米级的捕捉能力，广泛用于影视和虚拟现实

---

① 陈浔民. 数字人产业发展：关键技术与未来趋势[J]. 通信企业管理，2023(8): 75-77.

项目，能够捕捉细腻的面部表情和复杂的手部动作。相比之下，OptiTrack 则以 1000 帧/秒的超高帧率，适用于大范围的实时虚拟制作场景，特别是在游戏和电影制作中表现出色。与此同时，国内的青瞳视觉通过其"普罗米修斯"系统，提供了具有高性价比的大空间光学动作捕捉解决方案，能够支持多达 41 人的同步捕捉，广泛应用于虚拟偶像和大型直播项目。这些光学动作捕捉系统凭借各自的技术优势，推动数字人与真实人互动的高精度还原，为虚拟主持人等应用场景提供了强有力的技术支持。

这些动作捕捉设备的工作原理主要是利用高速摄像头和特殊光源，对装有标记点的目标进行多角度拍摄，随后结合视觉算法进行深度估计、三维重建和动作追踪。随着摄像头分辨率和帧率的提高，以及结构光和飞行时间（time of flight）等新型成像技术的应用，动作捕捉的精度不断提升。此外，深度学习算法也被用于对标记点的自动分析，具有端到端的捕捉能力。随着 5G 多视角传输技术的商用化，利用多台相机协同进行人体三维扫描将成为可能，预计将进一步提高动作和表情捕捉的精度和质量。

惯性传感器捕捉是一种较为成熟的技术。它通过在人体关键部位绑定包含加速度计、陀螺仪和磁力计的惯性测量单元，采集人体运动过程中这些部位的运动数据，然后通过数据融合算法计算出每个关节的精确位置和姿态，完成对整体动作的重构。这种方法具有实施简单和成本低廉的优点，主要厂商包括 Xsens、Noitom、幻境、国承万通等。然而，该技术存在累积漂移错误的问题，长时间使用可能产生误差，因此需要即时校准。

光学捕捉与惯性传感器捕捉技术各有所长。光学捕捉易于操作，但计算密集，可能受遮挡影响；惯性传感器捕捉成熟可靠，但需佩戴设备。目前的系统多将两者融合，以光学捕捉为主，用惯性传感器捕捉补充遮挡区域，实现对精准动作的重建。

动作捕捉技术对高保真数字人至关重要，高保真数字人要求动作捕捉设备具有精确动作输入与快速响应能力。尽管动作捕捉技术成熟，但精度、鲁棒性和实时性仍有提升的空间。技术进步将推动数字人的广泛应用。

（二）芯片

原生数字人自动化交互和全人工智能生成语音、动作需要强大的算力支持。孪生数字人则依赖高性能 GPU 进行逼真渲染。因此，高性能芯片成为生产和应用这两种数字人的关键。

语音合成对原生数字人至关重要。原生数字人不具备现成的真人音源，它们的声音需要从海量音源数据中通过先进的语音合成算法生成，从而为用户提供所需的声音特征。市场上有多款语音合成专用的人工智能芯片。例如，英伟达的 TensorRT 芯片，该芯片利用 TensorFlow 的强大运算能力，支持各种语音合成网络，实现实时语音合成；英特尔的 Loihi 芯片则是一款神经形态芯片，使用可编程的神经突触进行通信，特别适用于语音识别和合成，支持快速在线学习，显著提升语音质量；Xilinx 的 Versal ACAP 芯片采用可编程逻辑和应用特定芯片的混合结构，能够满足语音合成的低延迟需求。

原生数字人在各种行业场景中的广泛应用，催生了对不同声纹特征的多样化需求。因此，定制化的人工智能语音芯片可以在运算性能、功耗、实时性等方面显著提升，满足数字人实时语音驱动的基本需求。随着算法的进步，语音合成芯片还有很大的优化空间。

原生数字人的实时渲染也离不开强大的图像处理芯片。这些芯片主要用于传感器数据预处理、数字人模型渲染、人工智能计算等关键流程，进一步提高数字人的视觉效果和交互能力。市场上的图像处理芯片可以分为专用、通用和混合三种类型。

1. 专用图像处理芯片

专用图像处理芯片在特定任务中展现了极高的性能优化，特别是在虚拟现实、数字人和图像渲染领域。上海科技大学开发的 ICARUS 芯片基于 NeRF 算法，通过专门设计的硬件架构，能够在移动设备上实现高效的实时三维渲染，大幅提升了渲染效率，适用于手机和虚拟现实设备等终端。与此类似，谷歌的 TPU 专注于在深度学习中的图像推理，提升了大规模数据处理和渲染任务的性能。这类芯片虽然在通用性上不如传统处理器，但在专用场景下，特别是在实时渲染和复杂材质处理方面，具有极大的效率和稳定性优势，为虚拟现实和数字孪生技术的广泛应用提供了有力的支持。

2. 通用图像处理芯片

通用图像处理芯片在 2024 年展现出强大的灵活性与高效性能，能够适应广泛的图像处理任务。英伟达 Blackwell B200 GPU 作为这一领域的领先者，凭借高达 20 PFLOPS 的 FP4 计算能力，显著提升了大规模人工智能任务的推理与训练速度，特别适用于数字人渲染等复杂场景。同样，英特尔 Xe-HPG GPU 通过采用光线追踪和人工智能加速技术，在高性能图像渲染和工作站应用中展现出强大的处理能力，为复杂的图形任务提供了强大的计算支持。

3. 混合图像处理芯片

混合图像处理芯片则将专用芯片与通用芯片的优势结合，实现了更高效、更灵活的图像处理。2024 年，苹果的 M4 芯片凭借集成的 CPU、GPU 和神经网络引擎，具有强大的多任务处理能力，特别是在实时光线追踪和增强现实应用中表现出色。与此同时，高通 Snapdragon 8Gen 3 通过其整合的人工智能引擎和 Adreno

750 GPU，为移动设备提供了卓越的增强现实、面部识别及实时图像处理功能，广泛应用于智能手机和增强现实设备。通过这些芯片的异构架构，图像处理技术实现了性能与效率的平衡，推动了智能设备与虚拟现实领域的进一步发展。

（三）显示设备

在目前阶段，大部分数字人的呈现都依赖显示设备。通过采用高分辨率、高刷新率和多样化的交互方式，这些设备能够实现与数字人的直观沉浸式交互，使用户能够深切体验到数字人技术的细腻魅力。市场上常用于展示数字人的设备包括头戴式显示器与全息显示器等设备。

高分辨率可交互显示屏在数字人技术中起着关键作用，已经成为市场主流。LG 在 2024 年推出的 OLED evo 系列凭借自发光 OLED 技术，支持 4K 和 8K 分辨率，展现出卓越的色彩深度和对比度，能够细致呈现数字人的面部表情和肢体动作，提供沉浸式交互体验。此外，三星的 Neo QLED 系列也在市场上占据一席之地，拥有极高的亮度和动态范围，非常适合虚拟角色的精细展示场景。

在头戴式显示设备方面，Meta 的 Oculus Quest 3 和苹果的 Vision Pro 代表了虚拟现实领域的顶尖技术。Oculus Quest 3 配备高达 2064 像素×2208 像素的双显示屏，支持 120Hz 刷新率，并结合先进的眼球追踪和手势控制技术，提供自然流畅的数字人交互体验。而苹果的 Vision Pro 通过微 OLED 显示屏，提供每只眼睛高达 2300 万像素的分辨率，确保数字人交互时的细节极其逼真。此外，Vision Pro 的空间音频和 360 度场景适应能力为用户带来了前所未有的沉浸式体验。这些设备大大提升了在虚拟现实中与数字人的交互沉浸感。

全息显示技术为数字人的立体展示提供了独特的解决方案。LEIA 公司的 Light Field Displays 系列设备利用光场投影技术，在三维空间中呈现数字人形象，允许用户在空间中自由移动和观察。这种全息显示技术打破了空间限制，使数字人更加逼真，尤其在晚会活动、旅游导览、医疗模拟和智能培训等领域具有应用价值[1]。

（四）光场采集设备

光场采集设备是创建孪生数字人的关键设备之一。该设备通过捕获场景中光线的方向和强度等信息，为数字人渲染和交互提供真实的数据支持。光场采集基于光学成像和计算机视觉技术，采用多个高分辨率摄像头或特殊的光学传感器，这些设备被布置在采集区域（通常是球形区域或穹顶区域）的不同角度和位置，

---

[1] DEMIREL H O, AHMED S, DUFFY V G. Digital Human Modeling: A Review and Reappraisal of Origins, Present, and Expected Future Methods for Representing Humans Computationally[J]. International Journal of Human–Computer Interaction, 2022, 38.10: 897-937.

以捕获场景中的物理光线信息。光场采集设备通过计算机分析不同物体表面的反射、折射和散射影响，记录每个点的光线方向、颜色和强度等信息，从而在计算机渲染软件中重现被采集人的外表细节。

光场采集设备在孪生数字人的应用中非常广泛，涵盖电影、游戏、虚拟现实、医疗和教育等多个领域。在电影和游戏制作中，它为数字角色的创建和渲染提供了高质量的光线信息，使制作团队能够精确捕捉到演员的表情、动作及周围环境的光线状况，实现数字人的高度真实性。在虚拟现实领域，通过光场采集复刻的人物和环境为用户提供了比传统建模更真实的体验。此外，在医疗模拟和教育培训领域，光场采集设备也扮演着重要角色。

市场上常见的光场采集设备包括多个领先品牌，它们在高精度三维重建和材质复原领域具有重要应用。数字栩生科技有限公司（简称"数字栩生"）的"Lightball"系统利用32台相机组成的光场相机阵列，特别适合面部捕捉和纹理细节再现，能够精准还原面部褶皱及细腻的皮肤纹理，实现复杂的表面细节重建。谷歌的Light Stage X4系统，作为Relightables项目的一部分，集成了331个定制LED灯和90台高分辨率摄像机，能够在60帧/秒的拍摄速度下进行高效的全身三维重建，并以30帧/秒的速度输出高保真的3D模型，能够确保复杂场景中的精确重建。上海影眸科技的"穹顶光场"系统则专注于微米级的面部扫描，通过高速捕捉表情变化和肌肉运动，结合人工智能及计算摄影技术，能够在短时间内生成超写实的数字人脸模型，显著缩短了原本长达数月的制作周期。这些设备在孪生数字人的创建中具有重要意义，能够快速、精确地采集和重建真人高精度三维模型和材质信息，极大地提升了数字人的真实感和动态表现。

二、原生和孪生数字人的行业现状与发展

在行业应用层面，数字人主要分为身份型和服务型两大类。身份型数字人既包括以真实形象为依据创建的孪生数字人，又包括用户自行打造的原生数字人，主要用于打造虚拟IP。这类数字人的应用主要集中在影视行业，尤其在需要虚拟人物替代真人出现的场景中，如电影中的特效、名流故人在影视作品中的"复活"等。此外，一些明星也会定制专属的孪生数字人，用以代替自身完成与粉丝的交互、视频制作等活动，以扩大自身的形象IP影响力。

服务型数字人更注重功能性，主要目的是探索数字人技术能否为各行各业带来所谓的技术红利，即与产业结合，使传统产业提质增效。例如，在直播行业中，精致的原生数字人形象往往比真人更具有吸引力；在品牌代言和文旅视频宣传中，创造原创的原生数字人不仅可以提高宣传视频的产出效率，节省聘请明星的成本，其独特的原创形象还有助于加深消费者对产品的印象，从而增加消费兴趣。随着

虚拟社交的日益普及，打造能够满足消费者质量要求的精致虚拟形象，使之成为社交平台用户的第二化身，无疑具有广阔的市场前景[1]。

（一）孪生数字人发展趋势

1. 普及化趋势：从名人走向大众

孪生数字人未来的发展趋势是普及化，覆盖更多行业和领域，为更多希望拥有独特虚拟身份的用户提供数字化支持和服务。目前，孪生数字人主要用于具有较高 IP 价值的名人，展示了将 IP 多维立体化运营的优势。这种趋势预示着从业者可以考虑将这一技术的用户扩展至广大普通消费群体，以释放更大的市场动力。

例如，明星的外观、声音和动作等特征被复制到数字化形象中，增强了真人 IP 的虚拟运营能力；孪生数字人扩展了明星在影视、音乐和游戏等领域的表现力。这种技术也使明星能够通过数字化形象与粉丝进行更多的互动，增强粉丝的忠诚度和满意度[2]。

从这些明星的数字化复刻案例看，若将普通用户形象也复刻到虚拟空间并进行优化，可能给予用户更多的形象自信，并开启普通用户经营自己虚拟形象的可能，类似创建虚拟空间的"大众明星"。因此，将孪生数字人技术从明星群体扩展至普通大众，是一个值得探索的新方向。这不仅能够扩大数字人技术的应用范围，还能够促进数字人技术在更大领域的创新和应用。

2. 融合化趋势：复刻行业名人，发挥行业优势

孪生数字人正逐步趋向融合化，意味着这项技术将与其他数字技术和平台进行深度融合，形成功能更强大、虚实交互更深入的数字生态系统。特别是在行业名人的形象复刻中，这一趋势得到了充分体现。通过采取孪生数字人技术，将外观、声音和动作等特征数字化，不仅有助于名人在自己的专业领域扩大影响力，提升专业水平和社会价值，还能为广大受众提供更多的服务方式，增强受众的信任度和满意度。

例如，某数字人由国内知名广播电视机构和一家科技巨头联合打造，能够在虚拟空间中播报新闻，并针对不同地区进行个性化定制，如提供多语种服务。此外，他还可以在广播电视机构平台上与观众进行实时或录播互动，如直播、问答等。

另一位数字人是由国内顶尖医学院和知名科技机构联合打造的，可以在虚拟空间中进行医学科普，并针对不同疾病提供定制内容。他还能在医学院的平台上

---

[1] 郭全中. 虚拟数字人发展的现状、关键与未来[J]. 新闻与写作，2022(7): 56-64.
[2] 程思琪，喻国明，杨嘉仪，等. 虚拟数字人：一种体验性媒介——试析虚拟数字人的连接机制与媒介属性[J]. 新闻界，2022(7): 12-23.

与患者进行直播互动，如问答和举办健康讲座等[①]。

3. 创新化趋势：创新应用场景，激发多元化价值

孪生数字人技术正朝着创新化发展，其核心是将真人复刻到虚拟空间，促进现实与虚拟之间的交融和创新变革。这种技术不仅能够拓展多样化的人机交互方式，还能够创造文化价值和经济价值，推动社会经济的多元化发展。

一个典型的创新应用是名流故人的虚拟复活。通过将已故者的外貌、声音和动作复制到数字化形象中，孪生数字人技术可以让人们在虚拟空间中与已故的亲人或名人相见，缓解悲伤与怀念之情。此外，这一应用还能够提供学习和欣赏的机会，增强人们对文化和历史的认识。

苏东坡数字人项目由中华书局打造，基于宋代著名文学家苏东坡的形象和历史数据，通过超写实3D建模技术进行复现。该数字人项目旨在推动传统文化的数字化传承，利用先进的数字人技术为文化传播提供创新途径。苏东坡数字人不仅可以在虚拟空间中展示苏东坡的生平事迹，还能够赏析和创作诗词，并通过互动平台进行文化教育和学术传播。这一项目展示了数字人在文化领域的深度应用，既保留了传统文化的精髓，又通过现代技术手段，使传统文化在新媒体和多元化的互动场景中焕发新生，为数字文化产业的发展带来了新的机遇。

数字梅兰芳是中央戏剧学院与北京理工大学联合发起的"数字梅兰芳大师复现项目"打造的，通过采取虚拟现实和数字人技术再现梅兰芳的经典京剧表演艺术，推动传统文化的现代传承。该项目注重技术与艺术的平衡，确保技术能够辅助艺术表现。数字梅兰芳不仅有助于传承和弘扬京剧艺术，还为观众提供了新的虚拟互动体验，使京剧文化以现代化的方式得到更广泛的传播和传承。2022年，数字梅兰芳拜年视频在多个平台上获得了超过5000万次浏览，展示了数字人在文化传播中的巨大潜力和影响力。

（二）原生数字人发展趋势

对原生数字人的研究与传统虚拟人物类似，其历史久远，但焦点更加现代化。对原生数字人的研究包括两个核心领域：一是提高虚拟人物的真实性和自然性。原生数字人完全由虚构创造，如何使其更好地模拟真实人类的外貌、声音、动作、表情和情感，以达到视听上的逼真效果，是目前技术面临的主要挑战。二是提升数字人的智能性和功能性，使其能够更好地理解和响应用户的需求，实现在语义上的有效沟通，从而拓展更多的服务功能。

在市场需求方面，原生数字人的需求特征有三大趋势——多元化、社会化和

---

① 杨光. 广电虚拟数字人赋能媒体融合发展路径探析[J]. 传播与版权，2024(5): 52-54.

元宇宙化。多元化表现在数字人将覆盖更多的风格、形式和领域，满足更多的用户的个性化和多样化需求；社会化意味着数字人将具有更强的社会属性和价值，能够参与更多社会活动，产生更广泛的社会影响；元宇宙化是指自元宇宙概念提出以来，数字人作为元宇宙的主体，成为市场热点。在这一背景下，数字人如何在一个共享的虚拟数字世界中与多个用户互动，形成跨越时间和空间限制的虚拟社群，提供沉浸式和创造性体验，是未来发展的关键[①]。

1. 替代真人进行数字人服务

原生数字人服务指的是利用虚拟生成的数字人形象和语音，为用户提供信息、咨询、教育、娱乐等服务的模式。这种服务可以替代真人，节省人力成本，提高服务效率，同时能够根据用户的需求和喜好，提供更加贴合用户的服务内容和形式。以下是一些典型的原生数字人服务应用案例。

（1）数字人播报 SaaS 工具。

讯飞智作作为科大讯飞推出的一站式人工智能创作平台，专注于为金融、媒体、教育等多个行业提供智能化的配音和数字人解决方案。该平台通过采用语音合成、人脸建模、唇形预测等先进技术，实现了高精度虚拟主持人内容的生成。这些虚拟主持人能够根据不同场景进行多语种、多情感的个性化展示，广泛用于企业宣传、教育培训和数字化营销等领域。讯飞智作不仅显著提升了内容制作效率，降低了运营成本，还为用户提供了灵活的 SaaS 架构，助力内容产业升级与创新，实现了更高效、更智能的内容生产模式。

（2）人工智能手语主持人"聆语"。

由腾讯云小微与腾讯平台与内容事业群人工智能技术团队共同打造的三维手语数字人，专为听障人士提供手语解说服务。聆语使特殊人群能够"听"到重要赛事的盛况，提升了听障人士的观赛体验。聆语的手语表达能力接近真人，能够自行学习，快速适应新词、热词。

（3）广发证券易淘金小程序人工智能金融主持人小田。

广发证券易淘金小程序的人工智能主持人小田是业内首个基于企业员工形象打造的人工智能金融主持人，结合语音识别、语义理解和人脸特征提取等技术进行建模。用户只需输入文本或语音，人工智能主持人小田即可自动生成视频，提供关于早盘、盘中和收盘的金融资讯服务。这项技术大幅提升了信息传递的效率，推动了金融领域的智能化升级。

这些应用展示了原生数字人在提高信息传播效率、满足个性化需求、支持社会包容性和促进数字经济发展方面的重要作用。尤其在为弱势群体提供服务、缩小信息鸿沟方面，原生数字人显示了独特的社会价值。

---

① 王小霞. 数字人全面落地：多重挑战亟待突破[N]. 中国经济时报，2024-03-13(006).

原生数字人的应用显著降低了人力培养的难度和成本。在传统上,培养一位专业播报员或演讲者需要投入大量时间和资源。然而,通过使用原生数字人,我们可以迅速生成具有流利口才和吸引力的视频播报者,无须烦琐的人力培训。这不仅节约了时间和成本,还提高了信息传递的效率,使政府、企业和媒体能够更迅速地向公众传递重要信息。

此外,对原生数字人的应用大幅提升了工作效率。尽管人工智能在许多领域已经展现出强大的计算和分析能力,但通常缺乏与人类直接交流的能力。通过赋予人工智能原生数字人形象和交互功能,我们能够增强用户与人工智能之间的亲和力和沟通效果。这种形象化的交互方式不仅能提升用户体验,还使人工智能更能理解和满足用户需求,进一步提高工作效率。

2. 虚拟IP运营

虚拟IP运营是利用原生数字人向用户提供娱乐、互动、社交等内容的IP运营模式。该运营模式能够创建具有独特个性和背景故事的虚拟人物,与用户建立深厚的情感联系,并形成稳定的粉丝群体。通过多种商业化途径,虚拟IP能够实现经济价值的转化,原生数字人在此领域的应用广泛而又成功。

(1)集原美。

集原美是北京摩塔时空科技有限公司旗下的一个原创虚拟偶像IP,2020年正式亮相。她采用赛博朋克风格,不仅具有未来感和时尚感,还拥有多变的风格和奇幻能力。集原美成功表达了中国年轻人的多种微妙情感,已经成为一个充满活力的新兴形象。她与蒙牛、喜茶等多个品牌合作,参与了包括冬奥会在内的多项重大活动,累计吸引了超过500万名粉丝。

(2)李星澜。

李星澜是字节跳动推出的数字人,首次亮相于字节跳动旗下科幻生存游戏《星球:重启》。作为一个高仿真虚拟形象,李星澜运用了先进的人工智能和图形技术,不仅在游戏中为玩家提供智能助手服务,还通过抖音等平台与用户互动。她的形象更加逼真,具备自然语音交互功能和丰富的表情变化,广泛用于游戏、社交和内容创作等领域,为字节跳动的数字人战略提供了强大的技术支持。

(3)柳夜熙。

柳夜熙由创壹信息科技有限公司打造,是一位活跃在2.5次元的虚拟美妆达人兼捉妖师。她不仅分享穿搭和妆容技巧,还能发现并驱除妖怪,因此在抖音上迅速走红,拥有超过1000万名粉丝。柳夜熙与多个美妆品牌合作,并参与了手机游戏《逆水寒》的宣传活动[①]。

---

① 姚佳旺,张剑,龙海,等. 虚拟人视听形象创作研究:以柳夜熙系列短视频为例[J]. 湖南包装,2024,39(1):148-150.

虚拟IP作为一个充满活力的娱乐产业，不断满足用户对文化和娱乐内容的多元化和个性化需求。这个不断进化的产业领域通过创新推动数字内容产业的发展，为虚拟人物开拓更多商业化途径和合作机会，同时也为社会创造更多的财富和就业机会。

3. 虚拟化身

虚拟化身是一种让用户在虚拟世界中通过个性化形象定制进行交互的模式。它使用户在游戏、社交平台等场景中拥有独特的数字人形象，与他人进行真实和自由的交互。以下是几个成功的虚拟化身应用案例。

(1)《逆水寒》游戏高仿真捏脸。

《逆水寒》是网易游戏开发的国风武侠大型多人在线角色扮演游戏，以中国古代江湖为背景。游戏提供了详尽的角色定制系统，允许玩家根据个人喜好定制理想形象，甚至模仿明星或动漫人物。这一系统采用先进的三维建模技术，允许对角色的面部、头发、眼睛等多个部位进行精细调整，并添加装饰和特效，增强角色形象的生动性和多样性。

(2) 超级QQ秀。

超级QQ秀由腾讯公司推出，是一个个性化虚拟形象展示平台，用户可以在QQ空间、QQ游戏等多个场景中展示自己的虚拟化身。用户可以选择自己喜欢的服装、发型、配饰等元素，创建独一无二的形象，并与其他用户进行互动。

虚拟化身有效提升了用户在虚拟社交空间的自我表达和认同感，满足了用户个性化和创造性的需求，增强了用户的自信和自尊。它也丰富了用户的虚拟世界体验，满足了用户的探索和冒险需求，增强了用户的好奇心和想象力。此外，虚拟化身在促进用户社交和沟通方面发挥着重要作用，增强了用户的归属感和情感联系。

一个正在构建的虚拟社区设想是，与增强现实技术相结合，探索虚拟服务与现实交互的新可能性。原生数字人与增强现实技术的结合，为虚拟服务与现实交互带来了新的可能性。通过将原生数字人投影到现实场景中，用户可以与其实时互动，创造出更加身临其境的体验。这种融合为各个行业提供了新的问题解决方案。例如，在教育领域，学生可以通过与原生数字人进行互动，获得更加生动和个性化的学习体验；若应用在服务领域，用户在虚拟空间中与原生数字人进行交流，能获得比线下交互更好的使用体验。这种虚拟服务与现实交互的新模式将推动各个行业发展，促进数字化时代的进步。

三、原生数字人和孪生数字人发展的瓶颈与对策

随着技术的快速发展，数字人迎来广阔的应用前景，但原生数字人和孪生数

字人在发展进程中都面临着亟须突破的技术与产业瓶颈。

原生数字人虽然具有较高的创作自由度和灵活性，但在技术应用层面仍然存在显著的短板。在细节表现方面，尤其在表情真实性、动作流畅性及情感表达等关键特征上与真人的自然度存在明显差距。例如，在教育培训场景中，原生数字人难以准确传达复杂的情感变化，严重影响了教学体验的真实感和互动效果。此外，智能交互能力的局限性也制约了其应用深度，目前多数原生数字人仅能在预设场景下进行简单对话和反应，无法实现深度的情境化交互，这极大地限制了其在高要求场景中的应用潜力。

在产业发展层面，原生数字人面临的挑战更为严峻。首先，行业标准缺失导致市场失序。由于缺乏统一的质量标准和规范指引，市场上的原生数字人产品良莠不齐，严重阻碍了行业健康发展。其次，应用生态尚未成熟，商业变现模式相对单一，难以支撑起持续的产业创新动力。同时，原生数字人在教育、政务等正式场合的应用仍然面临较大的社会认知壁垒。

相比之下，孪生数字人则主要受限于其高精度复刻的技术特点带来的瓶颈。在技术层面，高精度的数据采集和建模过程不仅需要顶级设备支持，还需要大量专业人才投入，导致制作成本居高不下。例如，一个商业级孪生数字人从前期采集到最终呈现，通常需要数月时间和多个专业团队密切协作。此外，实时渲染和动作捕捉等技术要求极为苛刻，特别是在需要与真实人物保持同步更新时，持续的维护成本构成了重大挑战。

在产业应用方面，孪生数字人的首要问题是版权和肖像权管理的复杂性。孪生数字人基于真实人物形象，在使用过程中需要建立严格的授权机制，这就显著提高了应用门槛。隐私保护问题也日益凸显，需要在技术应用与个人权益保护之间寻找平衡点。值得注意的是，由于对真实人物形象的高度依赖，孪生数字人在商业化应用中存在较高的版权壁垒和运营成本。即便在品牌代言、影视制作等传统优势领域，孪生数字人也面临持续的形象维护、权益分配等挑战，这些因素共同制约着其商业化进程和应用规模的扩展。

法律与伦理层面的挑战同样突出。数字肖像权的界定和保护机制亟待完善，在跨领域应用中频繁遭遇伦理争议。特别是在社交媒体和公共场合的应用中，平衡技术创新与社会道德准则，需要建立更严格的行业自律机制。

综上所述，数字人产业的发展瓶颈主要体现在三个层面：技术层面的自然度与交互能力不足、产业层面的标准缺失与成本过高、法律层面的监管真空与伦理风险。这些制约因素相互交织，构成了当前数字人产业发展面临的复杂挑战。

为了克服原生数字人和孪生数字人在发展过程中遇到的行业难题和技术瓶颈，需要各方面共同努力。解决这些问题的主要途径包括以下几个方面。

（1）制定规范和标准。

原生数字人和孪生数字人的应用涉及多个领域，缺乏统一的行业规范可能引起道德和法律问题。因此，相关的行业组织和专家需要共同制定详细的规范和指导原则。这些规范应涵盖数字人的创建、使用和行为限制等方面，确保技术应用的合理性和道德性。

（2）改进生产流程和工具。

技术研发人员应不断优化数字人的制作流程，引入更高效的自动化工具和算法，如机器学习和人工智能技术，以降低成本和时间消耗，提高生产效率。

（3）加强公众教育和宣传。

通过教育和宣传活动，增强公众对数字人技术的理解和接受度。公开透明的信息发布和积极的沟通策略有助于消除公众对新技术的疑虑，特别是在隐私保护和数据安全方面。

（4）推动技术创新。

鼓励和支持科研机构与企业在数字人技术领域进行创新研究，开发更先进的图像处理、数据分析和交互技术，不断提升数字人的真实感和交互能力。

（5）降低技术使用门槛。

为了使更多的企业和个人能够使用数字人技术，应致力于简化技术的应用流程和减少所需的专业知识，使非专业用户也能轻松创建和管理自己的数字人。

随着技术的迅速发展，原生数字人和孪生数字人已经成为数字化世界不可或缺的一部分。这两种类型的数字人在娱乐、教育、社会服务等多个领域展现出广阔的应用前景。面对未来，我们预见原生数字人将进一步优化交互体验和提升智能化水平，而孪生数字人则可能更深入地融入人类日常生活，承担更多实时互动和个性化服务的任务。然而，随着应用的深入，安全性、隐私保护和社会伦理等问题也将更加凸显，这要求相关政策制定者、技术开发者与社会各界共同努力，制定更为严格的行业标准和法规，以确保技术健康发展与应用。未来，数字人技术的发展，不仅将推动数字经济的繁荣，还将重塑人类的生活方式和社会结构。

第二篇

政策与市场

中国数字人政策比较研究

宋　震[1]　余皓天[2]　刘嘉俊[3]

摘要：近年来，伴随人工智能、虚拟现实等技术的发展创新，数字人产业作为我国数字经济战略中的重要组成部分，正逐步成为各方重点关注的新兴产业。为此，我国相继出台了一系列旨在扶持数字人产业发展的政策措施。本文通过对我国数字人产业发展政策与海外政策进行比较研究，为我国数字人产业进一步发展提出建议。研究显示，现在我国正逐步完善数字人技术体系、应用场景和产业生态三方面规划，引导数字人产业发展、鼓励数字人产业创新、推动数字人产业应用。

关键词：数字人；数字人政策；数字经济；扶持补贴；国际比较

在数字智能时代，数字人正成为新一代科技创造价值所产生的数字主体，推动数字经济高速发展。数字人行业与人工智能、虚拟现实、数字经济等领域息息相关，覆盖基础软件和硬件层、平台层、应用层等数字产业链，其重要性不言而喻。因此，出台相关政策极具必要性：一方面，针对数字人关键技术领域进行扶持和规范引导，降低企业风险，促进数字人核心技术研发，加速产业链成熟和生态圈完善，促进人工智能、云计算、大数据等多项战略性新兴产业融合升级，推动技术进步和应用模式创新；另一方面，保障数字人应用安全合规，实现传统服务模式的数字化升级，敏锐捕捉社会需求，以数字人为引擎拓展数字经济边界，推动社会进步。

但是，从整体来看，目前国内外针对数字人行业的专项政策相对较少，相关政策对于该行业的指导性、支持性和管理性皆有所不足。本文将从国家、地方、全球三个角度全面系统地剖析我国数字人产业发展政策现状，为相关决策提供理论支撑，并对我国下一步制定数字人政策提出前瞻性建议，以促进数字人产业快速健康发展。

---

[1] 宋震，教授、博士生导师，研究方向为数字戏剧、艺术法、传统戏剧数字化；中央戏剧学院学术委员会副主任委员，数字戏剧系党支部书记、主任，传统戏剧当代传承创新中心（北京高校哲学社会科学创新中心）主任，传统戏剧数字化高精尖研究中心（北京高校高精尖科技创新体系"卓青计划"）主任。

[2] 余皓天，中央戏剧学院数字戏剧系博士研究生，研究方向为戏剧人工智能。

[3] 刘嘉俊，中央戏剧学院数字戏剧系博士研究生，研究方向为戏剧人工智能。

一、中国数字人政策总体情况

回顾近年来我国数字人产业政策的发展历程，可以看出国家高度重视并积极引导数字人技术的发展。早在2016年，国务院发布的《"十三五"国家信息化规划》以及工业和信息化部发布的《关于加快推进虚拟现实产业发展的指导意见》便提出并落实了大力发展信息化和支持虚拟现实技术创新的顶层设计。

"十四五"期间，我国提出全面推进数字经济建设，并针对人工智能、虚拟现实等数字人核心技术领域制定出台了多项专项发展规划。这些政策的推出，充分展现了国家对数字人产业前景的高度重视，为数字人技术创新和产业化应用夯实了基础，也为数字人产业未来发展提供了良好的政策环境和广阔的空间。

2022年8月，北京市发布《北京市促进数字人产业创新发展行动计划（2022—2025年）》并进行详细解读。该计划是国内出台的首个数字人产业专项支持政策，进一步加深了人们对数字人的认知。此后，国家持续发布了《虚拟现实与行业应用融合发展行动规划（2022—2026年）》和《元宇宙产业创新发展三年行动计划（2023—2025年）》，标志我国元宇宙/数字人产业从谋篇阶段正式进入路径清晰的全面布局阶段。在此背景下，全国各地响应国家政策，纷纷推出相关行动计划，加快数字人产业规划和布局，共同推动数字人产业进步。

（一）国家数字人相关政策及特点

国家高度重视数字人发展，先后出台多项行动计划，对发展目标、关键任务和保障措施做出顶层设计和规划部署。多项相关政策从全产业链规模升级、关键技术突破创新和重点应用领域突破三个方面入手，正在为我国数字人产业发展提出指导性、建设性规划。目前正值数字人发展早期阶段，国家及时出台相关政策文件，对引导我国数字人产业良性发展具有指导作用。

国家在"十四五"规划中高度重视数字人技术创新与应用，明确了关键领域布局和发展方向。《"十四五"数字经济发展规划》提出重点布局5G、物联网、云计算、大数据、人工智能、区块链等领域，对数字人相关技术创新做出指导。《"十四五"国家信息化规划》要求加快5G音视频传输建设，丰富多领域（包括虚拟现实与增强现实在内）的新型多媒体内容，明确数字人在虚拟现实领域的应用。

《元宇宙产业创新发展三年行动计划（2023—2025年）》从工具创新、场景建设、品牌培育等角度推动数字人产业规范化快速发展。该计划指出要创新数字人开发工具组件，推动数字人制作便捷化、精细化、智能化，培育写作、绘画、编曲等智能内容生成产品。在沉浸交互数字生活方面，还将提供数字人导购、数字人客服等产品和服务。在数字品牌方面，计划支持培育知名数字人，打造数字标杆产品和品牌。

《北京市促进数字人产业创新发展行动计划（2022—2025年）》在任务上布局技术创新体系建设、标杆应用项目培育、产业生态完善三个方面；在技术上强调要突破核心算法，研发集成化平台和工具，建设共性技术平台；在应用上重点围绕服务型数字人、表演型数字人及数据要素市场三个方面进行培育；在生态建设上要建立知识产权保护机制，打造产业园区和基地，建立人才和投融资服务体系。该计划提出建立协同创新和风险防控机制，并在资金、标准、人才、投资等方面给予政策支持，以促进数字人产业健康发展。

1. 国家数字人政策

国家数字人相关政策如表1所示。

表1 国家数字人相关政策

颁布时间	颁布主体	政策名称
2023年10月	工业和信息化部	《人形机器人创新发展指导意见》
2023年9月	工业和信息化部办公厅等五部门	《元宇宙产业创新发展三年行动计划（2023—2025年）》
2023年5月	工业和信息化部等十部门	《科技成果赋智中小企业专项行动（2023—2025年）》
2022年11月	工业和信息化部等五部门	《虚拟现实与行业应用融合发展行动规划（2022—2026年）》
2022年11月	科技部、住房和城乡建设部	《"十四五"城镇化与城市发展科技创新专项规划》
2022年8月	科技部	《科技部关于支持建设新一代人工智能示范应用场景的通知》
2022年7月	科技部等六部门	《关于加快场景创新以人工智能高水平应用促进经济高质量发展的指导意见》
2022年5月	中共中央办公厅、国务院办公厅	《关于推进实施国家文化数字化战略的意见》
2022年5月	国务院办公厅	《国务院办公厅关于推动外贸保稳提质的意见》
2022年4月	国务院办公厅	《国务院办公厅关于进一步释放消费潜力促进消费持续恢复的意见》
2022年4月	文化和旅游部、教育部	《关于促进新时代文化艺术职业教育高质量发展的指导意见》
2021年12月	国务院	《"十四五"数字经济发展规划》
2021年12月	中央网络安全和信息化委员会	《"十四五"国家信息化规划》
2021年11月	工业和信息化部	《"十四五"信息通信行业发展规划》
2021年3月	全国人民代表大会	《中华人民共和国国民经济和社会发展第十四个五年规划和2035年远景目标纲要》
2021年3月	商务部等八部门	《关于开展全国供应链创新与应用示范创建工作的通知》
2020年10月	国务院办公厅	《国务院办公厅关于推进对外贸易创新发展的实施意见》

续表

颁布时间	颁布主体	政策名称
2020年9月	国家发展改革委等四部门	《关于扩大战略性新兴产业投资培育壮大新增长点增长极的指导意见》
2020年7月	国家标准化管理委员会等五部门	《国家新一代人工智能标准体系建设指南》
2020年3月	工业和信息化部	《工业和信息化部关于推动5G加快发展的通知》
2018年12月	工业和信息化部	《工业和信息化部关于加快推进虚拟现实产业发展的指导意见》
2017年7月	国务院	《新一代人工智能发展规划》
2016年12月	国务院	《"十三五"国家信息化规划》

资料来源：前瞻产业研究院《中国数字人（虚拟人）产业发展前景预测与投资战略规划分析报告》[1]

中商产业研究院《中国数字人市场前景及投资机会研究报告》[2]

2. 升级产业规模，探索商用模式

国家政策提出，为促进数字人产业快速发展壮大，必须统筹考虑全产业链建设，推动整体规模化升级；完善供应链治理体系，建立统一的供应链管理协调机制，健全产业供应链生态，完善政策支持体系，加大供应链数字化、智能化建设力度；培育产业集群，推动企业协同创新，降低进入壁垒。[3]

强化创新引领，发挥技术优势，加大对核心技术的研发投入力度，突破数字人的关键技术瓶颈。[4]规划和部署公共能力建设，关注基础硬件的研制与创新，为数字人产业链开发与部署提供基础性支撑，实现规模化部署。[5]鼓励相关智能技术在多领域场景中的创新应用和商业模式探索。促进大中小企业合作，加快中小企业数字化转型、智能化升级。

此外，还需要继续在重点领域培育典型案例，拓展市场空间，开拓世界级的产业价值。

3. 七位一体体系建设，技术标准双轮驱动

国家政策中提到的关键技术突破主要针对七个方面，即云计算、大数据、物联网、人工智能、虚拟现实和增强现实、区块链、网络基础设施。七位一体同步推进，实现数字人技术突破创新。

（1）在云计算方面，需要推进云、网、边、端协同能力体系建设，提供可靠的算力和存储支撑，实现资源整合和按需分配。研究智能创造、数字孪生等集成技术，实现对信息技术的深度融合应用。

（2）在大数据方面，需要研发语音、文字、图像、视频等全媒体内容的智能认知和高效生产处理技术，以及大数据驱动的数字人行为建模和决策优化技术。

（3）在物联网方面，需要相关传感设备的移动化和智能化等方面的突破，实

现人机环境的全面感知连接。

（4）在人工智能方面，需要推进自然语言处理、计算机视觉、自动语音识别、知识图谱等前沿技术研发，增强数字人系统的环境感知能力、多模态理解能力、知识推理能力等，使其在交互体验和任务完成上更加贴近真人。

（5）在虚拟现实和增强现实方面，需要推进三维图形生成、动态环境建模、实时动作捕捉、快速高保真渲染等技术，增强数字人视觉体验和交互沉浸感。[6]

（6）在区块链方面，需要深入研究面向数字人场景的分布式身份认证、数据资产流通等技术。

（7）在网络基础设施方面，需要利用5G技术，大幅提升网络带宽和边缘计算能力，缩短数字人系统的交互延迟，提供高质量的沉浸式交互体验。

4. 创新实践蓬勃开展，应用市场空间巨大

针对数字人的应用，国家政策重点布局的领域包括教育、文旅、娱乐消费和公共服务等。

（1）在教育领域，政策提出数字人可扮演虚拟教师角色，与学生进行数字空间中的互动，以此推动教学模式变革，实现自主体验式学习。

（2）在文旅领域，政策提出要借助数字人和虚拟现实技术，让文化艺术作品更好地被重现，实现文旅资源的数字化保存、虚拟展示和沉浸式体验。[7]

（3）在娱乐消费领域，国家指出要创新消费业态和模式，[8]大力推广虚拟现实技术在新闻、体育、游戏、社交、短视频等传媒领域的创新应用，推动高品质虚拟现实内容的制作和传播，实现观众与表演者之间的虚实交互。[9]

（4）在公共服务领域，利用数字人可以打造虚实融合的新型服务场景，如沉浸式的智能客户服务、虚拟导览等。[10]

总的来看，在国家政策的鼓励引领下，数字人多领域创新应用预计将蓬勃开展，市场空间巨大。

（二）地方数字人相关政策及特点

各省市在数字人政策制定上呈现出分层推进的趋势，总体上呈倒三角形结构。区县级政府提出量化发展指标，并有针对性地聚焦目标应用场景；市级政府制定更加宏观和以任务为导向的发展规划；省级政府则综合考量区域优势和国家战略，全方位系统规划，推动数字人产业发展服务国家文化数字化战略。

各地数字人相关政策出台日益细化，体现出地方特色和发展诉求，展现出明显的侧重点。这些政策反映出不同地区对数字人发展的多样化需求与规划方向，共同促进了数字人技术的进步与应用。例如，上海市和北京市高度重视数字人产业和文化产业的融合发展，将数字人视为推动传统产业数字化升级的重要手段。

上海市政府聚焦时尚领域，特别强调数字化制造、虚拟时尚、数字内容产业的发展，力图使上海成为全球时尚产业的引领者。北京市着眼于数字人产业创新发展，重点关注服务、娱乐和数字数据要素市场，强调技术创新、创作者经济、数字人形象管理和数据交易，促进数字人产业的可持续发展。北京市东城区聚焦元宇宙产业技术、管理和商业模式创新应用，推动虚拟现实和增强现实产业与文化科技产业融合发展。

浙江、河南、河北、江西等省更注重数字人在公共服务领域的应用示范，有望形成一批标杆应用场景，为其他地区提供参考。浙江省提出建立"以人工智能和元宇宙为核心的未来产业发展体系"，着眼于构建全球科技创新中心。杭州市多个城区开始布局"元宇宙行业赛"，提供上亿元项目资助，抢占竞争先机。河南省计划在城市旅游、教育等领域应用数字人。湖北省则聚焦电子政务、智慧农业、数字文旅等"大场景、小切口"。江西省侧重数字经济的计量工作，着力提升虚拟现实等领域的检测技术。

在发展目标上，数字人作为元宇宙的重要组成部分，已被各地区纳入战略性新兴产业规划之中，明确了发展目标，反映出各地对数字人的产业规划和发展期望。北京市、河南省等地制定了较为明确的数字人产业规模目标，旨在打造龙头企业、构建完整产业链。浙江省侧重于提升创新能力，培育示范应用，为数字人技术创新发展和场景拓展注入动力。湖北省、山东省等地将目光投向数字人对传统产业的赋能作用，期望借助数字人技术实现产业数字化转型。

各地均体现出了对产业规模化、创新驱动、应用示范、产业链协同等方面的全面规划，环环相扣。这种差异化目标有利于形成区域间的良性互动，实现优势互补和错位发展。

地方数字人相关政策如表2和表3所示。

表2　部分省级数字人相关政策

颁布地区	颁布时间	政策名称
北京市	2022年8月	《北京市促进数字人产业创新发展行动计划（2022—2025年）》
上海市	2023年6月	《上海市"元宇宙"关键技术攻关行动方案（2023—2025年）》
	2022年9月	《上海市时尚消费品产业高质量发展行动计划（2022—2025年）》
	2022年6月	《上海市数字经济发展"十四五"规划》
四川省	2023年9月	《四川省元宇宙产业发展行动计划（2023—2025年）》
山东省	2023年9月	《山东省加快元宇宙产业创新发展的指导意见》
	2022年3月	《山东省推动虚拟现实产业高质量发展三年行动计划（2022—2024年）》
浙江省	2023年11月	《浙江省虚拟现实与行业应用融合发展行动计划（2023—2027年）》
	2023年4月	《浙江省元宇宙产业发展2023年工作要点》
	2023年2月	《关于浙江省未来产业先导区建设的指导意见》

续表

颁布地区	颁布时间	政 策 名 称
江苏省	2023年10月	《江苏省元宇宙产业发展行动计划（2024—2026年）》
重庆市	2023年9月	《重庆市元宇宙产业发展行动计划（2023—2025年）》
江西省	2022年12月	《江西省人民政府关于加快推进新时代计量工作高质量发展的实施意见》
河南省	2022年9月	《河南省元宇宙产业发展行动计划（2022—2025年）》
湖北省	2022年8月	《湖北数字经济强省三年行动计划（2022—2024年）》

表3　部分市、区级数字人相关政策

颁布地区	颁布时间	政 策 名 称
北京市通州区	2022年2月	《关于加快北京城市副中心元宇宙创新引领发展的若干措施》
上海市虹口区	2022年2月	《元宇宙产业发展行动计划》
上海市虹口区	2022年11月	《虹口区促进元宇宙产业发展的试行办法》
厦门市	2022年3月	《厦门市元宇宙产业发展三年行动计划（2022—2024年）》
广州市黄埔区	2022年4月	《广州市黄埔区　广州开发区促进元宇宙创新发展办法》
重庆市渝北区	2022年4月	《重庆市渝北区元宇宙产业创新发展行动计划（2022—2024）》
杭州市钱塘区	2022年5月	《杭州市钱塘区元宇宙产业政策》
南京市江宁高新区	2022年5月	《江宁高新区关于加快发展元宇宙产业的若干政策》
南昌市	2022年5月	《关于深入推进数字经济"一号发展工程"全力打造全省创新引领区行动方案》
沈阳市	2022年6月	《沈阳市促进数字经济产业发展若干政策》
湖南省湘江新区	2022年8月	《湖南湘江新区促进元宇宙产业发展的实施意见（试行）》
上海市宝山区	2022年9月	《宝山区工业元宇宙产业发展三年行动计划》
珠海市横琴区	2022年10月	《关于支持元宇宙产业发展十方面税收措施的通告》
广州市南沙新区	2022年10月	《广州市南沙新区（自贸片区）推动元宇宙生态发展九条措施》
苏州市昆山市	2022年12月	《昆山市元宇宙产业创新发展行动计划（2022—2025年）》
武汉市	2022年11月	《武汉市促进元宇宙产业创新发展实施方案（2022—2025年）》
上海市徐汇区	2022年11月	《徐汇区关于支持元宇宙发展的若干意见》
武汉市汉阳区	2022年11月	《汉阳区关于加快元宇宙创新发展扶持政策（试行）征求意见稿》
济南市	2022年12月	《济南市促进元宇宙产业创新发展行动计划（2022—2025年）》
成都市	2022年12月	《成都市元宇宙产业发展行动方案（2022—2025年）》
苏州市	2023年1月	《苏州市培育元宇宙产业创新发展指导意见》
北京市朝阳区	2023年1月	《中关村科技园区朝阳园管理委员会、朝阳区科学技术和信息化局关于公开征集元宇宙示范应用场景和示范解决方案的通知》
南京市	2023年2月	《南京市加快发展元宇宙产业行动计划（2023—2025年）》
武汉市汉阳区	2023年2月	《汉阳区关于加快元宇宙创新发展扶持政策（试行）》

续表

颁布地区	颁布时间	政策名称
无锡市	2023年2月	《无锡市元宇宙创新发展三年行动计划（2023—2025年）》
上海市松江区	2023年3月	《松江区培育"元宇宙"新赛道行动方案（2022—2025年）》
北京市东城区	2023年3月	《东城区加快元宇宙产业高质量发展行动计划（2023—2025年）》
杭州市上城区	2023年6月	《关于加快元宇宙产业创新发展的若干措施》
成都市	2023年6月	《2023年成都市元宇宙场景建设工作计划》
苏州市	2023年9月	《苏州市文旅元宇宙行动方案（2023—2025年）(征求意见稿)》

注：统计时间截至2023年12月。

1. 由链成群，技术孵化，强化企业培育，产业集群加速聚集

为推动数字人产业加速发展，各地纷纷制定了明确的产业集群化目标。湖北、山东等地采取"一核多极"的空间布局模式，以中心城市为核心，辐射带动周边地区协同发展。浙江等地则更注重新兴产业平台的集聚作用，系统谋划虚拟现实、增强现实、混合现实全产业链布局。差异化布局反映出各地结合自身区位和产业基础条件精心规划产业集群化发展路径。通过合理规划形成区域内部的良性互动、优势互补、错位发展，实现协同发展和专业化分工，完善产业生态系统。

数字人技术创新是产业发展的根本驱动力。各地联合发力、协同创新，将有助于构建完整的创新体系，全面提升数字人领域的前沿技术研究与产业化应用的深入发展。大多数地区都高度关注核心技术的突破和自主创新，确保数字人全链条技术的自主可控。北京市强调底层技术支撑，优化数字人生产工具支持虚拟现实、增强现实等技术的研发和推广。山东省则把重点放在攻克光学显示系统、人机交互技术等共性关键技术，增强核心环节的配套能力。浙江省系统性地建立了元宇宙关键共性技术清单。

在扶持数字人创新主体方面，各地政策也体现出高度一致性。无论是北京市的政府基金支持、山东省的联盟合作培育，还是广州市的补贴奖励，都是为了从资金、技术、人才、空间等维度为企业发展创造条件。与此同时，一些地区还采取差异化政策手段，如珠海市横琴粤澳深度合作区给予高新企业税收优惠、重庆市渝北区着力引进龙头企业，这有助于充分挖掘区域独特优势，激发不同类型企业的发展活力。

创新平台是各地推进数字人产业发展的重要抓手。总体来说，各地在数字人相关平台建设与发展上都有相应的规划和战略，主要集中在以下几个方面：产业集聚与园区建设、技术研发与创新支持、核心技术融合与应用、国际合作与交流、数字基地建设与开发。这些平台建设方向有助于形成数字人产业的良好生态，推动不同领域的技术交叉，促进数字人技术在更广泛的场景中的应用，扩大其实际效益。通过平台建设，促进不同地区数字人产业的集群发展，从而推动地区数字业态的增长。

2. 真金白银助企业"轻装上阵"

在国家政策的指引下，各地积极通过财政补贴、融资支持、基金投入、税收优惠等多种方式，为数字人产业提供全方位政策扶持。据不完全统计，8个省市12个地区都有明确的资金扶持政策。9个省市有准确的关于畅通融资、创新金融、统筹经费、财税措施等政策的说明，其余省市区也在政策上进行鼓励和扶持。

在具体措施上，北京市、上海市等地重点畅通投融资渠道，鼓励利用政府基金进行股权投资；广州市、杭州市等地则直接拿出数亿元资金，用于技术攻关补贴、平台建设补助、人才引进补贴等。除明确金额的资金扶持外，湖北省、浙江省、重庆市等地在政策中明确表态鼓励支持，为数字人产业发展创造良好环境。资金扶持政策贯穿从前期投资、中期发展到后期产业化的全过程，覆盖面广、力度大，为企业"轻装上阵"提供了坚实保障。特别是一些经济发达地区，更是拿出了"重武器"予以大力支持，充分体现了地方政府的决心和诉求。

表4～表6整理了各地的政策补贴方式。

表4　无具体补贴支持政策的省市区

省　市	补贴方式	政策名称	颁布时间
浙江省	政策鼓励、积极扶持	《浙江省元宇宙产业发展2023年工作要点》	2023-04-24
湖北省		《湖北数字经济强省三年行动计划（2022—2024年）》	2022-09-13
重庆市		《重庆市渝北区元宇宙产业创新发展行动计划（2022—2024）》	2022-04-26
厦门市		《厦门市元宇宙产业发展三年行动计划（2022—2024年）》	2022-03-18
济南市		《济南市促进元宇宙产业创新发展行动计划（2022—2025年）》	2022-12-10

表5　无具体补贴金额政策的省市区

省　市	补贴方式	政策名称	颁布时间
北京市	畅通融资渠道	《北京市促进数字人产业创新发展行动计划（2022—2025年）》	2022-08-03
上海市	创新金融支持	《上海市数字经济发展"十四五"规划》	2022-06-12
江西省	统筹经费保障	《江西省人民政府关于加快推进新时代计量工作高质量发展的实施意见》	2022-12-13
河南省	完善金融服务体系	《河南省元宇宙产业发展行动计划（2022—2025年）》	2022-09-21
山东省	落实财税措施、深化产融支持	《山东省推动虚拟现实产业高质量发展三年行动计划（2022—2024年）》	2022-03-24

续表

省　市	补贴方式	政策名称	颁布时间
湖北省	财政金融支持	《湖北数字经济强省三年行动计划（2022—2024年）》	2022-08-03
南昌市	完善财税保障、强化融资支持	《关于深入推进数字经济"一号发展工程"全力打造全省创新引领区行动方案》	2022-05-26

表6　有具体补贴金额政策的省市区

省　市	地　区	补贴方式（最高奖励）	政策名称	颁布时间
杭州市	钱塘区	高层次人才1000万元资金和补助； 1000平方米享3年租金补贴； 1000万元贷款额度贴息支持； 1000万元创业发展资助； 创业项目1亿元资助	《杭州市钱塘区元宇宙产业政策》	2022-05-21
	余杭区	10亿元扩展现实产业基金； 优质项目500万元创业风险池； "顶尖人才项目"给予1亿元支持； "一人一策"1300万元奖励，分层次给予梯队人才奖励	杭州多个城区布局"元宇宙"产业	2022-06-07
	西湖区	5000万元补助	《西湖区打造元宇宙产业高地的扶持意见（试行）》	2023-06-07
广州市	南沙新区	2亿元平台搭建资金	《广州南沙新区（自贸片区）推动元宇宙生态发展九条措施》	2022-10-20
	黄埔区、开发区	企业入驻产业园补贴100万元； 自用办公用房补贴500万元； 突出技术标准支持1000万元； 应用示范项目、公共技术服务平台，补贴500万元； 突出知识产权保护，给予100万元支持； 对元宇宙领域的创新创业领军人才项目，给予2000万元扶持	《广州市黄埔区　广州开发区促进元宇宙创新发展办法》	2022-04-08
沈阳市		对领军型、税源培育型、成长型虚拟现实企业，给予50万元补贴； 设立专项扶持基金	《沈阳市促进数字经济产业发展若干政策》	2022-06-27
湖南省	湘江新区	1000万元补助	《湖南湘江新区促进元宇宙产业发展的实施意见（试行）》	2022-08-10
武汉市		200万元资金支持	《武汉市促进元宇宙产业创新发展实施方案（2022—2025年）》	2022-10-26

续表

省　市	地　区	补贴方式（最高奖励）	政策名称	颁布时间
北京市	东城区	1000万元奖励	《东城区加快元宇宙产业高质量发展行动计划（2023—2025年）》	2023-03-29

为保证元宇宙和数字人产业人才供给，各地区政府纷纷出台人才引进和培养政策，提供全方位支持和保障。一方面，重点补贴和奖励高层次人才及团队。上海打造高水平人才团队，落实重点产业人才奖励政策。[11]杭州市钱塘区给予高层次人才最高1000万元启动资金和研发补助费用，以及1亿元资助；余杭区实施"顶尖人才项目"政策，提供最高1亿元支持。[12,13]广州市对拥有国际领先的核心技术或自主知识产权的创新创业团队给予最高1亿元奖励。[14,15]南京市江宁区提供最高200万元奖励。[16]另一方面，多地从落地、住房、子女教育等生活层面着手，为人才提供全方位保障。北京将完善领军人才落户、子女入学等配套措施。[17,18]南昌将在研发、落户、住房、配偶就业、子女就学等方面给予更具吸引力的政策。此外，各地还纷纷鼓励企业与高校、科研院所开展合作，共建人才培养基地，为数字人产业储备后继人才。

总的来看，这些政策措施体现出地方政府吸引和留住人才的决心。各类人才汇集，能够真正提升区域发展综合实力，推动产业快速发展。

二、全球数字人政策情况

全球数字人产业正处于蓬勃发展的初期阶段，其发展格局因受技术创新、市场需求、政策导向、国际竞争以及社会影响等多方面因素的共同作用而呈现出多元化趋势。在此背景下，政策支持对于推动数字人产业的创新发展发挥着关键作用，提供了强有力的支撑。因此，各国需要灵活应变，紧抓发展机遇，以保持竞争优势并适应产业发展趋势。

美国作为全球科技创新的中心，在数字人领域具有领先优势。美国政府高度重视人工智能和数字技术的发展，制定了一系列政策来保持领导地位，争取在国际竞争中保持优势。中国作为全球最大的市场之一，在数字人产业发展方面展现出强大的潜力和动力，同时中国政府也在理性推进数字人产业发展。相比中美两国，欧洲国家更注重谨慎监管和建设安全体系，以推动数字时代欧洲的建设。日本和韩国则主张积极推进数字人产业，日本设立了专门的数字厅以推进数字社会进程，韩国政府将元宇宙产业确定为重点发展领域，并积极支持数字产业的发展。

（一）美国：积极推进，争取市场领先优势

美国政府对数字产业持理性中立的态度，决心通过政策保持技术领先，推动数字人产业快速发展。近年来，美国政府先后发布多份重要文件，将人工智能上升至国家战略高度，其中包括《国家人工智能研发战略规划》《关于安全、可靠和可信的人工智能行政命令》，旨在确保美国在人工智能领域的领导地位，管控人工智能存在的潜在风险。

在具体政策层面，美国陆续出台了一系列重磅举措：2019年发布"维护美国人工智能领导地位"行政命令；2020年公布《人工智能应用规范指南》，促进人工智能在联邦政府的应用；2021年通过《国家人工智能倡议法案》，推动人工智能发展；人工智能国家安全委员会在2021年发布最终报告，提出应对人工智能的战略建议；此外，2021年还提出对联邦人工智能系统涉及的面部数据进行监管；2022年发布《确保负责任地发展数字资产》[19]总统令，强调美国在数字资产领域的领导地位；2022年发布《美国数据隐私和保护法》草案；2022年10月通过《人工智能权利法案蓝图》，旨在保护美国公民在人工智能时代的权益；2023年1月正式发布《人工智能风险管理框架》，目的是引导组织在人工智能系统开发部署中减少安全风险，防止偏见和负面结果，增强人工智能的可信性，保障公民平等与自由的权利。

（二）欧洲：谨慎监管，保护内部市场利益

欧洲在数字人产业发展方面注重谨慎监管和保护消费者权益。欧洲对数字人的政策态度相对谨慎：一方面，欧洲市场缺乏大型互联网企业，市场主要被美国科技巨头主导；另一方面，欧洲采取了加强监管的措施，防止大型企业滥用垄断地位，但在一定程度上也阻碍了本土产业的创新。

欧盟委员会在2019—2024年的优先事项中，重点推动数字技术和数字化转型，推动构建"与数字时代相适应的欧洲"。在此基础上，欧盟发布了多项数字战略和政策框架。

在具体监管政策上，欧盟陆续出台了一系列重磅法案。2019年，《可信人工智能伦理指南》指出"以人为本"的理念；2020年，《人工智能白皮书》为高风险人工智能领域监管定调；2021年，欧盟加速推进《数字服务法》的立法工作，旨在强化对网络空间的规范管理，并加大对非法内容及虚假信息的打击力度；2022年，欧盟就《加密资产市场提案》达成共识，为全球构建和完善数字资产市场的监管提供范本；2023年12月，欧盟《人工智能法案》正式推出，标志着其在人工智能监管领域取得重大进展，既促进技术创新，又通过立法规制潜在风险，确

保公众利益和个人隐私得到保护。

这些举措体现了欧盟在数据安全、隐私保护、反垄断等方面的关注重点，旨在加强监管，保护欧洲内部市场利益。不过，过度监管可能阻碍创新。因此，欧盟还推出支持创新措施，如成立"人工智能办公室"来负责法案的实施。

（三）日本：灵活务实，积极推进数字社会建设

与美国中立的态度和欧洲谨慎的态度不同，日本对数字人产业的态度明显偏向积极和进取。2021年9月，日本政府成立数字厅，旨在迅速且重点推进数字社会进程。日本经济产业省还设立了"Web 3.0政策办公室"，为发展Web 3.0环境提供有力的支撑。

在具体政策上，日本奉行"以人为本"的人工智能发展理念，即人工智能的使用不得侵犯日本宪法和国际规范保障的基本人权。2019年，日本通过《以人为中心的人工智能社会原则》，确立人工智能伦理监管最高准则。《第6期科学技术创新基本计划（2021—2025年）》提出创新目标是建设"确保国民安全、可持续、每个人都能实现多种幸福的社会"。2021年发布的《人工智能战略2021》，目标是构建"人工智能研究开发网络"，促进合作；同年还发布《综合数据战略》，旨在将日本打造成为世界顶级的数字国家；2021年，日本经济产业省发布《关于虚拟空间行业未来可能性与课题的调查报告》，强调政府应完善"虚拟空间"相关法律条款、行业标准和指导方针；2023年通过《反不正当竞争法》修正案，以保护元宇宙知识产权。

（四）韩国：创新开放，努力打造"韩流"布局

韩国政府对数字人产业的发展给予积极扶持，在元宇宙领域的布局较为领先。

2019年，韩国成为世界上首个推出5G服务的国家，被称为世界上政府数字化程度最高的国家。三星、LG电子等企业也为韩国数字产业打下了巨大的技术基础。

韩国数据政策从保守转变为创新开放的模式。2020年7月，韩国政府宣布了"韩国新政计划"，目标是实现经济和社会结构的广泛数字化转型，推动"数据、网络、人工智能"生态系统扩张；2020年底，韩国政府推出《沉浸式经济发展策略》，致力于推动沉浸式经济的增长；2021年，韩国政府联合25家机构和企业成立"元宇宙联盟"，旨在合作开发国家级增强现实平台；首尔市政府在2021年11月发布《元宇宙首尔五年计划》，计划构建多领域的元宇宙行政服务生态系统；2022年初，韩国政府宣布雄心勃勃的目标，计划到2026年成为全球元宇宙的中心；2022年2月，韩国科学与信息通信技术部宣布设立1.8亿美元的基金，投资虚拟宇宙

产业；2023年，首尔市政府正式开放元宇宙服务平台Metaverse Seoul，这标志着"韩流"在元宇宙领域的布局正在稳步推进。

三、对比和展望

与欧盟、美国、日本、韩国等国和组织不同，我国重视数字人的发展潜力，但也对其可能带来的风险和挑战保持警惕，并采取措施进行监管。这种态度体现了我国在数字人发展中的战略思考和长远规划。

在全球化数字发展中，我国应该积极寻求破局策略，为数字人发展贡献力量。首先，成立专业部门，以统筹推动数字技术发展，并制定更有利于数字技术发展的政策和社会环境。其次，加速对数字技术的应用和部署，促进数字化转型。再次，关注前沿数字技术，及时制定法律和政策，建立健全发展和监管体系。最后，加速培养数字技术人才，以满足未来数字技术的劳动力需求。

因此，我们提出以下几点建议。

（1）出台数字人专项法律法规和配套政策，推动政策落地见效。制定数据隐私、网络安全、算法管理等监管规则，出台研发补贴、财税优惠等扶持政策。加强部门间的协调与配合，防止政策碎片化和重复建设。

（2）形成数字人标准体系和伦理规范。严格管控数字人应用的行为规范、伦理原则和安全底线，从源头上规范数字人的设计和应用，实现产业健康和可持续发展。

（3）持续支持数字人核心技术和产业链关键环节的研发。一方面，增加对数字人建模、渲染、交互等核心技术的支持，提升数字人仿真和智能水平；另一方面，增加对产业链关键环节（如5G通信、区块链等）技术的支持，打通应用环境的技术瓶颈。

（4）加大数字人领域人才扶持力度。一方面，加强专业人才培养，鼓励数字人企业与高校院所开展产学研深度协作；另一方面，针对目前数字产业领域高水平人才缺乏的现状，给予相应的政策扶持，以吸引更多人才。此外，政策可继续推动应用场景深度融合，推动跨界人才融合。

（5）深化国际合作。我国应通过政策在技术创新、国际市场流通、人才交流等方面，共同推动数字人产业在国际上的持续发展和共同进步。

为推动数字人领域可持续发展和全球数字治理进程，我国应积极参与全球数字治理倡议，与其他国家和国际组织密切合作，共同应对数字时代的挑战。为了确保全球数字人治理的一致性和有效性，各国应该积极合作，共同推出国际标准和制定国际规范，推动数字化可持续发展。我国应该加强数字人企业的国际化战略，通过相关政策鼓励和支持数字人企业积极"走出去"，加强国际合作和竞争，推动我国数字人产业的国际化发展。同时，我国应该举办或主办一系列高水平的数字人/元宇宙国际论坛和展会，促进全球数字人产业合作，推动技术创新和经验分享。

全球数字人治理需要跨国界协作，以确保数字人产业可持续发展和全球稳定。以上建议旨在引领我们朝着更加公正、安全和可持续的数字未来前进，实现数字时代的全球共赢。

总的来说，我国应该通过完善政策体系、加大资源投入、深化国际合作等措施多管齐下，推动我国数字人产业走向更高水平，为数字时代的全球共赢贡献中国智慧。

电子参考文献

扫描二维码，阅读本文电子参考文献。

中国数字人的科技伦理与法律监管

宋 震[①] 石羽碟[②] 宋 毅[③]

摘要：近年来，数字人产业迅猛发展，被广泛应用于各种场景，解放了人类部分生产力，但数字人大量投入商业化应用后也引发了一系列与人格、公平、安全、责任、身体等伦理及产权有关的社会问题，引发世界各国的广泛关注。欧盟、美国、中国、韩国、日本将数字人归入人工智能进行立法规制，通过对比可以发现我国目前相关法律制度体系存在系统性不足、缺乏强制力等问题，基于此，提出完善立法、加快道德框架建设、设立伦理委员会的建议，以期应对数字人带来的一系列社会问题和挑战。

关键词：数字人；伦理挑战；法律监管；措施建议

2021年，元宇宙在我国迎来了发展元年，数字人也迎来了发展高潮：会"捉妖"的美妆达人柳夜熙、多才多艺的大学生华智冰、新华社记者小诤等不同领域的数字人进入公众视野。据清华大学2022年针对数字人的研究报告估算，我国数字人市场规模将超过1000亿元。数字人正在迅速进入我们的日常生活，根据Allied Marker Research预测，2021年全球数字人市场规模为113亿美元，预计到2031年将达到4403亿美元，2022年至2031年复合年增长率为44.7%。[1]

数字人逐渐被投入大量生产和应用，替代了部分基层工作，探索出一条新的人类发展之路。与任何一项新技术一样，数字人也存在潜在危险。数字人具有一系列与人类安全、财产所有权、人格完整性、身体身份等相关的紧张关系，创造者或普通用户可能没有完全考虑到这些高拟真或孪生数字人可能对个人、社会及行业造成的潜在威胁，从而引发一系列有关经济和伦理的社会问题，导致人类与

[①] 宋震，教授、博士生导师，研究方向为数字戏剧、艺术法、传统戏剧数字化；中央戏剧学院学术委员会副主任委员，数字戏剧系党支部书记、主任，传统戏剧当代传承创新中心（北京高校哲学社会科学创新中心）主任，传统戏剧数字化高精尖研究中心（北京高校高精尖科技创新体系"卓青计划"）主任。

[②] 石羽碟，北京外国语大学国际新闻与传播学院硕士研究生，主要研究方向为跨文化传播。

[③] 宋毅，北京外国语大学国际新闻与传播学院教授，北京外国语大学、新疆大学博士生导师，中组部第十批援疆干部。

数字人之间的信任危机。

一、数字人带来的法律与伦理风险

数字人的形成在很大程度上依赖深度合成技术。《互联网信息服务深度合成管理规定》指出，深度合成技术，是指利用深度学习、虚拟现实等生成类算法制作文本、图像、音频、视频、虚拟场景等网络信息的技术，包括但不限于篇章生成、语音转换、人脸生成、人脸替换、人脸操控、姿态操控、图像生成、三维重建、数字仿真、编辑数字人物、虚拟场景等技术。数字人作为深度合成技术的成果之一，具有高拟真性、智能性的特点，可以达到以假乱真的效果。

（一）数字人对信息安全的挑战

数字人技术在教育、传媒等方面发挥了积极作用，拓展了教育场景，促进了传播效率和效果的提升。但是，与此同时，该技术也给国家安全和社会秩序稳定带来了挑战。

数字人大量应用于传媒领域，使用不当（尤其是人工智能驱动型数字人）可能导致大量虚假信息产生和传播，使信息质量大打折扣，容易误导公众，甚至造成社会混乱。该技术还容易被不法分子用于深度伪造，从而进行传播色情信息、敲诈勒索、造假诈骗、虚假政治宣传等违法犯罪活动。如今，在抖音、YouTube 与 Facebook 等海内外社交平台上都出现了大量深度伪造产品，多集中于名人、企业家和政治家。2023 年 7 月，韩国一名女子被冒充埃隆·马斯克的社交媒体账号诈骗 7000 万韩元(约合 36 万元人民币)。在我国也出现了不少人工智能诈骗现象，香港警方披露了一起人工智能诈骗案，涉案金额高达 2 亿港元。因此，数字人有可能成为不法分子的犯罪工具，扰乱社会秩序，危害国家安全。

数字人的产生需要大量个人隐私数据支撑，不论是原生数字人还是孪生数字人，都需要收集大量的真人隐私数据，形成多模态数据集。数据集中的信息包括但不限于身体数据和个人信息，以及对肢体、手部动作、面容表情、语音的捕捉数据。数字人通过不断模拟真人在现实世界中的行为特征，使用户获得足够的真实感和沉浸感。因此，在制作和发展数字人的过程中，相关机构在收集、存储、管理和利用数据时应当高度注意隐私风险防范，切实保障信息安全。

多模态交互越来越多地应用于数字人领域，可以让数字人无限接近真人，实现主动关怀、情感共通，满足人的情感价值需求，带来沉浸式的社交体验。但是，当人们沉浸于与数字分身交互时，容易导致虚实界限模糊和主体性认知减退，逐渐倾向于回避社会交往，即"媒介依存"，这将加剧人的社交恐惧、社会疏离等心理问题，更会引发社会问题。①

数字人容易导致以下成瘾问题。

（1）出于情感依赖的成瘾。数字伴侣成为"理想男友"或"理想女友"，其带来的理想化"虚拟情感"代替了"真实情感"，从而让人沉浸于此，久而久之将影响传统婚恋思想和价值观，阻碍人类正常情感交流。

（2）出于个人满足心理需求的成瘾。通过数字分身，人们可以在虚拟平台中根据自己的喜好、兴趣选择与自己志同道合的社群，也可以根据自己的需要成为理想中的"另一个自己"。相比现实世界，人们在虚拟世界中更容易获得归属感和自我价值认同，产生"海神效应"。②

在应用领域，各大企事业单位开始探索对数字员工的应用，越来越多的数字员工进入大众视野，如华为云的云笙、百信银行的 AIYA、浦发银行的小浦、OPPO 的小布等。但是，正如瑞恩·艾伯特所言，"现有法律无意中支持自动化的做法，加剧了技术性失业"③。对数字员工的应用也有可能带来意想不到的结果。随着超写实数字人的增多，传统文化领域迸发出新的活力，技术人员打造出大量与中华传统文化相关的数字人，他们大多以新颖、有趣的方式讲述中华传统文化故事，传播中国声音。但是，数字人被投入商业化运营后，也可能造成对历史文化名人的滥用与伤害，对历史和文化的延续与传播造成困扰。

（二）数字人对传统伦理的挑战

伦理，简单来说就是"人伦之理""做人之理"。在传统伦理学中，正当和善（目的、幸福）都是紧密联系在一起的，而且前者一般由后者决定，即传统伦理学以人格、德性、至善为中心，而现代伦理学的主流则以行为规则、正当、正义为中心。随着社会的发展，伦理学的观察视野也逐渐拓展到自然环境、计算机科学、医学等领域。正如何宏怀教授所说，"伦理学正越来越成为一种很适合把人文、自然和社会科学诸学科联系和贯通起来、以应对各民族和全人类面临的各种棘手问题的学科"④。

数字分身与现实真人有直接联系，多用于商务推广、新闻传播领域，如明星分身"千喵""迪丽冷巴"，电台主持人分身"康小辉"，等等。2021 年，《每日经济新闻》主持人的孪生数字人 N 小黑和 N 小白连续直播 70 天，其间没有人发现

---

① 尤可可. 虚拟数字人研究报告 2.0 版[R]. 北京：清华大学新闻与传播学院元宇宙文化实验室，2022.

② 同上.

③ 艾伯特. 理性机器人：人工智能未来法治图景[M]. 张金平，周睿隽，译. 上海：上海人民出版社. 2021.

④ 何宏怀. 伦理学是什么[M]. 北京：北京大学出版社，2002.

他们不是真人。无独有偶，抖音某百万粉丝主持人分身真假难辨，引发大量网友激烈讨论和"竞猜"。

在上海自古红蓝人工智能科技有限公司与何某的网络侵权责任纠纷案中，该企业在未征得何某同意的情况下，将何某设定为软件中的"AI陪伴者"，通过算法应用，将该角色开放给众多用户，允许用户上传大量原告的"表情包"，制作图文互动内容，从而实现"调教"该"AI陪伴者"的功能。何某认为，被告侵犯了自己的姓名权、肖像权、一般人格权，故诉至法院，要求对方赔礼道歉并赔偿经济损失、精神损害抚慰金。现在，人工智能驱动型数字分身，在使用和运营的过程中，也可能因系统原因做出损害真人名誉的事，从而侵犯他人名誉权。

在数字人研发和应用的过程中，需要采集大量真人人脸、表情、动作、声音、习惯偏好等数据，其中包含人脸、虹膜等生物特征信息，这些信息一旦泄露或丢失就会引发严重后果。这意味着在信息采集、存储和使用中需要有采集标准限制，而且需要投入更大的成本来保障数据使用安全。数字人制作和运营企业也有可能滥用、泄露、篡改或向他人非法提供隐私数据，严重侵犯他人隐私权。2019年8月，一款人工智能换脸软件在社交媒体刷屏，用户只需一张正脸照就可以将视频中人物的脸替换为自己的脸。这款软件面世后，引发了强烈的隐私争议。该软件在用户协议中也存在很多陷阱。例如，用户协议中提到使用者的肖像权为"全球范围内免费、不可撤销、永久可转授权"，若侵权了明星肖像权，对方提告，则最后责任都在用户。[2]

数字人数据开源也增加了个人隐私数据保护的压力。开源数据集泛指在互联网上公开共享的数据集，任何人都可以通过互联网轻松获取开源数据。数字人需要通过大模型训练，对海量数据的需求大幅提升。由于缺乏开源数据支撑，近几年可用于数字人模型测试的数据集多为"姿态检测算法提供的伪标签数据集或者单个人说话的小规模动作捕捉数据集"。数据量和数据标注不足、数据质量参差不齐等原因导致数字人难以生成高质量的手部动作和表情，也难以触发和人类相关的肢体语言表达，数字人的手部形态和动作受网友诟病的例子层出不穷。

2023年3月，华为东京研究所数字人实验室（Digital Human Lab）与东京大学等进行合作研究，推出了到目前为止规模最大的数字人多模态数据集，且该数据集已经开源。数据开源对数字人的研发具有重要意义，将成为推动其进一步高质量发展的重要力量，数字人数据集开源将成为一个大趋势。[3]数据开源将激励共享、协作与创新，但也可能直接或间接导致隐私风险。一方面，开源数据集的透明性和开放性意味着人们可以对代码进行审查和更新，恶意用户也有更大的机会对代码进行恶意更改，更容易发现其中的隐私漏洞并加以利用。另一方面，开源数据集常常依赖第三方数据库和组件，增加了数据泄露或跟踪用户等风险。因此，在数字人发展进程中，有必要加强对开源数据集的管理，设立更加规范、严格的数据集使用协议，采取安全性更强的加密措施。

从数据层面看，数字人研发过程中的数据收集无法完全覆盖到每个人，这样数据集在不同分类上存在差异，无法实现完全公平，可能导致少数特殊人群的数据无法体现。数据标注是人为的，在这个过程中也会夹杂标注人的个人认知和偏好。从算法层面看，"算法依靠机器学习之类的人工智能技术对用户的个人数据（包括收入、学历、年龄、性别、民族、宗教等）进行分析，进而生成自动化决策，当决策无法保证公平，做到一视同仁，就会引发数字歧视"[①]。数字人的生成有赖于机器学习算法，从而拥有进行分析判断并做出决策和行动的能力。对于机器学习算法而言，在模拟、训练和使用过程中，极易受到用户和社会、程序员、旧有决策、算法模型偏见的影响，从而可能生成歧视性结果。

数字人制作技术打破了时空界限，以高拟真形态复刻逝者，让其拥有逝者在世时的外表和行为习惯，实现与亲属的再交流与再连接，使人类以另一种形式延长生命，甚至"永生"。在韩国人工智能节目《再遇见你》中，技术人员"复活"了7岁小女孩娜燕，让其母亲通过虚拟现实设备与女孩见面，以缓解思念之情。B站博主吴伍六利用人工智能"复活"了自己的奶奶，并与其亲切对话，在网络平台引发了大众对于生死和伦理的激烈讨论。数字人的发展让生命再延续成为可能，甚至获得"永生"，这是人与人之间温情的体现，但也涉及伦理问题。

生死问题是人类社会的永恒话题，也是我国传统伦理思想的重要组成部分。我国传统生死观由儒、释、道三教思想构成。儒家的生死观将生死看作自然规律，讲究顺其自然，同时高度赞颂有崇高道德和价值理想的生命。佛教生死观讲究"业报轮回"，死亡是暂时的，人死后会进入下一个轮回。道家生死观讲究"无为"，与儒家的顺其自然有相同之处。传统生死观顺应时代的变化，不断发展，但其中蕴含的生命尊严、生命价值和社会公益的内涵始终没有改变。

数字人让"永生"成为可能，对死者而言，在一定程度上剥夺了他们自由选择离场的权利，甚至可能发展成为"数字圈养"，对死者的尊严和权利造成严重侵犯。对生者而言，数字"永生"给了生者慰藉，以缓解思念亲人之痛，但虚拟世界的情感寄托可能让生者难以厘清虚拟与现实，可能干扰生者对现实世界的把控，也剥夺了其自由体验情感变化的权利。

此外，由于现行政策仍然存在不确定性，难以保障死者的确切数字寿命，很可能对相关人造成二次伤害。数字身份是否享有逝者在世时的同等权利？他们应当如何承担责任与义务？这些都是值得深思的问题。最后，还要防范逝者的数字人被滥用、误用，做出有违人伦常理、有损社会风俗的行为，否则不仅是对死者及其家属极大的不尊重，也会对社会公共秩序和良好风俗造成巨大威胁。

---

① 杨，洛奇. 驯服算法：数字歧视与算法规则[M]. 林少伟，唐林垚，译. 上海：上海人民出版社，2020.

二、数字人对知识产权的挑战

数字人不仅涉及众多社会伦理问题，同时也对目前我国的知识产权体系发起了挑战。知识产权是国家法律赋予创造者对其智力成果在一定时期内享有的专有权或独占权，其与科学技术发展和经济发展水平之间存在紧密联系，可以说，知识产权制度就是科学技术发展和市场经济的综合产物。

数字人是基于机器学习算法和深度学习技术创建的仿真人类形象。一般机器学习分为三个步骤：一是确立模型或算法，二是输入训练数据求解或优化模型，三是输入预测数据得到预测结果。在此过程中有可能对已有作品造成侵权。想要让数字人的"人类行为能力"更加强大，就需要对更大规模的数据进行标注和学习，数据规模越大，侵权风险也就越高。

此外，数字人的作品生成建立在已有作品基础之上，其生成作品极可能与训练数据库中的标注数据重合、雷同，从而引发与原著作权人的权利纠纷。

根据驱动方式的不同，数字人可以分为真人驱动型数字人和人工智能驱动型数字人，其在文字、音乐、舞蹈、新闻创作中得到了广泛应用。这也引出了两个亟待解决的问题：第一，数字人创作的作品是否能够被认定为著作权中的"作品"并受到法律多大程度的保护？第二，若其作品得到充分肯定与认可，那么作品的权属问题应当如何划分？

对于是否赋予数字人著作权人身份的问题，两种类型的数字人也存在差异。真人驱动型数字人指通过真人穿戴动作捕捉和面部捕捉设备，实时驱动数字人，实现数字人的即兴表演和实时互动。真人驱动型数字人的作品大多由真人创作，然后由数字人公开演出，其作品的著作权人可以追溯到最初创作人，著作权人身份归属并不难界定。例如，2022年歌曲《达拉崩吧》因被翻唱迅速爆红，追根溯源，该歌曲是虚拟偶像洛天依和言和的原唱歌曲，而其创作者是 ilem。演唱者在演唱前已经取得了 ilem 的授权，因此这首歌的著作权归属 ilem。而人工智能驱动型数字人获得相关赋权阻碍较大。人工智能驱动型数字人是指通过计算机技术、语音合成技术、深度学习技术、类脑智能技术等聚合科技创设，并具有人的外貌、行为和思维方式的可进行自主交互的虚拟形象。与真人驱动不同的是，它摆脱了对人的依赖，可依据算法模型自主生成各式各样的作品。从这一层面出发，其具有一定的自主性。因此，数字人生成作品是否构成"作品"及其权利归属问题，不同驱动类型数字人是否有所区分，有待进一步讨论。

表演者权是指表演者对其表演享有的人身权和财产权，是著作权邻接权的一种。表演权和表演者权在权利主体、客体和内容上存在本质差异。表演权以著作权人为权利主体，作者的作品本身为客体，其内容包括表演自己的作品、授权他人表演其作品、公开传播作品的现场表演、授权他人用各种方式公开播送其作品的表演。"表演者权的主体是演员或演出单位，客体是现场的表演，其所属权利包括表明身份权、保护表演形象权、许可现场直播和公开传送权、许可录音录像权、许可复制权、许可发行权、许可信息网络传播权。"[4]

2023年5月，杭州互联网法院审理了首例涉数字人侵权案，法院认定被告杭州某网络企业构成著作权侵犯及不正当竞争，判决其承担消除影响并赔偿损失（含维权费用）12万元的法律责任。在具体细节上，数字人Ada是在真人驱动下，通过实时语音生成技术和智能穿戴装备的动作捕捉完成的。Ada的独白、跳舞等行为并非由其独立创作完成，其表演的声音、神态、动作等系高度还原"中之人"徐某的相关表现，并非在真人表演的基础上产生的新的表演。徐某符合著作权法中对表演者的相关规定，其作为原告魔珐公司的员工，系进行职务表演，结合双方书面约定，应由魔珐公司享有表演者权中的财产性权利。[5]法院认为，真人驱动型数字人背后的"中之人"是必不可少的参与主体，数字人的表演实际上是真人表演的数字投射与再现，并非著作权法意义上的表演者，不享有表演者权。

近年来，越来越多的已故名人以数字人的形式再度出现在大众视野当中。那么，若要打造已故知名人物的数字人，应该向谁获得授权？数字人的表演者权应归属数字人、数字人背后的制作团队、数字人声音和动作表演的"中之人"，还是逝者本人及其家属？以上问题还有待进一步讨论确定。

此外，数字人商标的确立也给生产厂家和消费者带来了挑战。我国商标法规定："任何能够将自然人、法人或者其他组织的商品与他人的商品区别开的标志，包括文字、图形、字母、数字、三维标志、颜色组合和声音等，以及上述要素的组合，均可以作为商标申请注册。"[6]目前的法律框架并未对数字人相关的商标进行明确规定，部分生产商商标意识薄弱，未及时注册商标，导致商标被抢注。例如，以美妆达人柳夜熙的名字为商标进行注册的企业多达数十家，涵盖生物科技、网络科技、传媒、化妆品等多个行业，被抢注商标的数字人大多具有一定知名度和影响力，商标被多方抢注容易给消费者造成认知混乱。数字人商标被抢注侵害了数字人运营方的合法权益，扰乱了数字人市场经济秩序。

在专利权方面，数字人本身也可被认定为专利法中"外观设计"这一专利权的客体，在此过程中及时对数字人涉及的专利进行挖掘和布局，注重保护创新成果，是提高行业竞争力的重要步骤。值得一提的是，在实践层面已经有以人工智能为名提交的发明专利申请被驳回的案例。美国史蒂芬·泰勒发明了基于人工神经网络的人工智能系统DABUS，这个系统分别产出了"食物容器"和"吸引强化注意力的装置与方法"两项发明。[7]史蒂芬·泰勒分别向美国、欧盟、澳大利亚、英国、以色列等官方提交了由DABUS人工智能系统生产的发明，但都被驳回。欧洲专利局驳回的理由为"他们不符合欧洲专利公约（EPC）的要求，即申请中指定的发明人必须为人类，而不是机器"[8]，美国专利商标局的驳回理由则是"美国专利商标局的制度将发明人限制为自然人"[9]。显而易见,在全球范围内,目前都不承认人工智能的发明者身份,对其发明是否应当被赋予专利权尚存在争论。

三、全球数字人监管、治理与对策

欧盟、美国、韩国、日本、中国是全球范围内人工智能发展的领军国家和组织,在对人工智能伦理治理的顶层设计层面和重点领域具有一定的前瞻性。这里对以上五个国家和组织的人工智能法律监管和治理进行对比分析,挖掘其中与数字人关联度较高的内容,以探索对数字人进行监管和治理的法律路径。

(一)欧盟人工智能法律监管与治理

欧盟高度重视人工智能对政治、经济、伦理道德和社会秩序的冲击,将西方价值观嵌入人工智能伦理体系当中,促进可信任人工智能的建设,并逐步建设系统、完善的监管法规。2018年,欧盟先后出台《欧洲人工智能》与《人工智能协调计划》,初步勾勒出欧盟人工智能发展战略框架。《欧洲人工智能》确立了欧盟人工智能发展的三大总体目标:

(1)提升欧盟技术、产业能力,推进人工智能的广泛应用。

(2)为应对人工智能技术可能带来的社会经济变革做好准备。

(3)在欧盟现有价值观与《欧盟基本权利宪章》的基础上,确立合适的人工智能伦理与法律框架。

为实现以上三大目标,《人工智能协调计划》提出了八项具体措施。[10]2019年,欧盟委员会设立的人工智能高级别专家组发布《人工智能道德准则》,意在打造值得信赖的人工智能。该准则提出了一个可信人工智能框架,基于合法、道德和稳健3个组成部分定义了可信人工智能。从理论视角出发,该准则明确了可信人工智能应当满足的四项伦理准则,以及将这些伦理准则转化为人工智能系统在生命周期中应该实施和满足的7个关键要求。更重要的是,该准则从实践层面提出了对可信人工智能的评估,明确了10项对可信人工智能的要求和12项用于实现可信人工智能的技术和非技术性方法,列出了具体且详尽的可信人工智能评估清单,以落实上述要求,为人工智能从业者提供实用指导。[11]

2023年5月,欧洲议会通过了新版《人工智能法案(草案)》,明确了人工智能系统应作为服务于人、尊重人类尊严和自主权的工具来开发使用,其运作方式可以由人类适当控制和监督,触及"隐私和数据治理""透明度""非歧视和公平"等多个伦理问题。在该法案中,对通知机构、通知主体、合格评估机构、监管沙盒、欧洲人工智能办公室、管理委员会、国家监督机构的指定、设立、结构、权力及其职能进行了明确规定和划分。同时，该法案规定设立"咨询论坛"，要求咨询论坛成员应均衡代表各方利益相关者，包括工业界、各类型企业、民间组织和公民及学术界，咨询论坛有责任在与该法案相关的事项上向人工智能办公室提供利益相关者的意见。[12]不难看出，欧盟在人工智能管理方面充分考虑到了各个部门和组织的特殊性和重要性，并按照实际情况对其权责进行了明确划分，更有利于管理措施的落实、推进和完善。

（二）美国人工智能法律监管与治理

同欧盟相似，美国近几年陆续出台了多项人工智能准则和监管政策及法律法规。例如，电气与电子工程师协会于 2017 年发布《人工智能设计的伦理准则（第 2 版）》，该准则确立了设计、开发、应用人工智能技术应当遵循的六大原则，明确了伦理准则设立的目的及未来技术发展的伦理遵循，为美国乃至世界范围内的人工智能发展提供了参考。与欧盟不同的是，美国将人工智能纳入国家战略，强调人工智能对军事、国防和增强国家竞争力和强化美国的世界地位的重要性。[13]例如，《2018 人工智能战略概要——利用人工智能促进安全与繁荣》着重强调发展人工智能的重要意义，分析了美国在人工智能领域面临的战略形势，阐明了美国部署人工智能的战略举措及重点领域。2022 年，美国政府又发布《人工智能权利法案蓝图——使自动化系统服务于美国人民》，赋予个人、企业和政策制定者权利，明确了设计、使用和部署自动化系统的五项原则，包括安全有效的系统、算法歧视保护、数据隐私、通知和解释、人工替代、考虑和回退。[14]

（三）韩国人工智能法律监管与治理

韩国将人工智能发展聚焦于促进产业转型、经济发展等方面，鼓励人工智能的创新与发展。2019 年，韩国科学技术信息通信部发布了由相关部门共同制定的《人工智能国家战略》，提出"从 IT 强国向 AI 强国发展"的愿景，为实现"国家数字竞争力世界第三、人工智能创造 455 万亿韩元的智能经济效益、国民生活质量世界第十"三大目标，确立了九大战略措施，包括扩充人工智能基础设施、掌握全球领先国家水平的人工智能技术和竞争力、大胆创新规制和调整法律制度、培育全球人工智能创业企业等。①《2022 年智能机器人实行计划》提出，韩国将持续对工业和服务业机器人领域进行支持和投资，并放宽智能机器人产业的发展环境。[15]

---

① 中国科学院专家组. 韩国发布《人工智能国家战略》[J]. 科技政策与咨询快报, 2020(2).

（四）日本人工智能法律监管与治理

日本强调人工智能的人性化，以适应老龄化社会的发展，同时为鼓励企业积极创新，采取较为"柔软"的监管制度。2017年，日本发布《下一代人工智能推进战略》，将公共安全列为人工智能开发、应用的重点领域之一。2018年，日本公布《人工智能利用指针》，提出正确利用、正确学习、协同、安全、网络安全、隐私、尊重与自律、公平、透明、责任说明10项原则。①2019年，日本通过《以人类为中心的人工智能社会原则》，明确了人工智能开发利用的社会原则，包括以人为本、教育和文化能力、隐私保护、确保安全、公平竞争、公平性、透明度、问责制等内容。在《数字社会形成基本法案》中，日本提出建立"一个也不掉队"，对老年人友好的数字化社会，并成立数字厅，协助内阁秘书处完成数字社会形成的内阁事务，迅速周密地进行有关数字社会形成的行政工作。[16]

（五）我国人工智能法律监管与治理

我国从经济发展、产业促进角度对人工智能发展提供行政性指导和建议，重视人工智能与其他产业的深度融合应用和发展。2017年，《新一代人工智能发展计划》明确指出要"加快人工智能深度应用"，预示着"人工智能+产业"融合发展趋势。2019年，《新一代人工智能治理原则——发展负责任的人工智能》确立了人工智能治理的框架和行动指南，要求为个人信息收集、存储、使用等环节设立边界和规范，强调人工智能的透明性、可解释性、可靠性和可控性。我国高度关注人工智能系统安全，要求人工智能系统实现可审核、可监督、可追溯、可信赖，体现和谐友好、公平公正、包容共享、尊重隐私、安全可控、共担责任、开放协作、敏捷治理八大原则。此外，我国重视科技伦理领域的整体治理，制定了《中华人民共和国科学技术进步法（2021年修订）》《关于加强科技伦理治理的意见》《科技伦理审查办法（试行）》，明确了科技伦理原则及其治理主体责任，规范科技伦理审查要求和程序，为科技伦理治理的健康发展奠定了基础。

我国对人工智能的伦理治理多局限于指导性建议，不具备法律效力，作用效果有限，可以借鉴其他国家和组织的做法，进行"软硬兼施"的治理，既要确立统一的发展建议和规划，又要加快立法，通过法律增强监管治理效力，以法治推进善治。我国暂未出台对人工智能进行专门性、系统性监管的法律条文，而欧盟《人工智能法案》可以为我们提供借鉴。我国目前科技伦理顶层制度体系还不够完善，若将科技伦理治理分为事前、事中、事后三个阶段，则需要建立包括科技伦

---

① 刘湘丽，肖红军. 软法范式的人工智能伦理监管：日本制度探析[J].现代日本经济，2023，42(4): 28-44.

理风险监测预警体系、科技伦理规范与标准体系、科技伦理审查与监督体系在内的完整制度体系支撑。目前，我国科技伦理治理重点聚焦于科技伦理规范、原则、标准，具有前瞻性的风险监测预警及处理措施、严格缜密的审查和监督体系亟待建立和完善。

四、数字人监管与伦理对策与建议

结合相关法律研究来看，目前全球范围内暂未出现针对数字人的专门性立法。相比其他人工智能，数字人不仅拥有人的外貌、行为和思维方式，甚至在一定意义上拥有人类"身份"，因此不能被简单地纳入人工智能监管中进行考量。

（一）贯彻科技伦理基本原则

科技伦理思想的核心是以人为本，旨在指导科学技术合理发展，为人类所用，与人和社会和谐共生。科技伦理监管立法要考虑到数字人的研发、制作、应用、监督与审查各个流程，坚持以人为本、公开透明、公平公正、安全可靠的基本原则。

（1）坚持以人为本原则。数字人的发展应坚持以人民为中心，最大限度地发挥人的价值，增进人的福祉。

（2）坚持公开透明原则。提高数字人研发活动的公开透明度，携手共建，保证客观、真实，鼓励利益相关者共同参与。

（3）坚持公平公正原则。在数字人研发、使用和监管的过程中，要充分考虑地区、民族、宗教、性别等差异，公平公正地让所有人享受数字人带来的益处，避免偏见和歧视。

（4）坚持安全可靠原则。对有违伦理安全的项目严格禁止，规范研发、使用和监管过程，确保成形的数字人安全可靠，可以信赖。

（二）符合中国国情和发展需要

立法应建立在实际情况之上，我国应该根据我国地域文化特点和现代发展需求制定法律。我国人口众多，有丰富的民族文化、宗教文化，各个地区、各个民族都有不同的特点，立法应该同时兼具普遍性和特殊性需求：一方面，根据国情制定符合全国普遍情况的全面性法律；另一方面，下放权力给地方，允许各个地方根据实际情况制定更加具体、有针对性的规定，中央与地方的规定应该保持一致。现代数字技术发展迅速、日新月异，立法者应该时刻关注最新技术的发展变化情况，及时对技术涉及的伦理问题进行法律规制。此外，立法还要符合传统文化和伦理观念，符合新时代社会主义核心价值观。

（三）保护人的身份和身体是首要条件

任何科学技术的发展都应"以人为中心"，以增进人类福祉为目的。数字人的发展使人的身体和身份发生了转变，并显现出对人类身体和身份的直接威胁，主要体现在数字人主体资格的确立、数字人应用导致人类被动失业、虚拟与现实身份界限模糊等方面。因此，在对数字人进行立法监管中，要强调对人类身份和身体的保护，确保人类始终处于主体地位，使数字人不会威胁到人类的切身利益。加强对人类身体和伦理的保护，反对不当诱导情感、放弃碳基身体、脑芯片等人类增强计划在数字人领域的发展。

（四）立法要体现对未成年人的保护和引导

数字人因年轻、充满活力的外观形象，更具有亲和力的交流与表达方式，兼具陪伴、关怀等延伸价值，而备受当今 Z 世代[①]追捧。然而，Z 世代多处于成长发育和世界观形成阶段，在参与数字人应用的过程中更容易上瘾，世界观和价值观容易受到影响，不利于其健康成长。基于此，在针对数字人的立法中有必要加强对 Z 世代的特殊关怀和保护，将法律和学校教育相结合，让 Z 世代青少年能够科学、合理地运用数字人，减弱数字人对其造成的不利影响。

（五）明确主体权责、加大惩戒力度

目前，我国相关的法律体系仍然存在主体权责不清晰、惩戒力度弱的问题，使法律的实施效果大打折扣。在这一方面，欧盟提供了较好的借鉴，《数据治理法案》《人工智能法案》《数字服务法案》等法律条例都确定了清晰、明确的机构设置和权责划分，甚至精细到对机构内各个职务及其权责的规定，规避在执行过程中可能出现的推卸责任、效率低下等问题。欧盟也制定了全球最严格的惩罚措施，对违反法律者进行严惩，使企业警醒。

（六）加强国际立法合作

不同国家和地区在立法中都不同程度地体现出了数据共享、开源数据管理、国际交流合作几个关键词。如今，世界的联系因科技发展而不断加强，不少犯罪分子利用不同国家和地区间的法律漏洞进行数字犯罪，严重危害了各国人民的合

---

① Z 世代，网络流行语，通常指 1995—2009 年出生的一代人。

法权利和社会秩序。此外，国际贸易与交流也增强了对国际立法合作的需求。因此，针对数字人的立法应加强国际交流与合作，各国共同探讨世界共性问题，取长补短，促进各国数字人立法体系完善，同时加快推进全球性数字人伦理监管制度体系的建设，以推进全球数字人产业健康、持续、稳定发展。

五、规范性道德框架和伦理委员会的设立

（一）加快推进指导性道德框架的设立

道德框架是一种规范和指导行业内发展的道德原则和准则，以确保行业发展符合人类道德和伦理标准。数字人的发展和应用不断影响着我们的生活，引发了一系列道德、伦理和法律问题。行业的健康发展，除依赖强制性的法律规定以外，还需要道德框架予以"自律性"引导。因此，应该按照伦理规范，为数字人的设计、生产和使用制定一个指导性的道德框架。

伦理道德指导框架应该基于慈善、非恶意和自主原则，并根据《中华人民共和国科学技术进步法》《生成式人工智能服务管理暂行办法》等现有法律监管制度所载的原则，将人的尊严和人权、平等、正义和公平、不歧视和不污名化、自主和个人责任、知情同意、隐私和社会责任，以及现有的道德实践和守则放在数字人伦理的首位。通过道德框架统一规范数字人的设计、生产和应用，确保数字人安全、可靠、可信赖，真正为人类和社会的全方位健康发展持续服务。

（二）加快建设完善的伦理审查委员会系统

伦理审查最初源于医学领域，旨在通过伦理审查保障临床研究的科学性和有效性，同时充分保障受试者的权益和安全。随着科学技术的进一步发展，一些新兴领域也亟待建立伦理审查委员会，以强化伦理风险监测、审查和监管，推进敏捷治理，从而快速、灵活、精准地应对科技创新带来的新挑战。

根据我国《科技伦理审查办法（试行）》的规定，与数字人相关的两项科技活动被纳入需要开展伦理审查复核的名单，包括：具有舆论社会动员能力和社会意识引导能力的算法模型、应用程序的研发；面向存在安全、人身健康风险等场景的具有高度自主能力的自动化决策系统的研发。

当数字人的生产、应用和消费与社会伦理可能存在相悖的情况时，我们需要以公平、透明、准确和安全的方式对数字人进行审查。因此，我们需要加快数字人伦理审查委员会的建设脚步，充分发挥政府的主导作用，鼓励多主体共同参与，地方与中央合力，科研机构、高校、企事业单位各尽其责，建立一套中央与地方结

合的伦理审查体系，中央全局统筹，地方自主管理。伦理审查委员会专门探讨数字人生成和应用的各种伦理问题，包括但不限于制定数字人伦理准则和道德标准、确定对数字人进行道德评价的依据和方法、预测数字人的发展前景和未来风险、预判数字人可能引发的社会问题并提出解决措施等。

商业分析机构量子位发布的《虚拟数字人深度产业报告》预测，我国数字人整体市场规模预计到2030年将达到2700亿元。数字人日渐火爆，应用场景日益丰富，产业不断扩张。通过以上分析，不难发现，数字人在给人类带来发展福利的同时，也带来了有关隐私、平等、安全等一系列问题，对人类产权、隐私权、身体权等存在潜在威胁，向目前的法律监管体系发起了挑战。

目前，我国和其他国家对于数字人涉及的伦理问题的法律监管都采取了将其分散到其他法律中的方式，缺乏系统性和针对性。为推动数字人产业可持续、高质量发展，引领对数字人的伦理监管，十分有必要对数字人发展可能遇到的伦理问题进行前瞻性分析，探讨制作数字人的技术规范，推进数字人相关制度和法律监管体系的建设，期望本文能够提供些许参考和借鉴。在学术研究上，现有研究成果大多将关注点聚焦于对人工智能的伦理问题及监管立法路径的探索上，而数字人和我们通常所指的人工智能仍然存在本质的差别。因此，未来我们有必要进一步加强对数字人涉及的伦理问题与解决方案、监管立法与执行的讨论和分析。

电子参考文献

扫描二维码，阅读本文电子参考文献。

数字人创新人才现状、需求与发展

钟芝红[①] 李淑静[②] 刘思涵[③]

摘要： 近年来，随着数字技术的持续发展，我国建立了数字人才培养体系。然而，在数字人这一领域，目前仍存在创新人才总量和质量双重欠缺的问题。数字人产业可分为基础层、平台层和应用层，不同层面对人才的需求各不相同。总体来看，目前产业发展面临的瓶颈主要在于技术与理论两个方面，未来对人才的需求将呈现专业化、多领域、高层次的趋势，需要通过提高教育质量、扩大地区市场、规范行业用人标准等方式解决人才问题。

关键词： 数字人；创新人才；人才需求

一、数字人创新人才现状

数字技术的持续发展使数字经济逐步成为国民经济的重要支柱，在这一背景下，我国建立了数字人才培养体系。然而，我国现在存在创新人才总量和质量双重欠缺的问题。

《产业数字人才研究与发展报告（2023）》指出，目前我国数字人才缺口为2500万人至3000万人，而且这一缺口仍在持续扩大。总体来看，数字人创新领域核心人才需求主要集中在复合型技术岗位上。行业对多层次、多维度的人才需求量较大，其中算法研发与开发人才的紧缺度最高，对视觉技术人才的需求也十分旺盛。[④]

（一）数字人创新人才就业岗位

随着数字人相关技术不断更新和优化，目前数字人产业正在朝着更加体系化、

[①] 钟芝红，上海师范大学影视传媒学院讲师，研究方向为新媒介艺术、电影艺术创作理论。
[②] 李淑静，上海师范大学硕士研究生，研究方向为广播电视专业影视创作。
[③] 刘思涵，上海师范大学硕士研究生，研究方向为广播电视专业影视创作。
[④] 人瑞人才，德勤中国. 产业数字人才研究与发展报告（2023）[M]. 北京：社会科学文献出版社，2023.

精细化的方向发展。这一趋势催生出不同职能的就业岗位，包括数字人技术的研发与优化、形象设计、声音合成、情感交互等多个方面，从上游、中游、下游串联起整条数字人产业链。随着数字人产业的不断发展，相关的就业机会也在不断增加，涉及的领域愈加广泛，它们为数字经济的发展注入了新的动力。

1. 数字人技术相关岗位

数字人产业是典型的技术密集型产业，以精密复杂的技术为基础，对从业者的数字技术、技能水平要求较高。与之相关的岗位主要可以总结为以下三类。

（1）数字人工程师。

数字人工程师主要负责数字人研发，包括研发数字人智能系统、交互功能，以及语音功能等。这一岗位需要从业者熟悉相关研发设备，深入理解数字人技术的各个方面，包括语音合成、视觉技术、情感交互等，以保证技术能够准确运用到产品中。

（2）数字人设计师。

数字人设计师主要负责设计数字人的外观界面和交互功能。该岗位要求从业者具有绘画、艺术设计、人体建模的知识背景，确保数字人能够进行动态捕捉，以及传递用户情感。

（3）数字人运营维护师。

数字人运营维护师主要负责管理和维护数字人系统，确保数字人在各种场景下能够稳定运行。这类从业者需要熟知数字人运行原理、方式，同时具备较强的技术操作和解决问题的能力，能够及时准确地找到并解决数字人运行中出现的问题。

这三类岗位共同构建了数字人产业链中的关键环节，为数字人技术的不断发展和应用提供了必要的技术支持。

2. 数字人产品经理

基础技术的迅速发展催生了数字人产品经理这一新兴职业。在实践中，产品经理发挥着桥梁的作用，工作内容主要包括数字人产品的规划、设计和推广。从业者需要在产品开发前期进行市场调研，合理分析市场供需情况，并在产品推出后根据用户反馈对产品进行适当的调整。

这一职业要求从业者不仅具备市场营销和产品管理等传统经济领域知识，还需要熟悉数字人开发流程和方法，并根据消费者需要将其成功推向市场。

3. 数字人研究员

数字人研究员在产业中主要扮演理论性工作角色，负责深入研究数字人技术和应用，特别是研究应用层面的价值。这项工作要求从业者具备复合型能力，能够了解不同领域的应用需求,并将其与数字人的特征和能力相匹配,从而减少部分工作对人力、时间和精力的耗费,进而提高生产效率,促进行业发展。[1]

4. 数字人伦理专家

数字人从无自主性到内在自发自主性的演变趋势,使数字人这一客体的法律定位和法律关系面临被重塑的情况。在现行法律体系中,数字人通常被归类为"作品",但随着虚拟技术的发展,更智能、更接近现实人类的数字人是否具有主体性,以及是否仍然应该被视为"作品",都将成为亟待解决的法律问题。[2]

数字人伦理专家的主要工作内容包括深入研究和讨论这些法律问题,他们需要关注数字人在道德、个人隐私、社会影响等方面可能引发的问题,并提出相应的政策和法律规范,以协调数字人技术的发展与社会伦理之间的平衡。

5. 数字人教育培训师

数字人在咨询服务和公共媒体领域的广泛应用,对研发者提出了技术要求,同时为使用者设置了一定的学习门槛。为了帮助用户更好地学习数字人相关知识和提升应用技能,数字人教育培训师的角色显得至关重要。这一岗位的从业者需要具备良好的教育教学和沟通能力,同时要了解数字人的运行和应用原理,以便有效地传授相关知识和技能。

(二)我国各地区人才供求现状

数字人产业对创新人才的需求呈现以地区为特定需求特征的趋势。尽管目前我国高校正在逐步加强数字专业建设、完善数字人才培养体系,但与之相关的高校毕业人数并未出现明显增长。目前由系统教育培训的数字人才难以满足产业急剧增长的需求,而已经就业群体的数字技能水平也面临无法完全满足行业需求的挑战。

根据自然资源条件和经济发展水平,我国可划分为东部、中部、西部三个经济带。数字人才的分布与数字经济的发展水平高度一致,不同经济带呈现出各自的供求特点,这为更有针对性地培养和配置数字人才提供了参考依据。

1. 东部经济带

作为我国数字经济发展的引擎,东部经济带在数字领域呈现出技术优势强、

---

[1] 蔡雨坤,陈禹尧. 取"人"之长:虚拟数字人在科普中的应用研究[J]. 科普研究,2023,18(4): 26-34, 107.

[2] 郑飞,夏晨斌. 虚拟数字人的二重法律向度及法律性质界定[J]. 长白学刊,2023(6): 89-99.

人才创新能力高的特点。其中，北京、上海、深圳等城市数字创新要素密集、核心数字产业发达、相关政策基本完善，具有全球影响力。行业高度发展使东部对数字人才的需求相对迫切，同时，经济、技术及政策支持也为人才提供了相对良好的就业环境，在人才培养和吸引方面具有较强的竞争力。

《产业数字人才研究与发展报告（2023）》显示，目前一线城市对数字产业化人才的需求突出，其中大多为技术类岗位，还包括产品经理、电商运营等岗位。

2. 中部经济带

作为我国数字经济发展的桥梁，中部经济带在数字领域的发展呈现出持续、平稳的上升态势，在行业中更为具体、细分的领域具有较强的竞争优势，其丰富的教育资源与较低的竞争压力和生活成本催动数字人才聚集。

例如，江西发起成立江西省虚拟现实教育联盟，加强高校相关学科建设，鼓励建立相关科研中心，推动人才教育繁荣发展。同时，江西还招引华为、阿里巴巴、腾讯等企业，为数字人才提供大量就业平台。[1]

3. 西部经济带

作为我国数字经济发展的潜力区域，西部经济带具备自然资源和人力成本两方面的优势，为数字经济提供了广阔的发展空间。该地区的城市多以发展特色产业为主，注重推动本地经济的多元化发展，因此对人才的需求更为具体和专业。

以西藏为例，西藏在数字经济领域将文物保护工作纳入重要议程，特别关注文物的数字化保护。这种专注文物数字化的举措有利于吸引相关人才，推动数字人技术在文旅行业的应用。[2]这不仅为西部地区提供了具体的发展方向，还为数字人才的培养和应用提供了有益的经验。

（三）行业代表应用

1. 公共服务领域

应用于公共服务领域的数字人通常具有交互功能，主要用于办理业务、咨询问题及进行场所导览，人工智能主持人是这一领域的代表应用。

近年来，我国各级党报紧跟时代潮流，积极推进工作数字化转型，推出了各具特色的人工智能主持人。例如，2023年3月"入职"《人民日报》的人工智能主持人任小融（见图1），凭借人工智能算法的支持，保障了播报的准确度和风格的稳定性，超越了传统的新闻播报；《大众日报》推出的齐小鲁则在北京冬奥会期

---

[1] 参见中国电子信息产业发展研究院发布的《虚拟现实产业发展白皮书（2021年）》。
[2] 同上。

间发挥自身优势（见图2），全程参与赛事报道，全景呈现赛事实景，实现了立体化新闻报道。

作为数字技术的产物，人工智能主持人一经出现就引起了广泛关注，其形象和功能都为受众带来了新颖的使用体验，满足了受众对新兴技术的好奇心。同时，作为数字人在公共服务领域的一大代表应用，人工智能主持人也为数字人创新实践提供了有价值的案例和具有创新性的研究角度。①

图1 《人民日报》人工智能主持人任小融

图2 《大众日报》人工智能主持人齐小鲁

2. 教育领域

教育领域的数字人大多用于在虚拟空间中通过知识传递、社会交互等增强受众的学习效果，目前主要应用于高等教育和K12教育阶段，在降低教师的教学难度和提高学生的学习自主性方面有积极的作用。在教育过程中，数字人能够凭借自身优势，

---

① 宋志君，于特浩. 党报AI主播的实践创新研究——以"任小融""齐小鲁""小楠"为例[J]. 传媒，2023(20): 27-29.

打破物理空间的隔阂，使学生跨越多空间学习，拓展学习能力。同时，数字人的交互性也有助于提高学生的学习体验和效果，促使学生主动参与对新知识的创造。[①]

数字人在教育领域的广泛应用对行业整体发展有积极意义，主要表现在数字人的拟人化程度提高、身份可塑性强与交互更为自然等方面。这些新变化对数字人相关技术提出了挑战，也将进一步释放数字人的潜能。

3. 文娱领域

应用于文娱领域的数字人大多为用户身份型数字人，其中，虚拟偶像是这一领域的代表应用。

作为资本扶持下数字技术与粉丝文化的产物，虚拟偶像经由技术操作，被赋予了语言、表情及动作表达能力。在此基础上，它们仿照真人偶像的运营模式，在虚拟场景或现实场景中进行偶像活动。随着技术的进步，逼真、沉浸、交互、拓展的网络环境给予了虚拟偶像自由发展的生态土壤，但与此同时，虚拟偶像在应用中也存在较大的问题。

自身价值的异化是目前虚拟偶像面临的最严重的问题之一。在被资本建构与操作的过程中，虚拟偶像的定位逐渐变得功利化、商业化，最终成为纯粹的消费符号。同时，随着虚拟偶像的不断进化和完善，程式化的审美规范逐渐渗透于设计者和受众的审美认知之中，使审美单一成为虚拟偶像面临的另一个大问题。

虚拟偶像的演进过程与数字人行业整体发展的进程紧密相连，因此，目前虚拟偶像面临的困境也代表数字人产业发展的困境。这些问题的解决有利于增强数字人的人文精神属性，进而提高其在文娱领域的文化内涵，促使其从单纯的技术符号上升为传播社会能量的文化载体。[②]

二、数字人才创新需求

目前，我国数字人产业正迎来快速发展的阶段，给各行各业带来了意义深远的变革。数字经济在各个领域、各个行业中的影响日益显著，产业结构逐步完善。数字创新人才成为我国虚拟数字技术进步的重要支柱，也是我国数字经济发展的重要推动力。然而，目前我国数字创新人才的供应存在较大的缺口，特别是在东部和南部沿海地区，主要集中在北京、上海、深圳等数字经济发展的核心城市。[③]

[①] 翟雪松，吴庭辉，李翠欣，等. 数字人教育应用的演进、趋势与挑战[J]. 现代远程教育研究，2023, 35(6): 41-50.

[②] 吴金花. 虚拟偶像传播伦理的失范及重塑[J]. 青年记者，2023(12): 110-112.

[③] 人瑞人才，德勤中国. 产业数字人才研究与发展报告（2023）[M]. 北京：社会科学文献出版社，2023.

数字创新人才稀缺现象主要涉及技术创新型人才和应用创新型人才，无论是技术还是应用层面，创新人才都是推动数字人产业发展的核心动力。

数字人产业并非独立的单一产业，而是涵盖庞大的产业体系，需要基础软件和硬件支持，将成熟的技术应用于市场。数字人涉及多个产业领域，可以分为数字人产业的基础层、平台层和应用层，不同层面都面临一定程度的人才需求问题。

（一）基础层人才需求

基础层是数字人产业高楼的地基，具体包括人工智能芯片、显示器、传感器与针对人工智能开发的软件等，它们为数字人的构建提供数据资源，同时对原始数据、用户数据进行计算与处理，从而产出服务数字人的基础算法。这一环节主要依靠掌握关键技术的技术创新型人才，同时需要大量的人力资源与物力资源，支撑关键技术的开发。但是，我国的人工智能技术尚处于发展阶段，成熟的人工智能芯片研发需要投入大量时间与技术，纵向分析数字人产业，已经出现应用层繁荣而基础层薄弱的现状，为未来数字人产业的发展埋下巨大隐患，因此技术创新成为亟待解决的问题。

人工智能芯片是专门用于人工智能计算的集成电路，是数字人技术难以跨越的关键阶段。不同于传统芯片，普通 CPU 和 GPU 难以高效处理人工智能算法和数据，而人工智能芯片通常通过专门的硬件架构和电路设计来满足人工智能的计算需求。我国各类芯片的研发水平正在不断提升，但由于虚拟数字创新人才培养问题与行业顶尖人才流失等情况，目前自给率仍然较低，主要依赖海外进口。因此，人工智能芯片的研发问题迫切需要解决。同时，人工智能芯片产业对人才的需求也成为紧迫问题。人工智能芯片产业作为高度技术密集型产业，其技术难度较高，精准性和专业性都超出其他技术产业，因此所需的人才并非普通工程师，而是具有极强专业知识并处于行业顶尖水平的高级工程师。

同样作为数字人产业基础层的硬件设备，显示器与传感器发挥着独特的作用。数字人以显示器为载体，如 LED 显示屏和增强现实、虚拟现实设备等。数字人的原始数据信息由传感器采集，传感器能够为数字人实时采集各种信息，从而为其他不同产业增加效益。在显示器研发方面，需要负责设计与创新的高级工程师；在显示器制作方面需要了解各类材料性能，从事显示器材料研究的专业人才。传感器的生产则需要相关人才具备电子工程与物理学等工程学科背景，同时需要从事人机交互设计的专业人才。

（二）平台层人才需求

在数字人的平台层阶段，必须确保所需的原理技术达到完备，因此在人才需求方面，我们应该面向高能力、高学历、高知识储备的人才。要打造一个完善的数字人，首先需要确定其外形具有多重人类特征；其次，在功能方面，必须能够与人类进行有效交互。在数字人的自然交互模式中，语义和情感是两个主要的影响因素。在语义层面，数字人将语音转换为文字符号，然后通过这些符号来理解其中包含的概念与具象化进行实体。在情感层面，数字人的任务是准确捕捉用户的情感，支持对用户进行情感分析，最终将语义和情感的结果综合起来，并以一种人类用户可以感知的方式进行表达。①

1. 针对形象设计功能的人才需求

要创造逼真的、具有吸引力且符合用户期望的虚拟角色，数字人形象设计需要整合多个领域的关键技术。在角色建模和动画方面，三维建模技术和动画设计是至关重要的。三维建模师使用多边形网格建模技术创造数字人的外观，包括五官、体型和服饰等，以确保外观逼真。而动画设计师则运用骨骼动画技术为数字人设计符合人体运动学的自然动作，如抬手、点头、行走等，以营造更真实的用户体验。这些技术的协同工作是创造出令人满意、引人注目的虚拟角色的关键。数字人造型完成后，对其进行细致处理，包括赋予皮肤纹理和毛发，并运用光影效果增强立体感和真实感。在初步建模阶段，需要高级人才，他们要精通三维建模软件，了解人体解剖学和动画原理。这些人才既需要具备计算机图形学和使用设计软件的专业技能，又需要对美学有独特理解，以创造引人入胜的数字人形象。在形象细致化处理上，掌握纹理设计技能、了解色调映射与图像编辑软件的纹理艺术家，以及了解照明原理和艺术、精通渲染技术的照明设计师和渲染工程师都是必需的，以打造更接近人类外观的数字人。

2. 面向语言生成功能的人才需求

在语言方面，数字人需要依赖自然语言处理、声音建模和合成等技术，以实现自然流畅的语言输出。自然语言处理技术在理解和处理人类语言方面发挥着关键作用，要求人才精通自然语言处理技术，能够处理语法、语义和上下文等自然语言的多个层面。声音建模和合成技术牵涉到数字人生成语言层面，工程师通过声音建模创造逼真的声音效果，通过语言模型和声学模型为数字人打造接近人类语调、语气和音色的效果。这项技术要求人才了解声学原理，具备云计算和大数据处理能力，同时需要数据工程师处理和分析语音数据，提取有用信息。

3. 掌握情感交互功能的人才需求

情感交互是展现数字人真实性、智能性和实用性的关键技术，通过虚拟的情

---

① 王照涵，吕欣. 从"数字皮囊"到"有趣灵魂"：生成式 AI 引领数字人交互模式变革[J]. 传媒，2023(20): 49-50.

感连接可以使数字人与用户建立更深层次的联系。情感交互技术通常涉及对话系统和情感识别。对话系统用于生成和管理数字人与用户之间的对话,使数字人能够处理多轮对话并根据上下文做出相应回应。在制作过程中,需要具备实时对话系统经验、了解用户体验和人机交互设计的人才,以确保对话更加贴近自然真实的情景。情感识别技术为数字人提供用户的语言、面部表情、生物特征等信息,使数字人能够在不同产业领域发挥作用。实时情感识别技术需要具备跨领域知识的专业人才,他们能够使用计算机视觉技术处理图像与视频,提取面部信息,并将其与不同情感相关联。实现数字人的情感交互需要与软件工程相关的专业人才开发实际应用程序和系统,并将其整合到用户界面中。此外,多次用户体验调查、理解设计原则也是确保情感交互技术有效和人性化的关键。鉴于数字人情感技术在不同场景中应用广泛,创新和问题解决能力也是非常重要的。

(三)应用层人才需求

数字人技术的应用层涵盖各行各业,包括教育、文旅、医疗、影视、传媒等多个领域。数字人的应用形式多样,可以大致分为服务型数字人和身份型数字人。由于不同行业应用的差异,数字人技术的发展增加了大量基础人才岗位的需求,涉及不同类型的专业人才。

1. 服务型数字人

服务型数字人是指以服务大众、提升生活便利性和办事效率为目的打造的数字人。这类数字人通常无须具体的身份和名称,而是被赋予特定的职责和任务。通过一定的指令和训练,它们以相似的形象替代人类,在不同岗位为人类提供服务。

在教育行业中,数字人提供了新的教学方式。例如,数字人助教能够与学生进行基本的语言交互,随时解答问题、提供实时辅导和学习建议。借助虚拟现实等显示设备,学生只需通过语音指令与数字人助教进行对话操作。在中小学课堂中,学生可以利用数字人技术进行学习。例如,学生用三维交互课件模拟"放飞孔明灯实验",再用虚拟现实仿真交互课件检验氧气和二氧化碳的性质,利用虚拟现实头戴显示设备和交互手柄在 360 度拟真实验环境中完成"检验氧气与二氧化碳"实验,理解"不同种分子的化学性质不同"这一基本知识点。[1]这一应用环节实际上为学生带来了新的学习内容,既学习如何正确操作数字人助教,又大大节约了传统实验室中烦琐的器材和用具准备、整理时间。学校因此需要招募能够引导

---

[1] 参见互联网教育智能技术及应用国家工程研究中心、华为技术有限公司 ICT 新机会孵化部发布的《虚拟现实教育应用白皮书:理论、技术与实践》。

学生使用数字人助教的教育人才，培养教师对数字人的认识，使这一素质成为基层教师的兼备素质。

在医疗行业中，远程医疗服务技术已经问世多年，互联网虚拟问诊医生已经为大众熟知，相关技术与人才需求相对成熟。在这个基础上，医疗行业开始探索新的虚拟数字技术。例如，2023年6月28日，在上海世界移动通信大会上，复旦大学附属中山医院利用数字人技术设立了名为"未来医院"的展区。该展区推介了创新的"数字诊室"技术，为患者提供实时视频、语音和文字互动问答服务，仅需语音咨询即可享受个性化医疗关怀。①这表明医疗行业在数字人技术方面取得了新的突破，可以为患者提供更加便捷和个性化的医疗服务。新兴技术的出现确实会带来对新型人才的需求，考虑到中老年人对数字信息技术的适应能力有限，推广这项技术需要具备基础医疗知识和数字技术应用能力的人才，特别是在社区中向中老年人进行宣传和基础实操方面。具备这种综合能力的人才能够更好地促进新技术在医疗领域的普及，确保中老年人能够更轻松地享受到数字化医疗服务。除此之外，数字人心理医生已经在医疗行业中出现。患者与数字人心理医生进行视频和语音交流，述说自己的病情和症状。数字人运用心理学理论和技术，对来访者的心理活动和人格特征进行评估和鉴定。这一技术在一定程度上能够缓解医疗门诊的压力，但由于技术限制，数字人无法真正替代医生。因此，对这项技术的应用仍然需要专业精神心理医生配合，以避免误诊，最终发挥数字人技术的益处。

在文化旅游行业中，数字人技术正在扮演越来越重要的角色。促使数字经济与文化旅游深度融合，不仅是构建现代文旅经济体系，而且是实现文化旅游高质量发展的关键路径。为实现这一点，对虚拟导游的需求尤为显著。虚拟导游通常设于景区，其中一种类型以显示屏为载体，取代真人导游，为游客提供景点路线、著名景观和景点历史的讲解，实现一对多服务。这种虚拟导游可以缓解旅游旺季真人导游不足的压力，通常作为景点服务项目之一，不收取额外费用。在人才需求方面，这类虚拟导游需要专设人员引导游客参与，并需要懂得设备技术的专业人才进行定期维护和管理。另一种类型的虚拟导游则以虚拟现实设备为载体，不受固定场景地点的限制，与之相匹配的在线虚拟现实旅游市场逐步形成。虚拟现实云游以虚拟现实全景技术为核心，通过电子地图、路线推荐、信息查询、语音导览等智能化服务，为旅游景区、游乐场、商业圈等大型场所提供智能化、综合性的在线云游服务。②虚拟导游将线下实景1∶1还原至线上，不仅推动线下门票经济，还为广大用户带来实际的便利。因此，这类虚拟导游的开发和维护需要多

---

① 郑兴东. 未来医院的设计与探索[J]. 中国现代医药杂志, 2023, 25(9): 90-93.
② 杨秋雯, 秦玉兰, 许佐萍. 开发"VR云游"技术，助力常熟旅游城市形象建设[J]. 旅游纵览, 2022(21): 112-114.

领域的专业人才，包括设备技术、在线服务和云技术等方面的专业知识。虚拟现实云游技术的实现需要具备相关拍摄经验的摄影师来对景点进行采集与拍摄，这样的摄影师要熟悉使用虚拟现实设备，以确保捕捉到高质量的全景图像，为虚拟导游提供极具真实感的场景还原。另外，推广虚拟导游技术也需要专业的产品宣传和推广人才。这些人才负责将技术的优势和吸引力有效地传达给企业和大众。他们应该了解市场需求，设计营销策略，以确保这一创新技术能够成功进入市场并受到广泛关注。综合这两个方面的人才，能够推动虚拟现实云游技术在文化旅游领域的全面发展。

2．身份型数字人

身份型数字人是指人类创造出的虚拟形象，用于社交或娱乐，源于人类对未来虚拟化世界的向往。相对于服务型数字人，身份型数字人通常具有独立的人设背景和固定的外貌形象，甚至在声音上更加贴近真实。他们的职责通常包括推动虚拟内容的生产，为企业或城市打造更好的形象，创造更多的商业价值和文化价值。这类数字人以其特征和功能为社交和娱乐领域注入了新的可能性。

娱乐传媒领域作为身份型数字人各项新兴技术的"试验田"，见证了数字人技术的发展和更迭。随着数字化产业的不断发展，相关的数字技术催生了大量的就业岗位，有利于推动就业率的增长。例如，在电商直播、娱乐直播及新闻播报中频繁出现的数字人，他们以经过精心打造的形象示人，充当各种角色，为娱乐传媒领域注入了创新性和多样性。这一发展不仅为行业带来了新的可能性，还为就业市场提供了更多的机会。互联网电子商务近年来发展正旺，甚至在一定程度上取代了实体商店，但市场近乎饱和。对于商家来说，打造一个具有关注度与吸睛点的直播间越来越成为提高商品销量的关键，而由人工智能驱动的虚拟主持人出现是直播带货领域的新变化。中国互联网络信息中心发布的第 52 次《中国互联网络发展状况统计报告》显示，2023 年上半年，网络直播行业延续了良性发展态势，以虚拟主持人为代表的新兴产品技术帮助行业实现降本增效。[1]

在人才需求方面，这一技术需要三维建模师为数字人设计独特的形象，自定义打造虚拟主持人的面部轮廓与服饰场景。然而，数字人无法明辨是非，可能机械地学习真人主持人的劣质行为，做出违反公序良俗的恶性行为或说出不当言论。因此，在使用虚拟主持人时，需要专业人才进行驱动，以实现实时互动。这些专业人才负责监管和引导虚拟主持人的行为，确保其表现符合公共道德和社会规范，这体现在数字人技术应用中对道德和社会责任的重要考量。相比之下，虚拟新闻主持人的应用更为广泛。在政策与技术支持的引导下，传媒领域涌现出越来越多的虚拟主持人，涉及天气预报、新闻播报、科教节目等制作。例如，北京广播电视台打造的全国首个广播级智能交互真人数字人"时间小妮"，由精通三维建模与动作捕捉的工程师打造，其形象与真人无异，令观众难以辨别。[1]实现这一技术需要高级工程师在前期对人物进行建模处理，对动作捕捉能力进行升级与维护，同时需要经验丰富的新闻撰写人才为"时间小妮"提供文稿，以及需要具有熟练运用后期软件的人才修补视频中的细枝末节。这凸显了在虚拟新闻主持人应用中，需要多领域高技能人才协同作业。在娱乐领域，虚拟主持人通常以平面动画的形象进行直播，不涉及太多三维建模技术。这类虚拟主持人需要精通动画人物形象设计的人才为其打造独特的形象。同时，真人在虚拟主持人背后扮演"中之人"，负责实时通过动作捕捉技术将其肢体与面部动作复制到数字人身上。这种技术在虚拟偶像等领域应用得较为普遍，为娱乐领域带来了全新的虚拟直播体验。

在数字人文领域，数字人作为一种综合多种数字信息技术的形象，能够充当彰显技术水准的角色。例如，在杭州第 19 届亚运会上出现的巨型数字人配图点燃火炬的场景，给观众带来了新鲜感和震撼感，更是对科技和人文有机结合的完美展示。这种技术的实现涉及裸眼三维技术、现实增强技术和人工智能技术的紧密结合。在实际应用阶段，为保证数字人动作与现实场景完美契合，需要更多具备高学历、高能力的人才。此外，在现场操作阶段，需要幕后工作人员进行调整，如调整数字人的运动速度与频率、矫正数字人的运动角度等。因此，这类工作人员不仅需要具备基础的虚拟操作能力，还需要具备良好的应变能力和团队协作技能，以确保数字人技术被有效展示。

三、数字人创新人才发展

（一）数字人才发展趋势

目前，数字人产业发展面临的瓶颈在于技术与理论两个层面。生成数字人的外部形象需要设计者提高面部表情和肢体动作的真实性和灵活性，而内部智能驱动方面需要工程师持续完善数字人的自主思维、独立判断和执行决策等能力。技术与理论两方面的提升将有助于解决数字人产业在技术上的困境。[2]

由此观之，未来数字人行业对人才的需求将呈现专业化、多领域、高层次的趋势。专业化是基础，通过提高专业水平，可以抓住目前问题的突破点，促进产品进一步优化升级；多领域是适应不断变化的消费需求的必要条件，需要复合型

---

[1] 苗京京. "时间小妮"：国内复刻真人程度最高的 AI 数字人[J]. 中国广播影视，2023(10)：28-30.

[2] 简圣宇. "虚拟数字人"概念：内涵、前景及技术瓶颈[J]. 上海师范大学学报（哲学社会科学版），2023, 52(4): 45-57.

人才推动数字人在各类应用场景中的适应性；高层次则是对行业人才整体水平的要求，同时包括知识水平和实践能力两个层面。

（二）目前存在的问题

1. 人才供应体系亟待完善

总体看来，数字人应当具备人的外观和行为能力、思维能力三大核心特征，而这些特征能否被完美展现并应用于具体实践与技术条件息息相关。计算机、光学、心理学等学科，计算机图形、光场扫描、计算机视觉等技术均在数字人产业发展过程中发挥着不可或缺的作用。

目前数字人产业存在制作软件和工具种类繁多却无统一标准、相关资产建构流程效率低下、数据隐私和信息安全问题频出等困境，究其根本原因，在很大程度上是由于不同环节特定人才的缺失。

教育是人才供应体系中重要的环节之一，在学科建设的过程中，学科分类不明确会使学生在选择专业时无法对所选专业的学习内容和就业方向做出明确判断，进而导致有意加入这一领域的人才错失学习机会。

在各类政策的支持和引导下，部分高校正在加快数字相关学科建设，但在教育中仍然存在不可忽视的问题。首先，传统教学模式长时间的人才培养周期难以迅速填补实践中的人才缺口，数字人市场仍然存在供不应求的问题；其次，由于数字相关专业尚无统一、详细的学科分类，求职者难以精准匹配市场需求；最后，由于高校教学与生产实践结合不足，教育难以与实践接轨，理论与操作脱节，使人才供应体系无法应对市场的人才需求。[1]

2. 人才相关政策制度短缺

政策制度的支持是数字人产业持续发展的必要条件。目前，我国在经济政策上给予数字人产业较大的支持。各地政府设立专项基金，积极鼓励社会资本进入，加大对技术创新的资金支持，以此降低制造和运营成本，提高企业自主创新能力，促进全行业共同发展。但是，由于制度自身的滞后性，现存政策制度难以完全解决产业发展中的具体问题，由此导致人才不平衡的问题。

人才不平衡的问题主要体现在两个方面，即产业分配不平衡和地理分布不平衡。

（1）在产业分配上，目前数字人产业发展集中在应用层，大多数人才选择进

---

[1] 人瑞人才，德勤中国. 产业数字人才研究与发展报告（2023）[M]. 北京：社会科学文献出版社，2023.

人与应用阶段相关的企业，而对技术要求较高的基础层和平台层企业则存在人才短缺的问题。作为产业发展的底层元素，技术人才的缺乏会影响整个产业的进步，急需健全完善专项政策和相关法律，保障知识产权和薪资待遇，以此吸引人才。

（2）在地理分布上，目前数字人相关政策呈现出地方性较强的特点，各地的不同特点和人才分布的不均衡影响数字经济的发展。地方政府基于对当地企业、市场的了解，在政策中提出利于企业发展的指标，并针对特定问题提供定向支持。但是，由于地方性较强，未能提出明确、具体的数字人产业发展目标的地区难免出现发展方向不明、科研内容模糊的问题，进而难以定向吸引人才。这一现状不利于各地充分发挥其特色和潜力，应通过政策支持和市场调节等手段加以调整。

（三）解决方式

1. 提高教育质量，培养复合型人才

学校是培养人才的主要机构，完善数字人才供应体系应当从教育教学体系入手。首先，应当明确数字人相关专业的学科分类，只有让学生进入正确的课堂，才能不遗漏每一个合适的人才。其次，基于目前数字人产业多学科、多技术融合的特点，应当合理设置课程，适当增设社会学、心理学、光学等辅助课程，注重学科之间的交流融合，培养专业过硬、全面发展的复合型人才。最后，数字人相关课程不应局限于高等院校之内，可将初级的、具有引导性质的相关课程纳入中小学课堂，使中小学生初步了解数字人概念，进而激发他们的求知欲和创造力。

人才培养体系的建构并不局限于理论层面，还应将理论与实践相结合。国家应当鼓励学校和科研机构、企业深度合作，通过产学研相结合的方式，多方共同促进技术提升和知识成果转化。这样也有利于充实学生的实践经验，使之通过学校与行业接轨，提高实际应用能力，增强职业竞争力。

2. 完善政策和法律，保障人才权益

（1）政策方面。应当加快构建数字人专项政策体系，持续帮扶相关企业技术创新和产业化应用，发布更加直接具体的政策内容，还应当注重产业监管，及时对目前的数据隐私和信息安全问题做出回应，以提高人才入行的积极性。此外，各级政府应当因地制宜，多层次、渐进式地制定政策。政策内容既包括宏观的发展规划，又注重具体的企业问题，使人才明确入职方向。同时，推动具有地域特色的数字人产品创新也是吸引人才的重要手段，能够扩大地方市场，创造更多就业机会，吸引经济发达地区的人才前往发展中地区，实现数字人才流动。

（2）法律方面。数字人具有制作流程复杂、应用场景广泛的特点，与之相关的法律较为繁杂，目前尚无明确统一的法律条文。因此，应当针对数字人建立专

项法律监管体系，从标准体系、伦理规范等问题入手，通过法律明确数字人概念，进而对数字人相关职业范围做出限定。同时，还应当重点保护知识产权，保护人才的创新、创造动力，推动技术理论持续进步。此外，行业用人标准也应当受到劳动法严格监管，确保从业人才薪资条件、福利待遇得到保障。企业发布清晰明确的招聘要求，通过培训提高员工技能，同时遵守行业规范，是确保数字人企业吸引、培养、留住人才的关键步骤。

以上策略的综合应用有助于构建良好的人才生态，推动数字人产业实现可持续发展。

电子参考文献

扫描二维码，阅读本文电子参考文献。

第三篇

技术与行业

数字人显示与渲染——
传统渲染与数字人交互显示

翁冬冬[1] 王 鑫[2] 潘怡丹[3] 王 斐[4]

摘要：本文全面探讨传统渲染技术及其应用的广泛性。首先，介绍渲染技术的基本原理，包括光栅化、光线投射和光线追踪等，以及特定领域的技术进展，如皮肤、毛发和眼睛渲染。其次，详细阐述传统渲染技术在多个领域的应用，包括电影制作、视频游戏、虚拟现实、医学、广告营销、教育和文娱。本文还讨论了传统渲染技术面临的挑战和问题，其中包括提升逼真度和真实感、降低计算成本、提升实时渲染性能、保证跨平台兼容性，以及整合深度学习和人工智能等方面的挑战。这些内容共同描绘了传统渲染技术的全貌，从基础原理到广泛应用，再到目前面临的挑战和未来的发展方向。

关键词：实时性能；应用领域；渲染技术

渲染是指将三维模型或场景转换成二维图像的过程。在计算机图形学中，渲染是一个核心概念，它是计算机图形学最重要的技术之一。在渲染过程中，计算机需要对三维模型或场景进行处理，包括模型操作、投影变换、纹理映射、光照计算等步骤，最终生成一幅二维图像。这个过程涉及大量的计算机图形处理技术，如光线追踪、动态阴影、次表面散射等。

一、渲染技术的主要分类及原理

（一）光栅化

光栅化是渲染之中的基本概念。

---

[1] 翁冬冬，北京理工大学光电学院研究员，博士生导师。
[2] 王鑫，北京理工大学2021级本科生。
[3] 潘怡丹，北京理工大学2020级本科生。
[4] 王斐，北京理工大学光电学院科研助理。

一般来说，三维场景由大量基础图元共同构成。传统图形学主要使用三角形作为基础图元进行表示。光栅化的核心是表示三维场景的图元从三维空间到二维图像空间的投影过程。具体来说，当给定投影后图元顶点信息和相关的数据时，光栅化的目的就是要确定渲染图像上哪些像素在图元范围内，以及根据顶点信息对图元内部像素的属性信息进行插值处理。

基于光栅化的渲染方法具有计算简单、易于并行的优点，是实时渲染普遍采用的渲染方案。光栅化流程一般可以细分为两个步骤：三角形设置和三角形遍历。

1. 三角形设置

这个步骤可以被想象成对每个三角形进行"准备工作"的过程。在三维场景中，物体通常由许多小的三角形构成。在这个阶段，渲染系统需要对每个三角形进行一系列计算，以便后续进行处理。

（1）确定三角形在屏幕上的位置。计算三角形的顶点在二维屏幕上应该出现的位置。

（2）计算三角形的属性数据，如颜色、纹理坐标和其他与光照相关的数据。这些数据后续将用于决定三角形的外观。

（3）准备其他必要的数据。例如，三角形边缘方程，对于后续确定哪些像素属于这个三角形很重要。

三角形设置的作用是计算图元层面的信息，如图元各边的线性方程、图元插值重心等。这些信息主要供下一个步骤计算使用。

2. 三角形遍历

一旦三角形被"设置"好，下一个步骤就是"遍历"这个三角形。这个过程就是确定哪些像素位于这个三角形的内部。

（1）系统遍历屏幕上的每个像素，判断它们是否在目前处理的三角形内。

（2）每个图元内部需要被渲染的像素都会生成一个对应的渲染片段。每个渲染片段都会被提交给渲染管线的后续流程。在渲染片段上包含渲染所需的属性，这些属性由对三角形设置时得到的信息再进行插值得到。

简单来说，三角形设置是关于"准备三角形"的信息，而三角形遍历与"填充三角形"内部的像素有关，这两个步骤共同完成将三维物体转换成二维图像的过程。

（二）光线追踪

光线追踪[①]是一种全局光照算法，用于模拟真实场景中光线的传播，以渲染出逼真的光照和阴影效果。与传统的光线投射不同，光线追踪算法从观察者的视

---

① 姚晔. 基于光线追踪的阴影和反射渲染算法研究[D]. 淮南：安徽理工大学，2023.

点发出射线，模拟这些射线在场景中的传播过程。

光线追踪包括以下流程。

1. 光线碰撞

算法追踪每条射线在场景中的碰撞点。

2. 反射与折射

根据碰撞点的表面特性（如光滑或粗糙），决定射线是反射还是折射。

3. 递归追踪

射线在反射或折射后继续追踪至下一个碰撞点，直到达到预设的最大递归深度，或离开场景。

4. 颜色计算

对于漫反射表面，直接根据光源计算该点的颜色。

光线追踪能够模拟出近乎真实的效果，在理论上能够实现渲染方程的精确表现。但是，由于需要计算每条光线的传播路径，光线追踪的性能开销很大，特别是在复杂场景中，现有的计算机硬件可能难以快速处理复杂场景的光线追踪。

二、特定领域渲染技术的进展

（一）皮肤渲染

双向散射分布函数（bidirectional scattering distribution function，BSDF）是皮肤渲染的一个核心概念。它用于描述光线在与物体表面（如皮肤）相互作用时的散射特性。BSDF 是一个内涵广泛的术语，涵盖双向反射分布函数、双向透射分布函数和双向表面散射反射分布函数。[1]

1. 双向反射分布函数

在渲染中，双向反射分布函数（BRDF）用于模拟皮肤表面（如油脂层）对光线的直接反射，产生的效果主要表现为最终图像中的高光部分和漫反射部分。现实世界中的皮肤反射特性可以通过参数化的 BRDF 模型来模拟。例如，GGX 反射模型和 Beckman 模型经常用于模拟皮肤的高光效果。同时，皮肤也进行漫反射，即光线在表面上的各向同性的散射。漫反射在 BRDF 中也被考虑，以模拟皮肤对光的吸收和散射，这对于皮肤色调和阴影的真实感至关重要。

BRDF 在皮肤渲染中的应用是实现具有高度真实感的皮肤外观的关键。它不仅有助于模拟皮肤的光学特性，还允许艺术家和技术人员调整参数，以达到特定的视觉效果。它是创造数字角色和模拟现实不可或缺的工具。

2. 双向透射分布函数

双向透射分布函数（BTDF）用于描述入射光线穿透表面后的透射行为，包括吸收、散射和透射率等参数。BTDF 考虑了光线入射的方向、表面上的位置、波长及光线穿透后的传播方向。要计算皮肤的 BTDF，需要获取皮肤材质的光学属性数据，如吸收系数、散射系数、折射率等。计算皮肤的 BTDF 通常涉及数值积分和光学传输模型。BTDF 关注光线穿透表面并在物体内部的传播，而不是在物体表面反射或散射。[1]这些方法可用于模拟光线在皮肤内部的传播，以及透射光线的分布。

BTDF 能够用于模拟皮肤的外观，特别是在虚拟角色、医学模拟和人体解剖学可视化等应用中，可以帮助实现逼真的皮肤渲染和效果。皮肤的 BTDF 在计算机图形、视觉效果制作及医学图像领域有广泛的应用。

3. 双向表面散射反射分布函数

双向表面散射反射分布函数（BSSRDF）是皮肤渲染最重要的部分之一。它不仅考虑光线的直接反射，还考虑光线进入皮肤表面后在皮肤内部的散射过程。这种散射效果导致光线在皮肤内部的路径改变，并在不同的位置重新散射出表面。这是皮肤透光效果（如耳朵透光）的关键原理，即一束光线垂直射入皮肤，在皮肤内部传播交互，在其他点重新射出且没有明显的方向性。

BSSRDF 的概念首次由汉拉汗（Hanrahan）和克鲁格（Krueger）在 1993 年提出[2]，旨在更准确地模拟物体表面内部光线的传输和散射。要计算 BSSRDF，首先需要获取物体的光学属性数据，如吸收系数、散射系数和折射率等。一些皮肤材质数据库提供了这些参数的参考值，但通常需要进行适当的调整，以匹配特定场景。BSSRDF 的计算通常涉及数值积分，因为要考虑从一个点到另一个点的光线传输和散射。

BSSRDF 主要用于模拟皮肤、织物、矿物等复杂表面的外观。它可用于电影制作、视频游戏开发、虚拟现实等领域，以逼真地渲染物体表面的外观，使其看起来更真实。

---

[1] JIMENEZ J, WHELAN D, SUNDSTEDT V, et al. Real-Time Realistic Skin Translucency[J]. IEEE Computer Graphics and Applications, 2010, 30(4): 32-41.

[2] HANRAHAN P, KRUEGER W. Reflection from layered surfaces due to subsurface scattering[C]. Proceedings of the 20th annual conference on Computer graphics and interactive techniques (SIGGRAPH '93). New York: Association for Computing Machinery, 1993: 165-174.

（二）毛发渲染

1. 毛发特征

毛发是动物身上的一种特殊结构，具有一些独有的特征，包括通透性、遮蔽性和各向异性高光等。

毛发通透性指的是光线在穿过毛发时会部分透射，而不是完全反射或吸收。这意味着一部分光线会穿透毛发并在毛发内部传播。通透性使毛发看起来不是完全不透明的，而是具有一定的半透明效果。

毛发之间会相互遮蔽，这意味着当一束光线照射在一根毛发上时，它会在穿过这根毛发之后，一部分光线被其他毛发阻挡。[1]这种遮蔽性效应导致毛发之间形成阴影和明暗的变化。

毛发表面并不是光滑的，而是有一层被称为毛鳞片的结构。这种毛鳞片结构使毛发表现出各向异性高光。各向异性高光是由于毛发表面的不规则结构，使光线在击中毛发时发生散射。这种高光的散射性质使毛发看起来具有柔和的反射特征，与光源的位置和观察者的角度有关。

2. 渲染思路

（1）面片插片。

在传统图形学中，毛发通常可以由一系列薄而平坦的面片（或多边形）组成。这些面片会被插入模型表面，使其嵌入人物模型或物体表面。每个面片代表一簇毛发的基础结构，可以通过控制面片的位置、旋转和缩放来实现毛发的外观变化。

（2）顶点细分。

为了在毛发上创建多层效果，需要对每个面片的顶点进行细分。这意味着将每个面片的顶点分成多个子顶点，以创建多层结构。细分的顶点可以根据需要创建多个层次的毛发，使其看起来更加丰富和立体。

（3）多层渲染。

创建多个层次的毛发材质，每个层次都应该是半透明的。这些层次可以通过调整透明度来控制毛发的外观。每个层次的毛发贴图都应该包括透明度信息，以确保底层毛发可见，并逐渐减淡到顶层。渲染时，将每个层次的毛发贴图叠加在一起，根据透明度产生逐层效果。这样就可以模拟毛发之间的遮蔽性和透明性了。

---

[1] AKENINE-MÖLLER T, HAINES E, HOFFMAN N, et al. Real-Time Rendering[M]. Fourth Edition. Boca Raton: CRC Press, 2018: 644-645.

（4）各向异性高光[①]。

为了模拟各向异性高光，需要在毛发贴图中包含反射信息，以便光线在击中毛发时发生反射，反射方向不限于反射角。这可以通过调整毛发贴图的反射性质来实现，以模拟毛发表面的不规则结构。

（5）毛发细节。

为了增强逼真度，需要考虑毛发从根部到尖端逐渐变细的效果。这可以通过在毛发的几何结构中逐渐减小面片的尺寸来实现。此外，还可以在模拟中引入一些随机性，以模拟毛发的自然变化和偏移。

（6）重力影响。

如果需要模拟毛发受到重力影响而产生偏移的效果，可以通过在模拟中引入重力和动力学模拟来实现。这可以使毛发在角色移动或外部力量作用下产生自然的摆动和偏移。

3. 毛发渲染模型

毛发渲染模型是用于模拟和渲染逼真毛发外观的计算机图形模型。不同的模型采用不同的方法来处理毛发的光照、散射和反射等物理现象。

（1）Phong 模型。

Phong 模型是一种简单的光照模型，通常用于渲染表面材质，包括毛发。该模型算法简单，易于实现，计算成本低，性能开销小，但由于是经验模型，所以不够真实。它没有考虑毛发的复杂光照和散射行为，因此通常无法捕捉毛发的真实外观。

（2）Kajiya-Kay 模型[②]。

Kajiya-Kay 模型是一种基于经验的毛发着色模型，主要用于卡通渲染和非真实的渲染效果。在该模型中，毛发被抽象为不透明的圆柱体，无法透射光线或产生内部反射。该模型适用于卡通渲染，易于实现，但无法表现真实毛发效果，存在不真实的高光，不满足能量守恒原理，因此不适用于需要逼真外观的应用。

（3）Marschner 模型[③]。

Marschner 模型是一种用于渲染头发的复杂且高度真实的模型，广泛用于电影和视觉效果制作中。该模型将头发纤维抽象为透明的椭圆柱体，并考虑了光线的散射、透射和多次反射等复杂光学现象。该模型效果逼真，能够模拟头发的真实外观和光学行为，但计算成本较高，需要较多的计算资源，通常用于高质量渲

---

① MARSCHNER S R, JENSEN H W, CAMMARANO M, et al. Light Scattering from Human Hair Fibers[J]. ACM Transactions on Graphics (TOG), 2003, 22(3): 780-791.

② KAJIYA J T, KAY T L. Rendering fur with three dimensional textures[J]. SIGGRAPH Computer Graphics, 1989, 23(3): 271-280.

③ MARSCHNER S R, JENSEN H W, CAMMARANO M, et al. Light Scattering from Human Hair Fibers[J]. ACM Transactions on Graphics (TOG), 2003, 22(3): 780-791.

染，不适合实时渲染。

选择适当的模型取决于项目要求和性能限制，以及对毛发外观逼真度的需求。在现代计算机图形学中，还有更复杂的毛发模型和技术，如基于物理的渲染和实时渲染技术，可以进一步提高毛发渲染的质量和性能。

（三）眼睛渲染

眼睛渲染是计算机图形制作中的一个复杂任务，需要综合考虑多种物理效果和视觉特征，以创建逼真的眼睛外观。现代计算机图形技术和渲染引擎提供了丰富的工具和技术，可以帮助艺术家和开发人员实现高质量的眼睛渲染效果，旨在模拟和渲染逼真的眼睛外观。眼睛是人物模型中的关键特征之一，对其渲染需要考虑多个方面的效果，包括光照、反射、折射、虹膜、眼白等。高质量的眼睛渲染效果可用于电影、游戏、虚拟现实和计算机生成角色等应用中。

三、传统渲染技术的应用

传统渲染技术在各个领域都有广泛的应用，其中包括数字人。传统渲染技术不仅在提供视觉效果上起着重要作用，还在提高互动性、增强学习体验和推动文化交流方面发挥着关键作用。传统渲染技术通常用于以下领域。

（一）电影制作和特效

传统渲染技术可用于生成逼真的数字角色，包括生物、外星人和奇幻生物，与渲染技术结合，用于创建真实的人类动作和表情，实现动作捕捉。在后期制作阶段，通过渲染技术增加视觉效果，如光影效果、场景深度等。

（二）视频游戏

传统渲染技术可以创建具有丰富细节和逼真外观的游戏角色，设计和渲染游戏中的环境，如城市景观、自然场景等，提升玩家的沉浸感，提供交互体验。渲染技术可以使游戏显得更加丰富和真实。

（三）虚拟现实和增强现实

传统渲染技术可以用于医学、飞行和军事训练等领域的模拟培训，为用户提供交互式的虚拟体验（如虚拟旅游、虚拟试衣间等），或者在实际环境中增添虚拟元素（如教育、游戏和零售）。

（四）医学和生物学

传统渲染技术可以创建详细的人体解剖模型，使解剖过程可视化，可用于教学和研究，或者训练医生进行复杂手术的虚拟模拟，还可以将复杂的生物学过程和结构可视化，以进行生物学方面的研究。

（五）广告和市场营销

利用传统渲染技术展示产品，可以提供比照片更加丰富和动态的三维展示效果，创建吸引人的虚拟品牌大使或代言人，提升品牌形象，开发与用户互动的广告，如增强现实体验。

（六）教育

利用传统渲染技术可以创建虚拟教师或模拟环境等虚拟课堂效果，提供更加具有互动性和吸引人的学习体验。利用传统渲染技术，还可以重现历史事件或历史场景，为学生提供身临其境的学习体验，实现重现历史的功能，或者通过虚拟互动场景，帮助学生学习新语言。

（七）文化和娱乐

利用传统渲染技术，可以创造虚拟歌手、演员或舞者等虚拟艺术形象，提供新型的娱乐体验，还可以通过虚拟展览来展示艺术和文化遗产，创建数字博物馆，甚至组织虚拟音乐会、展览和其他文化活动。

四、传统渲染技术面临的问题和挑战

传统渲染技术在计算机图形和视觉领域取得了重大进展，但在实现更高质量和性能方面仍然面临挑战。这些挑战不仅影响渲染技术的发展，还影响其在各个领域的应用效果。

（一）提升逼真度和真实感

模拟自然光照、高级材质和细致纹理，以实现高度逼真的视觉效果，仍然具有挑战性。光线追踪和复杂的物理基础渲染算法等先进技术正在被开发，以提高渲染的真实感。

（二）管理计算成本

高端渲染需要昂贵的计算资源，特别是对于大规模并行处理和高分辨率渲染来说。云计算和分布式渲染技术的发展可能为减少个别用户或企业的硬件负担提供解决方案。

（三）提升实时渲染性能

实时应用，如视频游戏和交互式媒体，要求高帧率和快速响应，这对渲染性能是一个巨大的挑战。新的 GPU 和专为实时渲染优化的算法正在不断发展中。

（四）保证跨平台兼容性

渲染技术需要保持在不同硬件和操作系统上的兼容性和一致性。开发通用的渲染引擎和标准，可以提高不同平台的兼容性。

（五）整合深度学习和人工智能

深度学习和人工智能在图形生成中的应用为渲染行业带来了新的挑战，如生成对抗网络（GAN）的复杂性和资源需求。目前，深度学习模型正被用于自动渲染和增强图形渲染的过程，包括通过人工智能优化图像质量和减少渲染时间。

五、附录

（一）皮肤渲染

近 20 年主流皮肤渲染技术的发展如表 1 所示。

表 1　近 20 年主流皮肤渲染技术的发展[2]

年份	近 20 年皮肤主流渲染技术的发展
2001	次表面光照传输模型（subsurface light transport）
2001	扩散剖面（diffusion profile）
2001	偶极子（dipole）
2003	纹理空间模糊（texture space blur）
2005	多极子（multipole）
2009	屏幕空间模糊（screen space blur）或屏幕空间次表面散射（screen space subsurface scattering）

续表

年份	近20年皮肤主流渲染技术的发展
2009	路径追踪次表面散射（path-traced subsurface scattering）与光线步进（ray marching）
2010	预积分的皮肤着色（pre-integrated skin shading）
2015	可分离的次表面散射（separable subsurface scattering）

（二）头发渲染

头发渲染分类如图1所示。

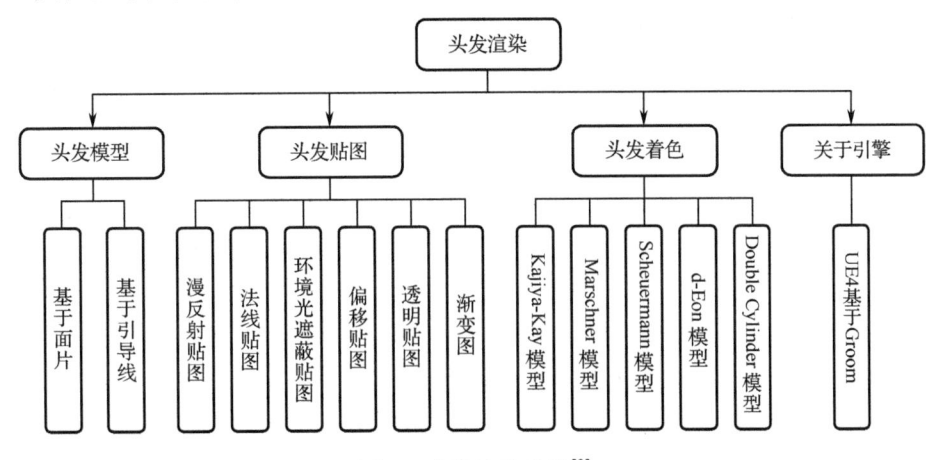

图1 头发渲染分类[3]

头发渲染
- 头发模型
  - 基于面片
  - 基于引导线
- 头发贴图
  - 漫反射贴图
  - 法线贴图
  - 环境光遮蔽贴图
  - 偏移贴图
  - 透明贴图
  - 渐变图
- 头发着色
  - Kajiya-Kay模型
  - Marschner模型
  - Scheuermann模型
  - d-Eon模型
  - Double Cylinder模型
- 关于引擎
  - UE4基于Groom

（三）渲染技术发展专利

数字人关键技术专利演进如表2所示。

表2 数字人关键技术专利演进①

渲染	时间	关键技术专利
实时渲染	2000—2015年	US8339402B2（JIM HENSON）
		US9607419B（韩国电子通信研究院）
	2016年至今	CN108234276A（腾讯科技）
		CN107438183A（暴风魔镜）
		US20210241510A1（奇跃）
		CN112162628（魔珐信息科技）
		CN113901190A（深圳追一科技）

---

① 濮玉. 虚拟数字人专利技术综述[J]. 专利代理，2023(3): 83-92.

续表

渲染	时间	关键技术专利
离线渲染	2000—2015 年	US20080079718A（三星）
		US20100134485A1（IBM）
	2016 年至今	US20200098166A（索尼）

电子参考文献

扫描二维码，阅读本文电子参考文献。

人工智能内容生成技术与数字人技术融合发展

陆 峰[①] 刘 铂[②]

摘要：目前，人工智能领域正经历深度学习和大模型技术的重大突破，人工智能内容生成技术在图像、视频、文本、音乐等多个领域展现出具有颠覆性的创新能力，同时正与数字人技术加速融合。本文聚焦人工智能内容生成技术与数字人技术融合发展的现状，对其前景进行探讨。首先，本文介绍了人工智能内容生成技术的发展历程和发展现状。其次，本文系统分析了人工智能内容生成和数字人融合发展的技术路径，包括外观生成、动作驱动、语言理解、语音合成、多模态感知和情感计算等，以及二者融合的方式和效果。进一步，本文介绍了人工智能内容生成赋能数字人在教育、传媒、文娱、政务等多个行业的落地应用方式，展现了人工智能内容生成技术赋能数字人对提升服务质量、扩展业务边界的巨大潜力。同时，本文客观分析了相关技术发展可能引发的潜在风险，包括版权争议、虚假信息、隐私泄露和伦理问题等，并就相应的法律法规完善、安全评估及伦理审查等提出了治理对策和建议。最后，本文总结了人工智能内容生成技术与数字人技术融合发展的重大意义，并展望了未来的发展趋势。例如，情感计算、多模态交互、自主智能等关键技术有待进一步突破；亟须构建完善的"云边端"计算架构，以支撑规模化落地应用；数据安全与隐私保护机制也须与时俱进。未来，人工智能内容生成技术与数字人技术的进一步融合，必将充分释放创新潜能，为数字经济高质量发展贡献新质生产力。

关键词：人工智能内容生成；数字人；融合发展

一、引言

随着人工智能技术的飞速发展，我们正见证着一场深刻的技术革命，其中人工智能内容生成（artificial intelligence generated content，AIGC）技术与数字人技

---

① 陆峰，北京航空航天大学计算机学院教授、博士生导师，虚拟现实技术与系统全国重点实验室学术带头人。

② 刘铂，北京航空航天大学2021级博士研究生，研究方向为情感计算与数字人。

术的融合尤为引人注目。人工智能内容生成技术不仅在图像、视频、文本、音乐等多个领域展现出具有颠覆性的创新能力，而且正与数字人技术加速融合，推动数字经济高质量发展。本文旨在深入探讨人工智能内容生成技术与数字人技术融合发展的现状、前景，以及面临的挑战和治理对策。

在教育、传媒、文娱、政务等多个行业中，人工智能内容生成技术与数字人技术的结合已经展现出巨大的应用潜力和市场价值[1]。人工智能内容生成技术通过提供个性化、高质量的内容生成能力，极大地提升了服务效率和质量，同时为内容创作、智能营销、个性化推荐等领域带来了新的机遇。国际数据公司在《中国 AI 数字人市场现状与机会分析，2022》[2]中指出，截至 2022 年 9 月，国内累计投融资总额近 24.9 亿元，产业未来发展势头乐观。到 2026 年，中国人工智能数字人市场规模将达到 102.4 亿元。在全球市场方面，融合人工智能内容生成技术的数字人行业也呈现出快速增长的趋势，目前已经涌现出了许多知名的数字人产品和服务提供商，如美国的 Soul Machines、日本的 Gatebox 等。然而，技术的快速发展也伴随着潜在的风险，如版权归属不明、深度伪造、用户知情权和隐私泄露等问题。

本文首先回顾人工智能内容生成技术的发展历程，分析其在不同阶段的关键技术和应用。接着，系统探讨人工智能内容生成技术与数字人技术融合的技术路径和应用场景，展示人工智能内容生成技术如何赋能数字人，使其在外观、动作、语言、情感等方面更加接近真人。此外，本文还客观分析技术发展可能带来的风险，并提出相应的治理对策和建议。

最后，本文总结人工智能内容生成技术与数字人技术融合发展的重大意义，并展望未来的发展趋势。我们相信，通过不断技术创新、法规完善、伦理审查和行业自律，人工智能内容生成技术与数字人技术将能够健康有序地发展，为社会带来更多积极的影响，推动数字经济持续进步。

本文包括以下核心观点。

(1) 人工智能内容生成技术与数字人技术的融合发展正在推动数字经济高质量发展，展现出在多个领域的应用潜力，包括教育、传媒、文娱和政务等。

(2) 人工智能内容生成技术的发展经历了从早期的实验探索到目前的快速发展和产业化应用，得益于算法、算力和数据等方面的持续突破。

(3) 人工智能内容生成技术在数字人的外观生成、动作驱动、语言理解、语音合成、多模态感知和情感计算等方面发挥着关键作用，提升了数字人的自然性和交互体验。

(4) 人工智能内容生成技术与数字人技术的融合在提升服务质量、扩展业务

---

[1] 贺丹. 生成式 AI 数字人，开启下一代互联网的钥匙[J]. 张江科技评论，2023(6): 20-21.
[2] 卢言霞，王丽萌. 中国 AI 数字人市场现状与机会分析，2022[R]. 国际数据公司，2022.

边界方面展现出巨大的潜力，但同时带来了版权争议、虚假信息、隐私泄露和伦理问题等潜在风险。

（5）为了应对技术发展带来的挑战，需要加强法律法规建设、完善安全评估体系、建立伦理审查机制，并鼓励企业和开发者自律。

（6）未来的发展趋势包括情感计算的突破、多模态智能交互的深化、自主智能的提升、"云边端"计算架构的完善，以及数据安全与隐私保护机制的升级。

二、人工智能内容生成技术：颠覆创新，快速发展

人工智能内容生成技术的发展历程呈现出明显的阶段性特征，其演进历程可以概括如下：

（1）20世纪50年代至90年代中期是人工智能内容生成技术早期萌芽阶段。受当时计算机硬件能力和算法水平的限制，人工智能内容生成技术主要停留在小范围的实验和理论探索层面。1957年问世的"依利亚克组曲"——人类历史上首支由计算机创作的音乐作品，便是这一时期的代表[1]。

（2）20世纪90年代至21世纪10年代中期是人工智能内容生成的沉淀累积阶段。经过持续的理论研究和算法探索，人工智能内容生成技术逐渐具有了一定的基础。然而，人工智能内容生成系统成本高昂、效果有限，且难以实现商业化应用，导致该领域投入有限，发展相对缓慢。

（3）21世纪10年代中期至今的快速发展阶段。多种利好因素叠加为人工智能内容生成技术的发展带来了巨大动力。在2012年的ImageNet图像分类竞赛中，Hinton团队利用深度卷积神经网络[2]取得了冠军，这标志着深度学习技术开始受到广泛的认可，奠定了人工智能内容生成技术突破的萌芽和基础；算力硬件（如GPU、TPU）不断升级，为训练大型人工智能内容生成技术模型提供了算力支持；互联网高速发展，使海量训练数据的获取成为可能。

（4）2014年至今的技术突破与商业化探索阶段。生成对抗网络（GAN）算法[3]的提出成为人工智能内容生成和图像生成领域的里程碑，标志着人工智能内容生成技术进入了一个新的发展阶段。微软"小冰"框架、英伟达 StyleGAN 模型、DeepMind DVD-GAN 模型、OpenAI DALL-E 系列模型等一系列标志性成果的问

---

[1] SANDRED O, LAURSON M, KUUSKANKARE M. Revisiting the Illiac Suite-a rule-based approach to stochastic processes[J]. Sonic Ideas/Ideas Sonicas, 2009, 2: 42-46.

[2] KRIZHEVSKY A, SUTSKEVER I, HINTON G E. Imagenet classification with deep convolutional neural networks[J]. Advances in neural information processing systems, 2012, 25.

[3] Goodfellow I, Pouget-Abadie J, Mirza M, et al. Generative adversarial networks[J]. Communications of the ACM, 2020, 63(11): 139-144.

世，推动人工智能内容生成技术快速发展，并开始在各个行业、各个领域逐步落地应用，商业化前景初现。Stability AI 的 Stable Diffusion、OpenAI 的 Sora 等大型多模态模型，能够实现文本、图像、音频、视频等不同模态之间的内容生成、转换和融合，为人机交互、虚拟现实、元宇宙等领域开辟了新的可能性。专注于人工智能内容生成研发和落地的创业企业如雨后春笋般涌现，产业链条日趋完善。

综上所述，人工智能内容生成从理论探索到技术突破，再到产业化落地，经历了曲折的发展历程。近年来，人工智能内容生成技术经历的颠覆式创新突破和爆发式增长，归结为算法、算力和数据三个层面的进展。

（1）在算法层面，深度学习、生成对抗网络、变分自编码器、扩散模型、大语言模型、神经渲染等新兴技术范式不断创新，极大地提升了模型捕捉复杂数据模式、生成高质量内容的能力。以扩散模型为例，它通过正向加噪和反向扩散去噪过程，学习数据噪声的潜在分布，可以生成逼真的图像、音频和视频，在很大程度上缓解了生成式对抗网络训练不稳定的问题。

（2）在算力层面，算力的指数级增长为训练大规模人工智能内容生成模型提供了硬件基础。GPU 和 TPU 等专用人工智能加速芯片的出现，加上云计算和分布式训练技术的发展，使训练含有数十亿乃至上万亿参数的大模型成为可能，从而大幅提升了人工智能内容生成模型的表现力。

（3）在数据层面，海量的自然语言文本、图像、音频和视频数据为训练人工智能内容生成模型提供了源源不断的原始素材。通过"预训练—微调"技术范式，人工智能内容生成模型先在大规模无监督数据上预训练，获得通用表达能力，然后在特定领域的少量数据上微调，快速学习与任务相关的知识，实现内容生成的高质量和个性化。

得益于算法、算力和数据等方面的持续突破，人工智能内容生成已经成为人工智能最活跃、最具革命性的技术领域，发展前景不可限量[1]。在内容创作辅助领域，人工智能内容生成可以为作者提供创意概念、文本内容、多媒体素材等支持，大幅提高创作效率。在智能营销和推荐领域，人工智能内容生成可以生成契合用户特征和偏好的高度定制化内容，从而提升营销转化率和推荐准确性。在智能教育领域，人工智能内容生成可以自动生成丰富的教学内容和个性化辅导内容，实现因材施教。在数字人等产业与研究交叉的新兴领域，人工智能内容生成技术发挥着不可或缺的关键作用，且呈现出深度融合、技术赋能的趋势。

三、人工智能内容生成技术与数字人技术：深度融合，如虎添翼

人工智能内容生成技术突破发展，已全面融入数字人生成和驱动全流程，如

图 1 所示。从外观生成到个性对话，从动作生成到语音合成，人工智能内容生成技术为数字人的设计和应用带来了革命性的变化。

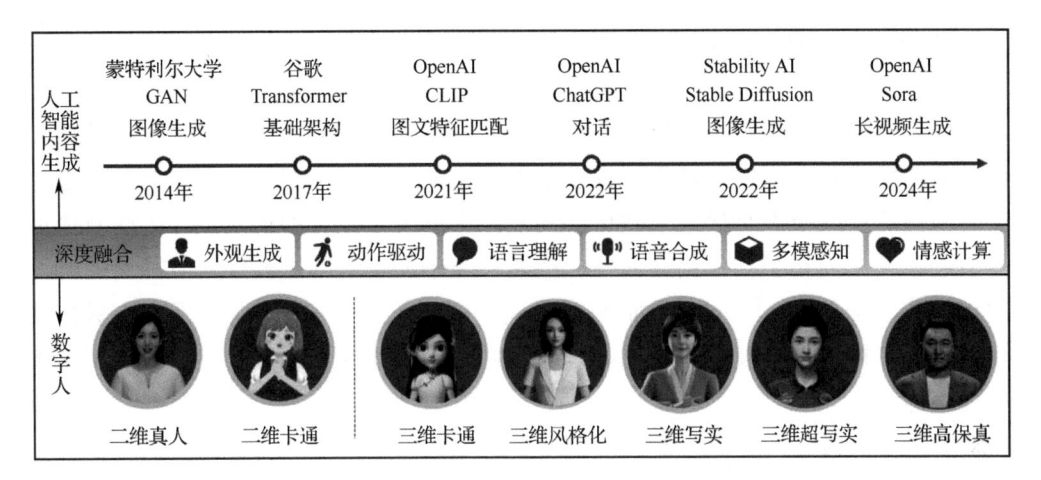

图 1　人工智能内容生成技术与数字人技术深度融合发展

（一）外观生成，栩栩如生

在二维形象生成方面，借助文本到图像生成技术（如 Stable Diffusion[①]、DALL-E 等），只需简单的文本描述，就能基于深度学习模型生成高分辨率、逼真细腻的数字人外观，包括面部五官细节、纹理、发型等。ControlNet[②]等技术提升了模型生成结果的可控性，使数字人的外形细节、姿态动作等可以根据需求进行灵活调整。在三维形象生成方面，苹果公司联合德国马克斯·普朗克研究所推出了基于高斯函数的三维数字人合成工具 HUGS，可以从一段视频当中提取出人物外观和骨骼，合成数字分身形象。

基于人工智能内容生成的数字人外观形象生成方式，不仅降低了对传统美术绘制工作的依赖，大幅提高了建模渲染过程的制作效率和成本效益，而且可以通过微调模型参数实现个性化定制，为数字人赋予丰富多样的外形风格[③]。不过，

[①] ROMBACH R, BLATTMANN A, LORENZ D, et al. High-resolution image synthesis with latent diffusion models[C]. Proceedings of the IEEE/CVF conference on computer vision and pattern recognition. 2022: 10684-10695.

[②] Zhang L, Rao A, Agrawala M. Adding conditional control to text-to-image diffusion models[C]. Proceedings of the IEEE/CVF International Conference on Computer Vision. 2023: 3836-3847.

[③] 洪阳. 高保真虚拟数字人的表示与重建[D]. 合肥：中国科学技术大学，2022.

目前生成结果的一致性和精确性还有待提高，以确保同一数字人在不同场景下或视频中的外形相互连贯统一。

（二）动作驱动，行动自如

数字人的动作也正在朝着流畅自然、富有个性的方向发展。数字人的动作先前主要依赖穿戴式高精度动作捕捉设备和手动关键帧编辑实现，现在可以通过人工智能内容生成技术直接生成动作序列，如根据文本或音频输入自动生成肢体运动轨迹，大大简化了动作制作流程。例如，清华大学刘叶斌教授团队提出的舞蹈动作生成方法 Lodge[1]，可以生成与音乐同步的极长时长三维舞蹈序列，在保持动作质量、多样性，以及与音乐节奏一致性方面表现出色，而且具有物理真实感和高表现力。

与静态外观不同，动态动作生成对上下文语义的把握更为重要，需要根据具体情境、情绪和表达内容的内在关系，生成合理的、自然的运动轨迹。未来，通过融合知识推理、物理约束、情感表达等技术，数字人的动作行为有望如同真人一样准确和自然。此外，还可以根据不同数字人外形、性格等要素生成个性化风格的动作输出，使其行动更加富有个性和魅力。

（三）语言理解，对答如流

以 ChatGPT、GPT-4 为代表的大型语言模型，赋予了数字人出色的自然语言理解和生成能力。数字人不仅可以像人一样流畅对答，而且可以根据上下文语境和背景知识，理解对方的语义内涵，做出合理的逻辑分析判断并根据已有知识进行回答。然而，大模型有时候也会出现"幻觉"，即生成与现实不符或不准确的信息[2]。

与通用模型相比，为数字人量身定制的对话模型，可以结合其外形、角色设定等因素挖掘个性化的语言风格，如口吻、用语、幽默方式等，让每个数字人都具备独特的对话魅力。未来，对话模型还可以融入多模态信息，如面部表情、肢体动作等，实现语言、视觉、行为的多模态生成，产生更身临其境的沉浸式体验。

---

[1] Li R, Zhang Y X, Zhang Y, et al. Lodge: A Coarse to Fine Diffusion Network for Long Dance Generation Guided by the Characteristic Dance Primitives[J]. arXiv preprint arXiv: 2403.10518, 2024.

[2] HUANG L, YU W, MA W, et al. A survey on hallucination in large language models: Principles, taxonomy, challenges, and open questions[J]. arXiv preprint arXiv: 2311.05232, 2023.

（四）语音合成，声情并茂

数字人语音合成技术经历了从波形拼接到参数化合成，再到目前的端到端人工智能内容生成语音合成的演进。随着深度学习技术的引入，特别是循环神经网络和 Transformers 的应用，端到端系统能够直接将文本转换为语音，省去了传统中间特征表示的需要，而且在自然度和个性化方面取得了显著进展。代表性模型如 Tacotron 和 FastSpeech 系列，它们在提升语音合成的自然度和效率方面取得了显著突破。此外，情感语音合成技术的发展，使系统能够模拟不同的情感状态，如快乐、悲伤、愤怒等，通过调整语音的韵律特征（音调、节奏、强度）来表达相应的情感[1]。结合唇形同步技术和音视频驱动技术，数字人语音输出可以与面部动画自然协同，提升整体的表现力。

近期，人工智能音乐创作平台 Suno[2] 展现了其在音乐生成领域的创新能力。用户仅需提供歌词文本、指定歌曲标题，并描述期望的音乐风格，Suno 的人工智能系统便能够迅速生成一首完整的音乐作品，其中不仅包含丰富的乐器伴奏，还融入人声演唱部分。这一技术若与数字人融合，将极大地拓展数字人的表现力，使其不再局限于语言交流，还能够通过音乐表达情感、讲述故事，从而丰富人机交互的维度和深度。

（五）多模态感知，耳聪目明

在多模态感知方面，数字人通过集成计算机视觉和语音识别等技术，结合用户的多模态生理信号，初步实现了对外部世界的理解[2]。特别是多模态模型，如 CLIP（contrastive language-image pre-training）的应用，为数字人的感知能力带来了革命性进展。CLIP 利用对比学习框架，将视觉数据与语言描述融合在一起，从而促进了图像内容与文本描述的语义关联。这种跨模态的整合能力增强了数字人对单一模态信息的理解，使其能够准确建立图像和文本描述之间的联系。

（六）情感计算，共情理解

情感计算是一个跨学科的研究领域，它结合计算机科学、心理学、认知科学

---

[1] KAUR N, SINGH P. Conventional and contemporary approaches used in text to speech synthesis: A review[J]. Artificial Intelligence Review, 2023, 56(7): 5837-5880.

[2] 王国庆，裴云强，杨阳，等. 多模可信交互：从多模态信息融合到人-机器人-数字人三位一体式交互模型[J]. 中国科学：信息科学，2024, 54(4): 872-892.

和人工智能等学科的理论和技术，旨在识别、解释、处理和模拟人类的情感[①]。正如"人工智能之父"马文·明斯基所说："如果机器不能够很好地模拟情感，那么人们可能永远也不会觉得机器具有智能。"情感计算是目前数字人技术发展的关键和难点，对于提升人机交互的自然性至关重要。一方面，数字人需要感知人的情感，通过捕捉人类面部微表情、语音和生理信号等，结合上下文语境，识别人类的情绪状态；另一方面，数字人需要生成情感化的反馈，以提供更加自然和人性化的交互体验。借助人工智能内容生成技术，数字人可以生成拟人化的情感元素，如微表情、语气语调、身体动作等，这些元素对于展现数字人的情感色彩和个性化表征至关重要。目前，数字人的情感表现和交互效果还有很大的优化空间，未来有赖多学科交叉融合进一步发展。对人类情感进行数字孪生建模，形成"情感孪生数字人"及其体系架构，跨越人和机器之间的情感交互鸿沟，是未来的发展目标[②]。

综上所述，人工智能内容生成技术正在为数字人注入逼真外形、自然动作、流畅语言、丰富情感等更接近真人的能力。被人工智能内容生成技术赋能的数字人有望在虚拟数字世界中扮演重要的角色，催生出更多的创新应用场景。同时，数字人技术的发展也为人工智能内容生成技术的落地提供了广阔舞台，推动人工智能内容生成技术在多模态、情感计算等前沿领域获得突破。两者正在融合共生，相互促进，未来的发展空间极大。

四、人工智能内容生成技术与数字人技术产业应用：降本增效，智慧赋能

人工智能内容生成技术和数字人技术的深度融合，在教育、传媒、文娱、政务等领域涌现出了很多落地应用，正在逐步改变传统的服务和互动模式[③]。

（一）教育

人工智能内容生成技术在教育领域可以发挥重要作用，有助于促进教育公平、提高教学质量和学习效率[④]。人工智能教学助手可以根据学生的知识水平和学习

---

① TAO J, TAN T, PICARD R W. Affective computing and intelligent interaction[C]. Second International Conference, ACII. 2007.

② 陆峰, 刘铂. 情感孪生数字人：跨越人机情感交互鸿沟[J]. 中国人工智能学会通讯, 2023, 13(3): 11-16.

③ 徐思彦. 生成式人工智能：发展演进及产业机遇[J]. 人工智能, 2023(4): 43-50.

④ 陶炜, 沈阳. 从 ChatGPT 到 Sora：面向 AIGC 的四能教育和范式革新[J]. 现代教育技术, 2024, 34(4): 16-27.

特点，设计个性化的学习路径和教学方案，因材施教。人工智能内容生成技术还可以生成精准的有针对性的习题、测试题等教学内容，帮助学生强化对知识的掌握。此外，人工智能内容生成技术还可以赋能在线教育，通过人工智能虚拟讲师、互动式教学等方式为学生提供身临其境的在线学习体验，扩大优质教育资源的覆盖面。在教师方面，人工智能内容生成技术可以辅助教师进行备课、批改作业等工作，大幅节省教师精力。人工智能助教可以协助教师，为学生答疑解惑，进行个别辅导。人工智能内容生成智能评测系统也可以公正、高效地评价学生的学习表现，为因材施教提供数据支持。

（二）传媒

人工智能内容生成技术和数字人技术正在重塑传统传媒业[1]。内容智能化生产是传媒业发展的重中之重，人工智能内容生成技术可以协助进行新闻采编撰写、版面设计、视频剪辑等工作，大幅提升生产效率。例如，新华社的"快笔小新"写作数字人，能够基于掌握的事实信息快速生成新闻稿件，极大地提高了新闻生产的效率；智能信息解构与知识图谱可以实现海量信息深度理解，为深度报道提供坚实的基础；生成式人工智能模型可以根据需求生成高质量的文图视频内容，满足定制化需求；人工智能虚拟主持人可以24小时不间断报道新闻和进行直播。人工智能内容生成技术将全面重塑内容生产模式，赋能传统媒体数字化转型工作。

（三）文娱

人工智能内容生成技术在文化旅游业有许多应用场景。智能导游、虚拟讲解员可以用生动有趣的互动方式深入浅出地讲解景点文化；人工智能绘画、虚拟实境等技术为前往博物馆、景区的游客提供身临其境的沉浸式体验。人工智能内容生成技术还可以分析游客数据，为景区提供智能运营、个性化服务等建议，提升游客的体验。同时，人工智能内容生成技术辅助进行内容生产和营销推广，可以大幅降低文旅机构的运营成本。可以预见，人工智能内容生成技术将为文化旅游业带来全新的活力[2]。

人工智能内容生成技术在游戏和娱乐领域拥有广阔的舞台。数字人可以随时与玩家自然对话互动，提升玩家的游戏体验；人工智能内容生成技术可以基于用户数据生成个性化的游戏剧本、世界观等核心内容，打造更富有创意和沉浸感的游戏作品。人工智能绘画、视频编辑等技术可以用于游戏内容生产，降低制作成

---

[1] 曾晓涛，范以锦. AIGC技术变革传媒业态，媒体融合进入下一个十年——中国报业2023回顾与2024展望[J]. 中国报业，2024(1): 23-25.

[2] 丁洁. 数字人在文旅行业的应用思考[J]. 数字通信世界，2023(6): 170-172.

本。人工智能对手也可以为玩家提供强大的智能对手，为其增添游戏乐趣[1]。在虚拟偶像方面，国风数字人翎（Ling）在参与商业和娱乐活动的同时，还积极推广中华传统文化，成为年轻群体的文化符号[2]。总之，人工智能内容生成技术将推动游戏与娱乐领域向内容多样化、个性化、智能化发展。

（四）政务

人工智能内容生成技术在政务领域的应用前景广阔。智能政务数字人可以 7 天 24 小时在线回答群众咨询，提高政务服务效率；大模型可以快速理解复杂长文本，能够更好地方便群众理解政策法规；生成式人工智能模型可以根据数据快速生成多种形式的政务文书，减轻公务员的文书工作量。深圳市龙华区政府推出的全国首个政务服务数字人"龙子姬"[3]，作为数字政务的 IP 形象，用于宣传政务服务工作，传播文化精神与社会正能量。未来，人工智能内容生成技术也可以辅助政府制定政策、进行社会管理、做出应急决策，提升政务智能化、精准化水平，有助于提高政府公信力和执行力。

五、问题与治理

人工智能内容生成技术与数字人技术的融合与快速发展带来了两方面的影响。一方面，这些技术极大地提升了内容生产效率，并推动人工智能与实体经济深度融合，为经济社会发展注入新的动力。另一方面，如果缺乏有效监管和引导，它们就可能带来版权争议、虚假信息、隐私泄露和伦理问题等潜在风险。

（一）潜在问题

1. 版权争议

基于人工智能内容生成的数字人通常会在训练过程中爬取海量现有数据，其生成的数字人形象可能包含大量现有作品元素，容易引发版权纠纷[4]。例如，数字人外形、语音等可能侵犯真人形象权，使用他人作品创作的场景、道具等也可

---

[1] 杜梁，贾天翔. 生成式人工智能与电子游戏的生产机制革新[J]. 艺术学研究，2024 (2): 58-66.

[2] 向子旭. 国风虚拟数字人赋能中华传统文化创新传播的路径研究[J]. 北京文化创意，2024 (1): 20-25.

[3] 陈珏璐，顾敏. 虚拟数字人"上岗"法律关系需厘清[N]. 新华日报，2024-04-22(005).

能侵权。此外，人工智能内容生成物是否受著作权法保护，没有明确的法律规定[1]。人工智能内容生成物的版权归属创作者还是人工智能开发者，学者和专家的观点也存在分歧[2]。

2. 虚假信息

人工智能内容生成技术的发展为虚假信息和深度伪造视频的制作提供了便利。例如，人工合成的数字人可用于制作误导性的虚假宣传内容；利用人脸或语音交换技术，还可以伪造名人言行或发布违法信息。一旦虚假信息和深度伪造内容泛滥，将严重破坏网络生态[3]。

3. 隐私泄露

构建数字人模型需要大量训练数据，其中可能包含未经授权的个人肖像、语音等隐私数据，可能给公众个人信息保护带来潜在风险[4]。

4. 伦理问题

人工智能内容生成系统可能在内容生成时复制和放大训练数据中的偏见，导致性别、种族等刻板印象被强化。此外，部分学者认为，人工合成的数字人缺乏人性，模拟人类的行为决策和情感可能对社会伦理和价值观造成负面影响[5]。

（二）治理

为了应对上述挑战，我国在国际上率先针对人工智能内容生成和数字人出台了系列法律法规，包括《互联网信息服务算法推荐管理规定》《互联网信息服务深度合成管理规定》和《生成式人工智能服务管理暂行办法》等。

2023年5月，国家互联网信息办公室发布了《生成式人工智能服务管理暂行办法》，对人工智能内容生成服务给出了详尽的规定，包括定义、准入资格、责任义务和处罚措施等。2023年10月，全国信息安全标准化技术委员会发布《生成式人工智能服务安全基本要求》（征求意见稿），为面向境内公众提供生成式人工

---

[1] 蒋舸. 论人工智能内容生成的可版权性：以用户的独创性表达为视角[J]. 知识产权，2024, (1): 36-67.

[2] 徐小奔. 论人工智能内容生成的著作权法平等保护[J]. 中国法学, 2024(1): 166-185.

[3] 吴晓岚. 生成式AI作品的视觉传播模式及风险规制[J]. 视听, 2024(4): 157-160.

[4] 章诚豪，张勇. 生成式AI的源头治理：数据深度运用的风险隐忧与刑事规制[J]. 湖北社会科学, 2023(11): 127-135.

[5] 徐英健. AIGC驱动下虚拟数字人的社会安全风险及其治理策略研究[J]. 智能计算机与应用, 2024, 14(1): 224-227.

智能服务的提供者提高服务安全水平、提供者自行或委托第三方开展安全评估或相关主管部门评判生成式人工智能服务的安全水平提供参考。该文件对于语料安全、模型安全、安全措施、安全评估等提出统一要求。2023 年 12 月，科学技术部、教育部、工业和信息化部等多部门联合发布的《科技伦理审查办法（试行）》正式实施，该办法明确从事生命科学、医学、人工智能等科技活动的单位，研究内容涉及科技伦理敏感领域的，应当设立科技伦理（审查）委员会。

为了进一步完善监管，本文提出以下治理建议。

（1）加快制定专门的人工智能内容生成版权法规，明确版权归属原则和利益分配规则。

（2）出台人工智能内容生成安全监管细则，涵盖算法训练数据的监管、模型的可解释性、风险评估等方面，形成统一的行业标准。

（3）加强对消费领域人工智能内容生成应用的知情权保护，要求开发者向用户充分披露产品的功能、局限性和潜在风险。

（4）鼓励企业和开发者自律，建立行业自律公约，在遵循国家法律法规的同时，完善行业规则和道德标准。

人工智能内容生成技术与数字人技术的快速发展和深度融合，给经济社会带来了机遇，而规范和管控十分必要。只有加强立法监管、技术创新、企业自律和公众教育，才能最大限度地规避潜在风险，促进数字人产业良性健康发展，推动我国人工智能内容生成产业与数字人产业成为全球的领军力量。

六、总结与展望

综上所述，人工智能内容生成技术与数字人技术的融合发展，正引领人工智能领域的新浪潮。从栩栩如生的外观生成到流畅自然的动作驱动，从精准的语言理解到声情并茂的语音合成，人工智能内容生成技术赋予数字人更强大的能力和更丰富的表现力，使其在教育、传媒、文娱、政务等多个领域展现出巨大的应用潜力。然而，我们也必须正视人工智能内容生成技术与数字人技术发展带来的潜在风险，包括版权争议、虚假信息、隐私泄露和伦理问题等。为此，需要加强法律法规建设、完善安全评估体系、建立伦理审查机制，并鼓励企业和开发者自律，共同推动人工智能内容生成产业与数字人产业健康有序发展。

展望未来，人工智能内容生成技术与数字人技术的融合发展将呈现出以下趋势。

（1）情感计算的突破。情感计算将成为数字人技术发展的关键。通过更精准的情感识别和更自然的情感表达，数字人将能够更好地理解和回应人类的情感需求，实现更具有共情能力的人机交互。

（2）多模态智能交互的深化。数字人将不再局限于单一的感知和表达方式，而是能够融合视觉、听觉、触觉等多种感官信息并交互，提供更自然的交互体验。

（3）自主智能的提升。数字人将逐步具备自主学习和决策能力，能够根据环境变化和用户需求，自主完成任务，并不断优化自身行为，进行智能决策。

（4）"云边端"计算架构的完善。为了支撑人工智能内容生成技术与数字人技术规模化应用，需要构建完善的"云边端"计算架构，实现云端训练、边缘推理和终端应用的协同，提升计算效率和响应速度。

（5）数据安全与隐私保护机制的升级。随着人工智能内容生成技术与数字人技术的发展，数据安全和隐私保护问题将显得更加突出，需要建立更完善的数据安全和隐私保护机制，确保用户数据的安全。

电子参考文献

扫描二维码，阅读本文电子参考文献。

数字人在教育行业的应用与前景

宋雷雨[①]　宁　静[②]　顾潇文[③]

摘要： 数字人技术在教育领域的应用，被视为对教育元宇宙的初步探索，为教育数字化转型带来巨大潜力。本文结合教育数字人的现有应用，探索其在提升教学质量、促进学生个性化学习等方面的潜力，剖析其在教育中面临的安全隐私、数字鸿沟、接受效果等问题，展望教育数字人的应用前景并针对不同主体提出建议，助力数字人技术与教育教学的深度融合。

关键词： 数字人；教育数字化；教育元宇宙

一、引言

（一）数字化转型在教育领域的重要性

《"十四五"规划和2035年远景目标纲要》《"十四五"国家信息化规划》等国家重要文件提出了"建设数字中国"的战略目标，强调数字化转型对社会发展、生产方式变革的重要驱动作用。在数字化转型重塑社会、劳动力市场和未来工作形式的过程中，教育数字化的重要性日益凸显。《教育信息化2.0行动计划》提出要构建数字化教育体系，党的二十大报告明确了推进教育数字化的国家战略主题，教育数字化转型已经成为我国教育改革发展的重要议题之一，旨在将数字技术整合到教育的各个层面，实现教育的优质与均衡发展，形成开放性、适应性、灵活性、持续性的数字教育生态，建设以数字化为支撑的高质量教育体系。

[①] 宋雷雨，中国传媒大学动画与数字艺术学院教授，研究生导师。
[②] 宁静，中国传媒大学动画与数字艺术学院硕士研究生。
[③] 顾潇文，中国传媒大学动画与数字艺术学院硕士研究生。

《教育部2022年工作要点》明确提出"实施教育数字化战略行动",重视教育新型基础设施建设、数字教育资源建设。《中国教育现代化 2035》提出大力推进教育信息化,强调信息技术与教育教学深度融合。

目前,教育数字化战略行动已经在智慧校园建设、优质慕课建设、真人远程教育等方面取得显著成效,建设了覆盖中小学教育、职业教育、高等教育的智慧教育公共服务平台和世界排名第一位的教育教学资源库,形成了突破时空限制的新型教育方式,教育数字化已进入赋能教育发展的高水平阶段[1],教育教学领域要充分利用虚拟现实、人机互动、虚拟课堂等一系列信息化手段来丰富教学形式、提高课堂教学效果[2]。

(二)数字人在教育数字化转型中崭露头角

随着"元宇宙"概念的火爆,数字人在各个领域的应用日益丰富。在教育领域,数字人在运用虚拟现实、混合现实技术的教育活动中早已出现,只不过在这些早期探索当中,数字人的角色类似游戏中的NPC,任务往往是扮演教室里的学生、公路旁的消防队员、模拟驾驶中的路人等,交互性和智能性相对较低。如今,教育数字人更多地结合人工智能、大数据、大模型等技术,以教育活动的参与者、服务者、辅助者的身份在多种场景中得到应用,如协助检索资源、回答问题的虚拟图书馆馆员,能够进行口语对话、提供口语教学的虚拟私教等。这些数字人能够使学习过程更加便捷、自在,为用户提供更高效的、更有趣味的学习体验,是推动教育数字化转型的生动例证。

多家教育机构、教育企业也积极融入数字人这一浪潮。例如,成都中医药大学、贵州中医药大学、宁夏医科大学等中医药大学引入针灸数字人系统进行临床培训,桂林理工大学、威海海洋职业学院、宁夏大学等高校上线图书馆数字人来提供服务,网易有道开发子曰教育大模型,推出数字人口语私教 Hi Echo。随着相关技术的成熟和应用场景的开辟,数字人在教育领域的应用正不断增加,加速渗透至多种教育场景,为教育的高质量发展提供了新的可能。

(三)数字人在提升教育质量和效率方面的潜力

2023年在北京举办的世界教育大会以"数字变革与教育未来"为主题,会上发布的世界数字教育发展合作倡议提到:"应用是教育数字化最根本、最强大的动力。数字技术与教育深度融合,具有催生新的教育形态、革新教与学的关系、推动治理方式变革的巨大潜力。"数字人的创造性应用是这种巨大潜力的一部分,在推动教育数字化、发展个性化教学、提高教学交互性等方面有着独特的作用和价值。

1. 推动教育数字化

教育数字化转型是指将数字技术整合到教育领域的各个层面，对教育组织形式、教学模式和学习范式进行系统化革新，推动教育领域全方位创新与变革，这一过程涉及教育过程与学习过程全方位、多维度、深层次的整体性转变。推进教育数字化转型的关键步骤就是将人工智能、大数据、云计算等数字技术深度融入教育过程，以数字技术高度赋能教育发展。数字人在教育领域的深度融合与合理应用要求整合多种技术和教学环境，对变革教育模式和学习模式有重要作用，助力教育数字化转型。

2. 发展个性化教学

在学校、培训机构、教育中心等教育机构中，传统的一对多课堂教学模式难以实现针对学生的个性化教学，教师很难充分了解每位学生的学习能力、知识水平、兴趣爱好等个人情况，加上多数教育机构缺乏完善的信息系统对学生的学习数据进行收集和分析，所以为学生制订个性化学习方案仍然是一件难事[①]。

数字人可以在一定程度上弥补一对多课堂的局限，通过收集学生的学习数据、学习习惯、学习兴趣来绘制学生画像，结合大数据对学生的学习过程进行记录与分析，将统一的教学内容和教学节奏转变为适合学生具体情况的个性化教学内容[②]，并能根据学生需求检索合适的学习资源，通过满足学生个性化需求、平衡学习难度与学生能力，促进教学内容与学生个性相匹配，大力发展个性化教学，从而提高教学质量和学习效率。

3. 提高教学交互性

教师在台上讲、学生在台下听的传统授课模式以单向知识输入为主，随着教育教学改革的进行，这一教学模式已经得到改善，课堂活跃度、学生参与度、教学交互性都得到了一定提高，但在线上、线下的大课堂场景下，在海量的学习资源面前，要实现更高的教学交互性仍然有一定的难度。数字人能够建立一种新型的师生互动模式，通过进行一对一交流、一对一实训，大幅提升教学交互性。例如，围绕特定学习资源、专业技能，数字人与学生互动，促进学生对学习内容的记忆和理解，让学生以亲身参与和体验的方式提高学习沉浸感，增加学习动力和

---

① 王志伟. 虚拟数字人赋能高职教育改革的对策研究[J]. 无锡商业职业技术学院学报, 2022, 22(6): 96-102.

② 陈卫东, 郑巧芸, 褚乐阳, 等. 智情双驱：数字人的教育价值与应用研究[J]. 远程教育杂志, 2023, 41(3): 42-54.

学习满意度[1]。

二、数字人在教育领域的应用

运用数字人技术与提高学习能力不能简单挂钩，如何释放数字人技术在教育领域的潜力、将潜力变为现实是一个需要不懈探索的主题。目前已出现一些将数字人技术运用在教育领域的实例，涉及读者服务与咨询、课程视频生成与管理、专业培养与实训等多种场景，侧重于实现不同的学习功能。

（一）读者服务与咨询

此类应用主要为图书馆数字人，如西安医学院图书馆、昆明市晋宁区图书馆、滨州市图书馆的数字人。图书馆作为知识共享的重要基础设施和平台，其数字化程度的高低会明显影响人们的使用体验和使用意愿，而数字图书馆的建设是教育新型基础设施建设的重要组成部分。《国际图联趋势报告2021年新进展》指出，年轻一代用户对现代技术与服务抱有更高期待，如果图书馆无法满足这种期待，这部分用户就可能放弃图书馆，转向其他类型的信息源[2]。在这种形势下，为增加用户黏性，避免图书馆在信息服务市场中被边缘化，图书馆需要积极主动地采用新技术赋能用户服务，提升用户体验。

数字人能够在图书馆服务中发挥重要作用。通过与人工智能、大数据等技术结合，图书馆数字人具备知识储备、图书资源管理、链接电子资源等方面的优势，能够提供智慧化的服务。在实际应用中，图书馆数字人不仅能为读者提供全面、便捷的阅读服务，还能简单回答读者的问题，在节省图书馆的人力成本、助力图书馆数字化升级、提高图书馆的智慧化程度等方面有着积极的作用。

现有的图书馆数字人具备借阅、咨询、陪伴等功能[3]。

1. 借阅功能

作为图书馆的基础服务之一，借阅服务通常可以在图书馆前台、图书馆借阅机上实现，读者在前台或借阅机检索资源、搜寻书籍，出示借阅证、图书卡等证件借阅图书。将数字图书资源与数字人紧密结合后，数字人就能够化身为智能阅

---

[1] 任天毓，刘丽丹. 在线学习资源交互性对学习成效的影响——基于教学交互视角的元分析[J]. 电脑知识与技术，2023, 19(18): 143-146.

[2] 向君，杨玉娟.《国际图联趋势报告 2021 年新进展》解读与启示[J]. 图书馆学研究，2022(5), 77-84, 91.

[3] 邱锦. 元宇宙视域下虚拟数字人在图书馆服务场景中的应用研究[J]. 河北科技图苑，2023, 36(1): 47-50, 31.

读伙伴，读者可以通过语音或文字输入查询图书和期刊、查看书籍是否在馆、询问特定领域有哪些资源、确认书籍的具体位置等，以更快的速度寻找书籍，更好地进行自助借阅。如果电子资源库中有相应书籍，读者就可以直接阅读，轻松开启阅读之旅。

2. 咨询功能

数字人能够根据读者的需求和提问，与读者互动，化身为百科全书，针对常见问题提供可供参考的答案，如图书馆相关信息、基础知识等。对于暂时无法回答的问题，数字人会进行收集并统计，定期扩充自己的知识库，随时间的推移不断积累知识，以提供更全面的咨询服务。除此之外，图书馆数字人还有荐书功能，围绕特定书籍，将荐书文本生成视频，直观地向读者介绍书籍。

3. 陪伴功能

除了借阅和咨询，现有的数字人还可以与读者进行成语接龙和相对简单的聊天，通过交流互动提供陪伴服务，增强趣味性。

在呈现方式上，这类数字人通常在平面屏幕上以图书管理员的形象呈现，用拟人化的动态信息为读者提供亲切和礼貌的图书馆服务。读者可以利用图书馆内的电子屏、手机上的微信公众号实现与数字人的互动。利用移动设备，读者能够不受时空限制，了解图书馆资源，规划自己的阅读活动。

图书馆数字人的功能实现不仅依靠人工智能、大数据和智能硬件，还依靠数字图书资源库的建设，这就要求图书馆加快在库图书资源的数字化，同时加强馆际合作，以期刊、图书、有声资源等优质内容为核心，构建共享的智慧图书馆，助力知识共享，更好地利用数字人的个性化服务为读者提供更专业的数字阅读服务，带给读者全新的数字阅读体验。

这些数字化助手的应用不仅提升了图书馆的运营效率，还提升了图书馆服务的智能化和个性化水平，改善了读者的体验。此外，通过数据分析，图书馆还能够了解读者的借阅需求和借阅趋势，为图书采购工作提供更有针对性的支持。图书馆数字人在公共教育和学校教育中能够扮演重要的角色，为学校师生、社会公众提供更多的学习资源和便捷服务，推动图书馆朝着更智能化、个性化和创新化的方向发展，为教育行业带来新的可能性和前景。

（二）课程视频生成与管理

对教育者而言，数字人的应用目前以课程视频生成与管理为主，如使用数字人技术录制课程、创造虚拟教师承担播报工作和主题党日领学任务[3]等，这一应用的实质是使用数字人形象对已经准备好的课程内容进行展示和讲解，达到真人讲课的效果，实现无时空限制的授课，减轻教师的教学负荷[①]。

课程视频的生成以微课为主，作为一种数字化的教学资源，微课在教学活动中有独特的价值，许多高校都开展了微课建设工作。但是，微课制作技术不足是许多教师面临的问题，而且部分教师不太习惯面对摄像头讲课，录制视频、构思脚本、后期剪辑等工作还会占用部分精力，使其很难全身心投入课程内容的设计和讲解中，存在"形式大于内容"的现象。和真人录制视频相比，利用数字人技术录制课件和制作教学视频相对简单，只需在数字人视频制作平台中加入已有的课件，选取合适的数字人形象和动作，在文本区域中放入讲课文本即可自动进行文本转语音的工作，生成相应视频，不存在音画不同步的问题，大大便捷了课程视频的制作，无须真人出镜就能录制课程。河南开放大学的虚拟教师"何开开"的主要工作就属于生成课程视频，如播报学校的教育教学支持服务情况、在教育数字化联合主题党日活动上发言等。这类应用能够节省教师的精力，让教师更注重对课程内容本身的安排与设计。

（三）专业培养与实训

此类应用主要针对特定领域的专业能力培养和实训，如教学、语言、消防、医学、飞行等。这类数字人综合运用了虚拟现实、混合现实、人工智能、虚拟仿真等技术，在各类培养和实训过程中有多种身份，如师范生模拟教学中的虚拟学生、口语练习中的虚拟私教、消防教育中的虚拟被困者、针灸仿真训练中的数字针灸人等。此类数字人在教育领域已得到了许多应用与研究，属于虚拟教学这一新型教育领域。

在虚拟教学中，数字人作为帮助并配合学习者的客体，能够增强学生的学习体验、创设心理沉浸感、助力实现情境学习[②]。

将数字人纳入虚拟实训中，既可以使学生达到模拟实际操作训练的目的，又可以大幅减少昂贵设备的投入，减少实操耗材，提升实操实训的安全系数，有利于培养学生的岗位职业技能[4]。例如，在针灸实训教学方面，传统实训过程存在一定的风险，而针灸数字人结合虚拟仿真技术的训练系统更为灵活、安全，可以在无真实患者的情况下多次进行针刺模拟，充分磨炼学生的针刺技能。在反复模拟实践的基础上，学生可以增强临床技能，积累医疗经验，培养中医临床思维，从课堂向临床过渡。这一应用已被多所中医药大学采用，为高校构建更加完善和现代化的中医针灸教育体系提供动力。

[①] 覃祖军，杨静. 元宇宙中国教育范式研究视角下虚拟数字人辅助的双师课堂教学范式实践探索[J]. 中国现代教育装备，2023(2): 1-5.
[②] 李志，潘寒梅，闫欣悦，等. 虚拟数字人为教育培训带来新机遇[J]. 中国电力教育，2023(6): 10-11.

在语言能力培养方面，已经出现结合人工智能技术和大语言模型的聊天型数字人，这种数字人能够实时进行英语对话，提供英语口语教学，如 Call Annie、Hi Echo 等。这类虚拟口语私教能够为用户随时随地提供一对一的口语练习服务，内容涵盖生活方式、兴趣、旅游等多种对话场景和话题，支持视频通话和语音通话，有与真人口语教师对话的既视感。Call Annie 基于 ChatGPT 技术，有丰富的知识量。Hi Echo 基于子曰大模型，能够进行全方位的评估，在结束对话后会从发音、语法两个维度给出分数，并提供语法、用词、语言风格方面的优化建议。和真人口语教师相比，虚拟私教的优势在于费用较低、方便快捷、不受时空限制、知识储备丰富、没有真人对话的压力等，能够为学习者提供沉浸式英语学习环境，提升口语练习的体验感和效果。

通过在特定的学习场景中参与直观的学习活动，数字人可以为学生提供磨炼专业技能和进行具体实践操作的平台，为课堂实践环境受限、可能存在安全隐患等问题提供了一种解决方案，有助于解决学生实践经验不足的问题。

三、数字人在教育领域面临的问题与挑战

（一）教学内容的安全隐私问题

随着数字人功能的完善和仿真效果的增强，更多教学内容会通过数字人呈现。但是，目前教育数字人的应用大多依托数字人厂商的技术支持，自制数字人进行教学的教育机构和从业者较少。

在使用数字人讲课的场景中，教育机构和教师需要向数字人厂商、数字人平台提供教学内容和相关资源。在用户与教育数字人问答、对话的场景中，由于数字人自身的知识库可能是基于人工智能技术和互联网现有数据实现的，有存在虚假信息的可能性，因此教学内容的安全性和隐私性是一个值得商榷的问题。对于使用数字人学习的用户，学习过程中的数据和隐私保护也是一个难题。

（二）硬性条件与数字鸿沟

在教育数字化进程不断加快的时代，越来越多的教学内容和学习交流会在互联网上进行，在线学习模式需要信息技术和网络设备支持，数字鸿沟是这一过程中的必然产物。基于数字人自身的技术特性和实现方式，对教育者和学习者而言，使用数字人需要满足一定的硬性条件，具有特定的数字技能和数字设备，如手机、计算机、虚拟现实设备等。数字人在促进教育资源数字化、智能化的过程中，也会由于硬性条件的存在，加剧数字鸿沟问题，即部分群体在获取教育数字资源和

掌握数字技术的过程中被排斥在外，缺少与数字世界沟通的媒介和获取数字化教育的机会[①]，造成教育不平等的局面。

数字鸿沟可以分为数字接入、可负担力、数字能力三道鸿沟，数字人在加大这三道鸿沟上有不同程度的风险。

1. 数字接入

数字接入涉及互联网访问的硬件服务、相关设备和资源服务，表现为城市、乡村等不同地区教育设备和教学资源的差距。目前，搭载教育数字人的设备更倾向于在城市中教育水平较高的教育机构落地，欠发达地区和教育水平较低的学校获取相关设备和服务的可能性相对较低。

2. 可负担力

可负担力是对经济和技术的刚性要求，如获取教育服务、购买电子设备的经济能力。由于数字人配套设备和技术支持相对昂贵，资金有限的教育机构引入数字人的能力较弱。

3. 数字能力

数字能力是数字技能水平，即运用数字技术获取教学资源和服务、学习知识的能力，表现为合理使用数字人进行教学或学习。在数字人应用达到较高普及程度后，这一能力的高低成为最主要的数字鸿沟，因为教师和学生使用数字人的能力在初期需要基础培训和指导，经济条件、地理位置等因素都会影响这种培训的有效获得。

目前，数字人在教育领域的应用分布存在不均衡的问题，需要警惕数字鸿沟加大的风险。

（三）教育者和学生的接受度与教学效果问题

教育数字人的应用以辅助、服务教育者和学生为主，而教与学是一种个人化的活动，存在千人千面的情况，因此需要关注教育者和学生的接受度，以及教学效果。

1. 教育者和学生的接受度

教育者和学生的接受度涉及对数字人自身性质的接受。目前，数字人的形象、表情、动作和真人还有一定的差距，虽然这种差距的消失只是时间问题，但其核心的虚拟性不会改变。教育者是否能够接受将教学内容交给数字人，让其代替自

[①] 陈琪，李延平. 跨越数字鸿沟：数字包容视域下澳大利亚土著人数字技能教育研究[J]. 外国教育研究，2023, 50(6): 66-79.

已讲课，学生是否能够接受跟随一位基于技术生成的教师学习，原生数字人与孪生数字人在师生接受度上是否有差异，这些都是需要进行调查、分析的问题。

2. 教学效果

教学效果问题是指不同学科、不同学段的学生面对数字人的学习表现和学习效果，与真人教学相比是否有所不同、是否得到了提高，这些问题也需要进行观察与研究。数字人能够提高学生的参与度、定制个性化的学习内容，但在一些情况下，学生可能因过分好奇数字人的功能而分散注意力，或因数字人庞大的知识储量而使认知负荷增加，弱化学生自身思考和知识建构的能力。除此之外，数字人自身的虚拟性也可能影响学生的学习态度、减弱学习动机；知识获取的便捷性可能使学生减少学习投入和知识内化，从而影响学习效果。恰当地使用教育型数字人，需要更多关注不同情况下学生的学习效果，使数字技术更好地服务学习过程。

四、数字人在教育行业的未来前景

（一）发展趋势和市场增长

1. 更智能地问答，但不止于问答

数字人与 ChatGPT 等生成式人工智能工具的结合，在教育行业有巨大的潜力。一方面，两者结合能够更好地为用户提供即时、深度的问答服务，在积累服务数据的同时通过深度学习进一步提高数字人的分析能力和决策能力，更好地实现智能问答[①]；另一方面，数字人还能够作为虚拟学习助手提供多种辅助服务，如写作辅助、语言翻译、教学支持等，满足学生的多方面学习需求。同时，数字人可以配备识别人脸和情绪的功能，从而捕捉判断用户提问时的情绪状态，利用其拟人化的形象、语言、语音、语调，在教学服务中向真人教学能够表现出的同理心靠近，进一步推动共情式咨询解答的发展。但是，数字人结合生成式人工智能工具要注意用户隐私、算法偏见、人工智能幻觉等重要问题，警惕在问答服务中可能出现的虚假信息，这也需要提高用户的人工智能素养。

2. 更富有创造性地参与教学活动

教育行业的数字人现在多强调实用的一面，如问题解答、实践操作、讲解课

---

① 龚芙蓉. ChatGPT 类生成式 AI 对高校图书馆数字素养教育的影响探析[J]. 图书情报知识，2023, 40(5): 97-106, 156.

件，但教学活动不应该只强调知识和技能的习得，师生、读者的学习体验可以在数字人的参与下更具有趣味性。例如，将具体教学内容、教学活动中的人物构建为数字人，使其在符合创作背景的场景中亲口朗读诗文，以及利用数字人复现重要的历史事件，将较为枯燥的文字知识变为可感可知的情节，使学生对教学内容有更加具体直观的感知，增强学习过程中的沉浸感，丰富学习体验。

（二）教育机构与行业合作

为推动数字人技术在教育行业的落地应用，图书馆、学校等教育机构要与数字人厂商、互联网厂商等开展技术合作，针对不同的教育对象、教学内容和教学目标共同发掘教学、培训中的应用场景和应用需求，发挥自身的主动性，推动教育数字化进程，丰富学习体验，提升教学效果。例如，成都智数医联科技有限公司联合多所高校，建立了以区块链技术、大数据技术为底层的针灸推拿标准化大数据平台，建立了全球高精度三维针灸数字人模型库，将人体所有的解剖结构、经络和腧穴形态，以及相互之间的空间毗邻关系，进行标准的三维可视化呈现，并以此为基础研发出一系列数字化产品，推动高校的数字化针灸实训。

在机构与行业加强合作的同时，国家要及时制定技术标准，重视行业与社会数字人技术人才培养，重视相关法律规范的制定与实施，从而促进教育行业数字人技术应用健康快速发展。

（三）教育创新和全球竞争力

数字人与多种技术结合具有两方面的潜力：一方面，助力教育在交互性、个性化层面取得更好的教育质量和效果；另一方面，对教育从业者提出更高的要求，即在技术浪潮中加强教育创新，以培养更具有全球竞争力的人才。

教育的本质在于人的培养和发展，而教育创新的目标是培养更满足时代需要的人。根据教育部发布的《教师数字素养》，教育从业者应当提升开展数字教育的意识和水平，增强数字化适应力、胜任力、创造力，在数字人技术浪潮中站稳脚跟，将其视为一种教育辅助者加以利用，积极了解教育数字人的作用原理和应用方式，创造性地将数字人与教学过程结合，提高教学效果，更好地服务教育发展和人的发展。

（四）对教育行业的建议

我国将进一步实施国家教育数字化战略行动，丰富数字教育资源供给，构建广泛、开放的学习环境，加快推进不同类型、不同层次学习平台资源共享，推进新技术与教育学习融合，加快推动教育数字化转型[5]。推进数字人这种新技术与教育学习融合，需要政府部门、教育单位、企业等多种主体共同努力。

对于政府部门而言，需要做好以下几个方面的工作。

（1）制定、完善相关政策制度，打通政策"堵点"，如教育数据知识产权制度。关注教育数据侵权、数字人教学内容的安全与隐私等具体问题，保障教育型数字人的发展环境健康。

（2）从产业现状出发，重视市场的基础和主体作用。个体、企业等要素参与教育型数字人的市场发展，需要政府鼓励创新创业、加大资金支持、提供产业指导，推动打造产业化发展机制。

（3）注意数字鸿沟问题，发挥政府对于市场的调节作用，更加注重公平，尤其要加大对偏远地区教育机构的数字人设备和技术的扶持，让新技术服务于促进教育公平的社会目标。

（4）重视公共产品及服务，加强在各地教育部门中针对公共产品及服务的基金支持，增加带有教育数字人的基层教育设施，构建全民终身学习通道，实现更优质的公共教育服务。

对于学校、培训教育单位而言，需要与数字人行业相关单位积极合作，开辟教学应用场景。一方面，要加强数字教育人才培养，开设相关培训课程，提高教师的数字素养，增强其将数字人技术融入教学的能力；另一方面，在教育过程中开展多种多样的与数字人技术相结合的实训，尤其关注数字人教育在职业专业教育和特殊群体教育当中的潜力，如对听障群体的手语讲解服务，对视障群体的读书、讲书服务等。

对于企业与数字人技术提供商来说，需要发掘教育市场，关注多种多样的学习场景、学习内容、学习需求，积极开发服务不同群体的教育数字人，内容创新和形式创新并重。同时，要承担社会责任，对于敏感数据和服务对象的个人隐私信息做好保护工作，让学习者学有所成、学得放心。

电子参考文献

扫描二维码，阅读本文电子参考文献。

数字人在文旅领域的应用与前景

宋雷雨[①]　保明喆[②]

摘要：数字人在中国文旅领域的应用与发展是目前数字技术与文化旅游融合的一个重要方向，拥有广阔的市场前景。数字人技术的兴起为文旅领域注入了新的活力与体验。多个地区都从形象 IP 推广、地域经典形象数字孪生再创作、旅游导览与艺术体验等方面运用数字人为文旅产业的发展做出了巨大的贡献。随着技术的不断进步，数字人在中国文旅领域的应用将不断创新，为文旅行业注入更多可能性。与此同时，需要注意数字人在文旅领域应用中可能出现的文化失真、形象失当、需求不对应等问题与挑战，确保数字人技术与文旅的融合能够切实促进行业的发展。

关键词：数字人；文旅；形象 IP；旅游导览

一、引言

（一）文旅领域的重要性和数字化趋势

中国文旅[③]产业自 20 世纪 70 年代末出现以来，历经新业态培育期、成长发展期、提质升级期、发展黄金期四个阶段。《"十四五"文化和旅游发展规划》明确指出，以文塑旅、以旅彰文，完善文化和旅游融合发展的体制机制。在新环境下，文化和旅游融合发展催生出新的业态，文旅的发展开始备受关注，被视为经济增长的新引擎之一。2022 年，文化和旅游部文化和旅游发展统计公报相关数据显示，全国人均文化和旅游事业费稳步增长，虽受新冠疫情影响在 2019—2021 年增速有所下降，但在 2022 年后有明显的回暖趋势，如图 1 所示。一方面，这说明文旅产业的重要性在不断上升；另一方面，容易受疫情影响说明文旅领域目前

---

① 宋雷雨，中国传媒大学动画与数字艺术学院教授，研究生导师。
② 保明喆，中国传媒大学动画与数字艺术学院研究生，研究方向为数字媒体艺术。
③ 文旅，即文化和旅游的简称。

的数字化程度不高，较为依赖线下活动支持。文旅产业融合文化和旅游两大领域，通过数字化手段不断创新，可以推动整个行业的升级和发展。在经济贡献方面，文旅产业作为一种融合性经济模式，不仅提升了城市和地区的形象，还为地方经济注入了巨大的活力。文旅产业链包含文化创意、旅游、餐饮、购物等多个环节，带动了相关产业的发展，促进了就业和经济增长。在文化软实力提升方面，文旅产业是中国文化软实力的体现。通过推广传统文化、历史遗迹，中国在国际上的文化影响力得到提高。游客通过体验中国独特的文化，增进对中国的了解，促进各国文明交流与互鉴。在提升居民生活品质方面，文旅产业的发展不仅吸引了外部游客，还提升了国内居民的生活品质。优美的自然风光、历史文化名胜、艺术表演等为居民提供了丰富的休闲娱乐选择，改善了生活方式。

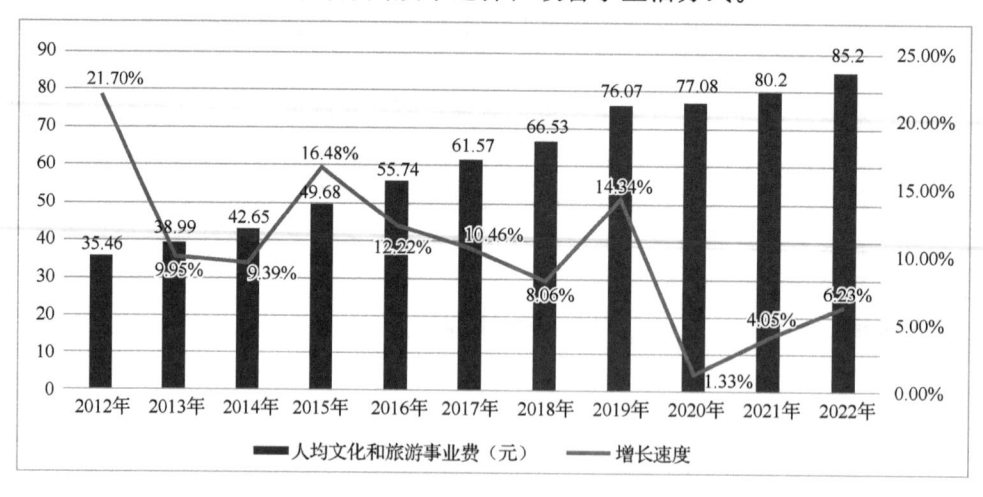

图1 2012—2022年全国人均文化和旅游事业费及增速情况

随着重要性日益增加，文旅产业的数字化趋势逐渐明显。移动支付的普及使游客在文旅景区可以方便地使用电子支付工具，提高了支付效率。智能导览系统通过手机程序等数字化手段为游客提供详细的景区信息，增强了游览体验。虚拟现实和增强现实技术被广泛用于文旅领域，为游客提供沉浸式体验。通过虚拟现实，游客可以远程参观文化遗产、博物馆，而增强现实则可以在实际场景中叠加信息，为游客提供更加丰富的解说和互动体验。同时，大数据分析在文旅领域的运用可以帮助管理者更好地了解游客行为和偏好，优化景区布局和服务。人工智能技术也可以用于客户服务机器人、智能推荐系统等，提高服务质量和效率。云服务和在线预订平台使游客能够提前规划行程、购买门票、预订酒店，为其提供更加便捷的服务。这也为景区管理者提供了数据分析的便利，更好地进行运营管理和市场推广。通过对数字化手段的应用，文旅产业在提升游客体验、提高管理效率、推动创新发展等方面取得了显著的成就，健康快速地发展。而这些数字化手段的应用也为数字人技术在文旅领域的出现做好了铺垫。

（二）数字人技术在文旅领域的兴起

在政策、市场和资本的推动下，众多数字人物迅速崭露头角，尤其在文旅领域。自2022年以来，中国国家博物馆引入了新的虚拟智能员工"艾雯雯"，杭州市倾力打造文旅数字偶像"杭小忆"，上海国家对外文化贸易基地宣布数字人"之"成为其"文旅推广大使"，青岛城市推荐官数字化形象"青岛小嫚"正式上线，而湖北文旅厅则推出虚拟数字代言人"胡贝儿"等一系列新面孔。

在企业服务中，文旅数字人也正在以极快的速度出现在各个产业链节点上。中国文化传媒集团旗下的中传文旅（北京）文化发展有限公司推出"女娲计划"，专注于发展文旅数字人业务。该计划旨在打造100个数字人IP，这些数字人将传承和传播中国故事，弘扬中国文化的声音。据悉，这100个数字人IP中的20个灵感来源于国内顶级文旅IP，另外30个将邀请国内杰出的文旅数字人IP加入"女娲计划"和文旅中国元宇宙中心城。此外，该计划还将与各地文旅机构合作，共同创作和运营50个数字人IP，以共同推动文旅行业的发展。

（三）数字人技术提高文旅服务质量和效率

数字人在提高文旅服务质量和效率方面潜力巨大，通过整合数字技术，企业能够提供更加智能化、个性化、互动化的服务，为游客创造更好的体验，还可以提高企业运营效率。数字人能够提供与真人相同的旅游服务，与真人不同的是，数字人可以记录服务过程中所有的用户行为与反馈，将其用于数据分析。数字人产生的数据可以用于深入分析用户行为，包括参观习惯、停留时间、兴趣点等，为文旅企业提供决策依据。同时，数字人可以利用智能算法分析用户的兴趣和偏好，为用户提供个性化的推荐服务，使其更好地选择适合自己的文旅活动和体验。数字人还能为游客安排定制化活动和行程。基于数字人的数据分析，企业可以为客户量身定制文旅行程，使之更符合客户的需求和期望，提高客户满意度。相比普通人力，文旅数字人的另一个优势体现在工作时间与精力上，文旅数字人不仅能够支持7天24小时服务，还能够作为智能客户服务代理提供全天候服务，解答游客疑问，增强客户服务的实时性，提高企业的运营效率。

二、数字人对地域文旅资源的保护与传播作用

（一）形象IP推广

数字人作为形象IP可以通过各类媒体平台，包括广告、社交媒体、电视等，

向公众传达地域文旅资源的文化价值；通过有趣、引人入胜的形象，吸引人们了解并关心当地文化的核心价值。

2023 年 9 月 15 日，北京举行了敦煌国际时装周新闻发布会，以时尚的名义让敦煌文化在创新中传承。而作为敦煌地域文化的代表，以敦煌飞天为设计蓝本的国风数字人天妤成为这场发布会的亮点[1]，如图 2 所示。敦煌数字人天妤作为首个文化出海的国风数字人，以敦煌飞天为设计蓝本，展现了数字人在地域文旅资源形象 IP 推广方面的独特作用。对于地域文化的传承与创新，敦煌数字人天妤参考敦煌壁画中的形象，融合天女、伎乐人等的服饰特色设计。这种设计不仅传承了敦煌文化的经典元素，还通过数字技术创新呈现，为作品注入新的艺术和科技元素，使文化传承更富有吸引力。同时，敦煌数字人天妤还展现了形象 IP 的独特性，天妤的妆容、服装等设计体现了敦煌图案艺术中简洁美、繁复美相结合的美学特征，吸引了更多的人关注。与传统文化融合，使数字人在推广中能够成为独特而引人注目的文旅资源代表。在社交媒体传播方面，天妤作为独特的形象 IP，适合在社交媒体上进行推广。她的形象很吸引眼球，通过社交媒体传播，可以迅速扩大知名度，同时对敦煌文化起到推广作用。

敦煌数字人天妤通过采用数字技术和虚拟形象创新，成功地将敦煌文化与当代艺术、科技相结合，为地域文旅资源形象 IP 推广注入新的活力，提升了文化传承的吸引力和影响力。她不仅是一个数字人，还是一个富有文化内涵的形象代表，为地域文旅资源的推广起到了积极的推动作用。

图 2　敦煌数字人天妤

数字人在社交媒体上的形象 IP，通过分享有关地域文旅资源的内容，扩大传播范围，吸引更多人关注和参与，推动了文旅资源的传播。将数字人形象塑造成地域文旅资源的文化代言人，利用其在各类媒体平台上的形象宣传地域，可以为地域文化树立鲜明的品牌形象，大大提高知名度。除敦煌数字人天妤外，宜兴城市推介官"宜苏欣"、杭州市文旅数字偶像"杭小忆"、上海国家对外文化贸易基地数字人文旅推广大使"之"等也在近年崭露头角，以形象 IP 推广为主要作用的文旅数字人正如雨后春笋般不断涌现。

通过以上的例子不难发现，形象 IP 文旅数字人大多利用数字人形象的可塑性，将带有地域文旅资源特色的元素巧妙地融合在数字人形象中，以数字化的手段将地域文旅资源的独特文化特色传播给更广泛的受众，从而在推广过程中实现对地域文旅资源的保护和传播。

（二）地域经典形象的数字孪生再创作

利用数字孪生技术，地域经典形象可以在数字领域得到保护和传承。数字孪生的创建需要深入研究地域文化，有助于对当地传统文化的深入理解和传承。同时，利用数字孪生技术，可以创作数字艺术品、短片或虚拟现实体验，以新颖的方式展现地域文旅资源。这有助于吸引年轻一代关注，促进文旅资源的创新表达。

为了解决千篇一律的城市宣传片缺乏吸引力、难以满足 Z 世代对高新科技需求的问题，广西壮族自治区人民政府办公厅在 2023 年提出通过智能交互系统，设计兼具热情、正直、机敏形象的虚拟代言人来强化数字科技赋能文旅资源的方案。最终，广西旅游发展集团使用百度的数字人智能云方案，打造出了首个省级文旅数字代言人"刘三姐"，如图 3 所示。

图 3　广西文旅数字代言人"刘三姐"

数字人刘三姐的再创作涉及多个方面，从深度研究到数字技术的应用，目的是将传统的地域经典形象带入数字时代，以更好地传承和传播地域文化。对于数字人刘三姐的外观，需要进行深度研究，梳理刘三姐的传说、历史，了解广西的文化、风俗习惯，以还原她的形象，其中包括人物服饰、言行举止、性格特点等。通过文献研究和与专家合作，确保数字孪生形象能够真实而准确地反映地域文化。数字人刘三姐的相貌是结合以往多部影视作品中刘三姐的扮演者脸部形象生成的。数字艺术家利用计算机图形学和虚拟现实技术，以刘三姐为原型进行数字化绘画和雕塑创作，设计数字人刘三姐的服饰、表情、动作等，以呈现更具现代感和艺术性的形象。应用数字技术，可以在创作中融入创新元素，创造富有审美感的艺术品。通过数字交互技术，观众可以与刘三姐的数字形象进行互动，包括语音对话、虚拟现实场景体验等。数字交互体验可以增强观众的参与感，使其能够更深入地了解和体验广西地域文旅资源。在广西地域文化中，刘三姐是以唱山歌出名的，数字孪生形象可用于虚拟表演，采用动画、虚拟现实等形式进行山歌表演，呈现真实的舞台效果，生动地展现她的传奇故事。

广西通过对数字人刘三姐的再创作，不仅能够保护和传承地域经典形象，还能够在数字领域创新，为观众提供更为丰富和有趣的文化体验。除刘三姐外，还有很多数字孪生再创作的例子。这种数字孪生再创作是一种技术手段，更是对传统文化的创新呈现，使地域文旅资源能够与现代社会更好地联结。通过数字孪生技术在创作中的运用，地域文旅资源得以在数字领域得到更广泛的传播和保护。数字孪生不仅可以还原经典形象，还可以为其注入创新元素，使之更适应现代观众的需求，从而实现对文旅资源的传承和创新。

（三）旅游导览与艺术体验

数字人在地域文旅资源的旅游导览与艺术体验方面具有多重作用，最重要的是个性化导览服务，数字人可以被设计成虚拟导游，为游客提供个性化、定制化的导览服务。通过人工智能和大数据分析，数字人能够根据游客的兴趣、偏好及历史浏览记录，提供更贴近游客需求的导览信息，使导览更为个性化，更有深度。数字人可以使互动体验增强，可以通过语音、视觉和其他交互方式与游客实时互动。这种互动不仅使导览过程更加生动有趣，还提高了游客的参与感。游客通过与数字人互动，可以更深入地了解当地文化、历史和景点。此外，在语言多样性的适配上，数字人可以通过语音合成技术提供多语言导览服务，突破语言障碍，为国际游客提供更便利的旅游体验。这种多语言服务有助于吸引更广泛的受众，提高地域文旅资源的国际知名度。

在导览服务方面，数字人有着不可替代的作用。数字人可以在博物馆或展览会中担任导览员角色，引导游客参观展览。这种虚拟体验不受时间和地域限制，使更多的人能够远程参与，促进地域文化的传播。2022年7月21日，中国国家博物馆正式启用数字人员工艾雯雯，如图4所示。艾雯雯是一个专门负责博物馆导览的数字人女孩。在形象设计方面，艾雯雯有两套常用的服装，一套是日常的T恤和牛仔裤，另一套是汉代少女服饰，参考中国国家博物馆展出的"中国古代服饰文化展"相关服饰和妆容。除此之外，艾雯雯身上与交互相关的各种饰品，如耳钉，创意来自精美瓷器"海晏河清尊"，该瓷器也是中国国家博物馆的文创产品之一。艾雯雯这一数字人形象紧扣中国国家博物馆元素，在导览服务中不仅导航，还能通过讲述地域文化、历史故事，传递深层次的文化内涵。通过数字人的口述，游客能够更深刻地了解地方的传统、风俗、历史，增加对地域文旅资源的认同感。

图4 中国国家博物馆虚拟导览员艾雯雯

文旅数字人能够强化艺术体验与演艺表现。文旅数字人可以被设计成与地域文化艺术相关的虚拟角色，参与各种表演，如虚拟音乐会、戏剧表演等。数字人的演艺表现可以为游客提供独特的文化体验，同时也可以呈现一些传统艺术在虚拟空间中的创新表达。2022年，国家京剧院推出的数字人尤子希就是一个聚焦艺术体验与演绎表现的数字人。在戏曲真人秀《最美中国戏2》中，数字人尤子希与京剧演员裘识合唱经典曲目《雨伞是媒红》。尤子希通过时尚、科技、年轻的独特形象，帮助京剧艺术跨越年龄层，破圈传播，吸引了更多的年轻人关注传统文化。这种以京剧艺术为根基并加以现代创新的演绎方式，具有很好的文化传承和传播效果。

总体而言，数字人在地域文旅资源的旅游导览与艺术体验中发挥着重要作用，通过在个性化服务、互动体验、语言多样性、艺术表现等方面的创新，提升了游客的参与感和体验度，同时促进了对地域文旅资源的推广和传播。

三、数字人在文旅领域面临的问题和挑战

（一）文旅数字人的技术与设备难题

数字人在文旅领域的发展首先面临的就是复杂的技术需求与设备难题。制作数字人形象需要先进的技术，包括人工智能、计算机图形、语音合成等。对这些技术的综合运用增加了数字人开发的复杂性。要创造适合地域文旅资源的数字人形象，需要高新技术支持，包括高质量的图形渲染、复杂的动作捕捉系统，以及自然的语音合成技术。然而，目前的技术难以使数字人完全模拟人类的外貌和行为，数字人在逼真度和亲和力方面可能存在短板。为了实现高质量的数字人体验，需要强大的硬件支持，如高性能图形处理器、大容量内存等。这对于一些小型或预算有限的文旅机构来说可能是昂贵的投资。从目前的行业发展情况来看，虽然已经有百度、腾讯、阿里巴巴等大厂提供定制化的文旅数字人制作服务，但如何打破第四面墙[①]，实现虚拟文旅数字人与现实游客之间的真实互动仍然是一个亟待解决的问题。文旅行业是一个发展相对比较滞后的行业，技术限制同样是一个问题，如果数字人使用的技术不能及时更新和迭代，就难以适应文旅领域不断变化的需求。除此之外，安全和隐私也是一个伴随数字技术产生的问题。将数字人应用于文旅领域，涉及用户的个人信息和交互数据，涉及安全和隐私问题。如果数字人不能提供足够的安全保障和隐私保护，用户就可能不愿意使用。同时，数字人的人性化、拓展性、自由化方面仍然存在巨大的局限。或许在未来，人工智能技术能够解决数字人存在的这些问题。

（二）数字人形象与文化敏感性

数字人形象在很大程度上决定了数字人的效用，文旅数字人的形象代表地域文化本身，任何一个地域文化的蕴意与内涵都是复杂而多样的，而这些都需要精准而完整地展现在文旅数字人形象之中。所以，文旅数字人形象可以说是文旅数字人目前面临的最大的问题与挑战。根据不同的地域文化，文旅数字人会出现不同的形象问题，下面将一一阐述。

[①] 第四面墙，戏剧术语，指在传统三壁镜框式舞台中虚构的一面"墙"，可以让观众看见戏中的观众。打破第四面墙，即让观众在戏中出现。

1. 逼真度和亲和力

要在文旅领域成功应用数字人，其外观和行为必须具有足够的逼真度和亲和力，以便与现实环境和人们产生真实互动。不逼真或者不具备足够吸引力的数字人形象，可能难以引起游客的兴趣。人类对于逼真度的期望和感知是极为复杂的，涉及认知科学领域的多个方面。人们可能对数字人的微表情、眼神交流等非常敏感，而这些微妙之处正是目前技术难以捕捉和模拟的。与此同时，还要注重数字人逼真性与不逼真性之间的平衡。一方面，数字人需要具有足够的逼真性，以提供有价值的信息和服务，与游客建立情感联系。另一方面，过度逼真的数字人可能引发隐私和伦理问题。

2. 人机交互

制作数字人形象不仅涉及图像和声音问题，还需要考虑人机交互的方方面面，包括面部表情、身体语言、语音交流等。这些元素的综合运用使数字人形象更难以具有足够的亲和力，特别是在与现实人类的真实互动中。

3. 文化差异

不同文旅场所和项目的需求及审美标准可能存在差异，数字人形象的设计必须考虑到这些多样性，以确保其在不同文化环境中都能够被接受和欣赏。文化具有敏感性，数字人形象的设计必须对当地文化和传统有敏感性，以避免触及敏感话题或者对文化价值产生冲击。如果数字人形象在外观或行为上与当地文化不一致，可能引起误解或抵触情绪。除此之外，审美标准的差异无处不在，不同文化拥有独特的审美标准和美学观念。数字人形象的设计需要考虑到这些差异，以避免在某些文化环境中引发不适或争议。例如，某些面部特征、服装风格或者行为方式在一种文化环境中可能被视为吸引人的，而在另一种文化环境中可能完全相反。

这些问题之所以发生，一方面在于技术的发展尚未完全满足对数字人高度复杂的逼真度和亲和力的需求，另一方面则是因为数字人形象通常在全球范围内应用而带来的文化差异的挑战，需要在设计阶段就考虑多元文化因素。解决这些问题需要跨学科合作，结合计算机科学、认知科学、文化学等多个领域的专业知识，以更好地平衡技术和对文化的考量。

（三）传统文化与数字人技术的矛盾性

地域文旅资源的保护与数字化需求存在矛盾，在一些传统文旅场所，数字人技术的引入可能与文化保护的理念相冲突。一些保守的观点可能认为数字人技术破坏了传统文化的纯粹性，从而引发争议。传统文化通常强调人际互动和温馨感、亲切感。数字人虽然可以提供便捷的信息和服务，但通常缺乏真正的人性化表达，这可能在游客中引发不满。游客可能更喜欢与真实的人互动，而不是与冷冰冰的数字助手互动。数字人提供的文旅信息通常是表面的，缺乏深度和情感。这可能使游客失去深入理解和体验地域文旅资源的机会，因为数字人无法传达文化的真正内涵和情感，导致文化失真现象出现。同时，在一些应用中数字人可以提供虚拟体验，但无法替代亲自参观景点或参加文化活动的现实体验。这可能导致游客对数字体验和真实体验之间的对比产生困惑，或者使其对真实体验失去兴趣。解决这些问题和挑战需要在数字人应用中注重平衡，尊重传统文化的特质和价值观，同时利用数字技术提供更好的文旅体验。在数字人设计和开发中，需要考虑如何使其更人性化，如何传达文化的深度和情感，以及如何与传统文化保护和传承协调一致。文旅从业者和技术开发者需要密切合作，以克服数字人与传统文化之间的违和感，以提供更富有价值和更有意义的体验。

（四）数字人技术与文旅需求不对应

需求不对应问题的出现根源在于技术与历史融合的难度，将数字人技术与历史文化场所融合，以创造一个有深度、有教育意义的体验，是一个复杂而具有挑战性的任务。定制化需求是大部分文旅资源数字化的主要目的，不同的文旅场所可能有独特的需求，包括目标受众的年龄层、文化特征等。数字人形象必须能够满足这些定制化需求，否则可能无法实现预期的效果。但是，截至目前，文旅数字人实际运用与期望的差距依然很大。一些文旅机构在引入数字人技术时可能期望实现更高水平的互动和娱乐价值，但在实际应用中可能受到技术限制，或者出现与游客需求不匹配的问题。

文旅需求呈现出多元化趋势，文旅领域包含文化、旅游、娱乐等多个维度，而数字人往往是为特定领域或需求设计的。如果数字人的功能和特性不足以满足文旅领域多元化的需求，就会导致与需求不对应的问题。例如，文化场馆可能需要数字人具备解说艺术品的能力，而旅游景点可能需要数字人提供导游服务，这就需要数字人具备不同的技能和特长。

在时间上，文旅行业具有季节性和周期性。文旅行业的需求通常呈现季节性和周期性特点，如节假日、季节性旅游高峰等。数字人如果不能灵活应对这种变化，就可能无法满足需求的变化，从而导致与需求不对应。例如，某个数字人系统在淡季可能面临使用率低的情况，而在旅游高峰期可能需要更多的功能来满足用户需求。随着世界变得地球村化，文旅行业的游客范围越来越大，用户体验的差异日益明显。文旅领域的用户群体可能具有不同的文化背景和语言习惯，他们对数字人的期望和使用习惯可能存在差异。如果数字人无法提供个性化、多语言的服务，就可能无法满足用户的需求，造成与需求不对应。

在解决这些问题和挑战的过程中，文旅领域需要综合考虑技术、文化、设计和市场等多个方面的因素，以确保数字人在这个领域能够取得成功并为游客提供有价值的体验。

综合来看，数字人在文旅领域应用中的违和感问题需要在设计和执行中考虑，以确保数字人既能提供便捷的服务，又能尊重传统文化，具有一定的深度。这需要政府、行业从业者和技术开发者共同努力，以取得平衡，满足游客的需求，同时保护和传承传统文化。

四、未来前景与发展趋势

（一）发展趋势和市场增长

根据艾媒咨询的数据[2]，2022年中国数字人核心市场规模达到1208亿元，同比增长94.2%，展现出强劲的增长势头。预计到2025年，该市场规模将进一步扩大至4806亿元。全球数字人产业正步入高产时代，相应的市场规模也不断扩张。商业分析机构量子位发布的《2021年虚拟数字人深度产业报告》预测[3]，到2030年，中国数字人市场规模有望达到2700亿元，其中，服务型数字人的市场总规模将超过950亿元。百度数字人与机器人业务负责人认为，仅在2022年，市场上数字人产值就已经达到了几十亿元的水平，预计未来每年将以超过50%的速度递增。作为数字人应用的一大领域，文旅数字人的未来发展增速同样不容小觑，加上国家政策对于文旅产业的支持，未来文旅数字人会有更加广阔的应用空间。

（二）人工智能赋能合作创新

数字人在文旅领域的未来充满潜力，合作与创新将是推动其发展的关键因素。文旅数字人的发展将更多涉及跨界合作，如与科技、文创、娱乐等领域合作。这种跨界融合可以创造更多新奇、有趣且有吸引力的数字人体验。文旅数字人未来的发展会促成行业联盟的形成，文旅数字人联盟将成为一种常见模式。不同地区的文旅机构、数字技术企业和内容创作者将共同合作，共享资源，向全球推广数字人和实现本土化。

在技术创新方面，未来人工智能与文旅数字人结合的潜力巨大，有望在文旅领域带来深刻的变革。人工智能与数字人结合已经成为一个不可避免的趋势。根据国际数据公司的预测[4]，中国未来几年的人工智能数字人市场规模会不断增长，预计在2026年超过100亿元。

人工智能的发展可以为文旅数字人注入灵魂，ChatGPT的出现对于增加数字人的亲和力与自主拓展性有巨大的作用，人工智能数据分析也能帮助数字人在服务过程中进行灵活反应。未来，随着技术的不断进步，人工智能与数字人的结合将为文旅领域带来更多创新和便利，提升服务质量，推动行业向更数字化、更智能化的方向发展。

（三）数字人+文旅的全球竞争力

数字人与文旅结合在全球范围内已经成为一个备受关注的趋势，并在多个方面提升了全球竞争力。数字人在文旅领域的应用可以创造全新的体验。例如，虚拟导游、数字化文旅活动等创新形式可以吸引更多的游客，提高他们的参与感和沉浸感，从而增强旅游目的地的吸引力。

我国传统地域文旅文化包含丰富的人物、故事及名胜等元素，在为数字人构建形象方面具有巨大的优势。一个比较成功的例子是敦煌文旅数字人天妤。作为首个文化出海的国风数字人，天妤以敦煌壁画碎片作为素材，发布系列正片及番外内容，向世界讲述中华传统文化故事，在海内外产生了强烈反响。在海外平台，天妤的粉丝已经超过 11 万人，视频总播放量更突破了 120 万次。她的仿妆视频甚至在海外美妆领域引起了竞相模仿的风潮。截至 2023 年底，天妤在全网的粉丝已经超过 550 万人，视频播放量更是飙升至 4 亿次，抖音上的点赞量接近 3000 万次，相关话题播放量更是突破了 9 亿次。

未来，社会各界需要不断创新，充分挖掘数字人在文旅领域的潜力，以提升全球竞争力，更好地满足国际游客和用户的需求。

（四）行业发展建议

1. 政府方面

政府需要积极出台支持文旅数字人发展的政策，鼓励企业投资研发数字人技术，提供税收减免和其他激励措施。同时，要及时制定产业标准与规范，以规范数字人在文旅领域的运用，确保技术的稳定性和安全性，提高用户信任度。政府需要投资建设数字化基础设施，如高速网络、云计算平台等，以提升文旅数字化应用的效率和质量。对数字人技术人才的培养和培训应该加强，推动相关专业的发展，为文旅数字人产业培养更多高素质的人才。除此之外，文旅数字人的国际推广也是重要的一环，政府可以通过文化部门推广中国文旅数字人形象，以提升国家形象，加强国际文化交流。2023 年 9 月 8 日，工业和信息化部办公厅、广电总局办公厅等单位联合印发《元宇宙产业创新发展三年行动计划（2023—2025年）》，提出了一系列政策，鼓励推动包括数字人技术在内的各种高新技术在元宇宙中的运用与突破，推动出台一系列针对元宇宙相关产业的减税降费政策。目前来看，数字人在文旅领域的应用作为国家重点支持的元宇宙重要赛道之一，在很大程度上已经得到了国家政策的支持，但还没有针对性更强的细化政策对文旅数字人的应用进行标准化和规范化。文旅数字人涉及文化敏感问题，具有特殊性和较大的局限性，所以在技术方面需要设立专门机构对其进行研究，以更好地通过数字人展现我国文旅特色，讲好中国故事，提升中国文化形象。

2. 企业方面

企业要注重技术研发投入，加大对数字人技术的研发投入，保持技术领先，不断提升数字人的智能水平和互动性；创新数字人产品，结合地方文化特色，推出更具有创意和独特性的文旅数字人形象；加强安全保障，防范技术风险，提升用户对数字人的信任度。科技企业与创新机构建立合作关系，共同推动文旅数字人才培养和项目创新工作，如共同研发新技术、推出数字化文旅产品。企业要与文旅机构、景区等建立深度合作关系，共同开发文旅数字人项目，实现共赢。对文旅数字人而言，最重要的是用户的市场接受度。企业需要通过市场调研，深入了解用户需求和偏好，确保产品更好地适应市场，不断优化数字人互动体验，提高用户黏性和满意度。企业也应该在国际市场布局，利用数字人技术推广中国文化，提升企业在国际市场的竞争力。我国企业在数字人定制市场已经有了很大的发展，百度、华为、腾讯等数字人定制服务已经在数字人市场占有了不小的比例，并且已经开发出了细分化、专业化、高精度化的细分市场。目前，定制数字人商业化程度较高，而文旅数字人的定制服务较为缺乏，也没有相关的规范。文旅数字人的用户大多集中于组织团体，要求精度较高，对于专业化的需求较大，对于文旅数字人的细分业务需要进一步发掘与拓展。

3. 组织团体方面

在文旅数字人日渐兴盛的今天，通过体验相关文旅数字人产品服务，组织团体要高度重视社会责任，注重文旅数字人在数字化过程中的伦理和社会影响，推动其可持续发展。组织团体应不断学习，了解数字技术的发展和行业趋势，提高自身适应新技术的能力；要努力学习并创新中华传统文化，提出新的数字化文旅解决方案和项目。组织团体应相互协作与跨界合作，促进不同专业背景的人才合作，实现文旅与数字技术的跨界融合，提高综合解决各种问题和应对各种挑战的能力。

政府、企业和组织团体合作努力，可以为中国文旅数字人行业提供更好的发展环境，推动数字人在文旅领域的应用蓬勃发展。

电子参考文献

扫描二维码，阅读本文电子参考文献。

数字人在中国影视领域的应用与前景

赵立诺[①] 方乐雅[②]

摘要：数字人在中国影视领域的应用方兴未艾，具有广阔的前景，其研发和应用已经具备一定的技术基础。目前，数字人已经进入中国影视产品的拍摄、后期制作、宣传发行过程，并且将影响影视工业流程。本研究将结合具体案例，从影视产业的角度探讨原生数字人与孪生数字人在微短剧、网剧、电视剧、电影中的应用，并且分析这一技术应用于中国影视领域的优势与目前存在的问题，最后对数字人在中国影视领域的未来应用前景进行展望，并提供相应的建议。

关键词：数字人；影视技术；人工智能；微短剧

一、数字人在中国影视领域的发展概况

数字人在中国影视领域的应用还处于发展初期阶段，尚未得到推广，具有很大的发展潜力。在数字人技术方面，数字人的研发和应用在中国影视领域已经具备一定的技术基础，发展态势良好。在相关经营主体方面，科创企业和影视企业在推动数字人在中国影视领域的应用中发挥了较为重要的作用。其中提供技术服务的企业主要包括阿里巴巴文化娱乐有限公司（简称"阿里大文娱"）、深圳前海创壹科技发展有限公司（简称"创壹科技"）、北京车之家信息技术有限公司（简称"汽车之家"）、北京元圆科技有限公司（简称"元圆科技"）、魔珐（上海）信息科技有限公司（简称"魔珐科技"）、北京蓝色光标数据科技股份有限公司（简称"蓝色光标"）、天画画天（北京）影业有限公司（简称"天画画天"）、优链时代科技有限公司（简称"优链时代"）等企业，企业的业务范围主要分布在科技领域和影视娱乐领域，地域则主要分布在北京、上海和深圳等一线城市。数字人现在已经在中国影视领域得到了初步应用，原生数字人和孪生数字人都已经在影视产业投入应用，涉及拍摄、后期制作和宣传发行等多个方面，取得了较好的成效，

---

① 赵立诺，北京外国语大学艺术研究院讲师。

② 方乐雅，中国人民大学文学院硕士研究生，主要研究方向为当代视觉文化与西方文艺理论。

甚至展现出了强于真人演员的某些优势，在未来拥有广阔的应用空间和发展前景。

数字人在中国影视领域的应用具有重要的意义。首先，数字人技术的应用将改变影视工业流程。数字人拍摄需要大量的后期制作工作，拍摄和制作阶段将逐渐融合，甚至未来几乎不需要经历拍摄阶段，就可以依靠超写实数字人和人工智能技术完成电影的生产。其次，数字人逐渐对影视宣传发行的方式产生影响，如目前许多微短剧在原生数字人短视频平台账号上发行，以及使用剧中人物的数字人形象与观众互动，用于影视宣传。数字人将为中国影视产业的升级提供契机，数字人技术的应用将为科创企业提供一系列商机，并产生一批新的技术岗位，进而提升影视领域的科技水平。最后，数字人在中国影视领域的应用也将提升中国影视作品的国际竞争力，增强中国文化软实力。

二、应用于影视领域的关键数字人技术

影视领域的数字人技术与通用数字人技术有很大的重叠部分，在此主要讨论数字人在影视领域应用的关键技术，主要包括图像采集、建模、人工智能换脸、语言合成、动作捕捉、智能光场等技术。[1][2]在传统的电影特技、三维动画和电子游戏中，计算机图形、建模、动作捕捉等应用于影视领域的关键数字人技术已经在中国得到了广泛的应用，因此数字人在中国影视领域的应用具备一定的技术基础。

（一）图像采集技术

通过高精度的三维扫描仪器或摄影机对目标进行拍摄，通过多角度扫描采集真人外貌信息，利用这些数据生成数字模型。通常而言，要生成达到影视使用标准的孪生数字人，需要的数据精度比通用数字人更高。

（二）建模技术

基于收集的图像数据，可以使用相关软件生成人体外貌数字模型，包括精确到毛孔的面部细节和肌肉运动状态。同时，将计算机图形技术与机器学习算法相结合，可以对生成的数字模型进一步调整，使数字人模型更加逼真和自然。目前常用的软件主要是 Maya 与 Metahuman Creator，其精度可以达到超写实数字人水平。

---

[1] 杨文韬，刘沛卿，佟佳欣，等. 数字人生成和驱动技术研究[J]. 现代电影技术，2023(6): 25-32.

[2] 濮玉. 虚拟数字人专利技术综述[J]. 专利代理，2023(3): 83-92.

在硬件方面，为了满足软件和工作流计算的需求，需要使用数据访问速度较快的专业显卡，以应对人工智能工作的数据量和速度。对于影视级别超写实孪生数字人的应用场景，英伟达的 RTX 6000 Ada 和 RTX A6000 等显卡可以作为硬件选择之一。

（三）人工智能换脸技术

人工智能换脸也是数字人应用于影视领域的关键技术之一，主要在后期对真人演员的面部进行处理，以呈现超写实孪生数字人的效果。

（四）语音合成技术

在声音方面，需要采用语音合成技术来合成数字人的语音。CereProc 等语音合成软件能够为数字人生成语音，具有自然、流畅的效果，从而让数字人开口说话。数字人说话不仅需要语音合成技术，还需要具有相应的表情神态。因此，语音合成技术还需要与三维人脸生成、人像风格转换、图像识别、语音识别等技术相结合，以形成音画同步的自然效果。[①]

（五）动作捕捉技术

现阶段，动作捕捉技术也是数字人在影视领域应用需要的关键技术之一。目前人工智能训练演技的效果还不够理想，为了使数字人演员的动作显得自然，还需要依赖传统计算机图形学动作捕捉技术来实现数字人的活动。对动作捕捉的微调可以在软件 Unreal Engine 中使用控制器 Control Rig 完成，通过调节多个控制节点，可以让数字人做出丰富的肢体动作与细微表情。

（六）智能光场技术

值得注意的是，若完全依赖传统计算机图形技术，数字人演员在肤质、光影等方面的呈现效果目前还不尽如人意，会给观众留下失真的感受。智能光场技术能够在很大程度上改善数字人演员的影视呈现效果。通过人工智能技术渲染身体光影以及环境光的折射与反射，数字人演员与周围的环境能够更好地融合，在影视呈现中达到自然的光影效果。

---

① 宋一飞，张炜，陈智能，等. 数字说话人视频生成综述[J]. 计算机辅助设计与图形学学报，2023, 35(10)：1457-1468.

三、数字人目前在中国影视领域的应用

目前,数字人已经应用于中国影视作品的制作与宣传发行。原生数字人与孪生数字人赋能影视作品拍摄、后期制作与宣传发行,在微短剧、网剧、电视剧和电影领域都发挥了独特的作用。

(一)数字人在中国影视作品拍摄中的应用

1. 原生数字人参与影视作品拍摄

(1)原生数字人参与微短剧拍摄。

2023年,数字人在影视作品拍摄中的应用还处于早期阶段。截至2023年12月,原生数字人在中国影视中的应用已经进入了微短剧、网剧和电视剧领域,其中以微短剧为主要市场。

原生数字人在影视作品拍摄中的应用,可以追溯到原生数字人参演的短视频剧集。早在2021年,创壹科技旗下的数字人柳夜熙就开始出演微短剧。2021年,柳夜熙主演的《地支迷阵》系列竖屏短剧在抖音平台上线。2023年,创壹科技又在抖音平台推出了同样以柳夜熙为主角的横屏短剧《AI 迷局》。这两部系列短剧每一集都有完整的剧情和故事线,点赞数达到了十万级别,部分剧集的点赞数甚至达到百万级别。2023年,原生数字人参演的短视频剧集大量上线,除柳夜熙主演的《AI 迷局》外,苏小妹、天妤、令颜欢、宫玖羽等原生数字人主演的剧集也在抖音平台上线,并且获得了一定的关注,如表1所示。这些短视频剧集时长大部分在1分钟左右,最长不超过5分钟。

表1 原生数字人出演短视频剧集情况[①]

发行年份	数字人所属企业	数字人	粉丝量/名	平台	剧集名	累计播放量
2021	创壹科技	柳夜熙	830.3万	抖音	《地支迷阵》	3.8亿次
2023					《AI 迷局》	1.4亿次
2022	汽车之家	宫玖羽	34.9万	抖音	《定时重生》	716.4万次
2023					《平行之翼》	6539.1万次
2023	元圆科技	天 妤	345.2万	抖音	《千壁寻踪》	2.2亿次
2023	魔珐科技	令颜欢	96.0万	抖音	《千里江山行》	1185.2万次
2023	蓝色光标	苏小妹	80.7万	抖音	《步天歌》	367.2万次

① 数据统计时间截至2023年11月18日。

原生数字人在微短剧领域最先得到广泛应用，得益于微短剧制作成本较低、制作周期较短、用户反馈直接的特点，因此这一媒介形式适合对数字人、生成式人工智能等新技术进行初步应用。例如，柳夜熙主演的短剧《地支迷阵》取得了良好的用户反馈，因此在《AI迷局》中主创团队进行了更大胆的尝试，一改《地支迷阵》中使用竖屏构图的模式，而是采用横屏构图。柳夜熙在横屏短视频领域的应用尝试，可以视为数字人应用逐渐向具有横屏构图传统的网剧、电视剧乃至电影过渡的表现。竖屏构图更适合短视频用户观看，这一改变难免牺牲了一定的播放量和观众，但无疑是在为数字人柳夜熙进入横屏构图的电视剧，乃至登上电影大银幕做前期准备。

此外，短视频平台基于Web 3.0逻辑的"博主—粉丝"运营模式也有利于充分发挥原生数字人IP的吸引力，将用户黏性转化为播放量。截至2023年11月，柳夜熙在抖音平台上的粉丝数量达到了830.4万人，《地支迷阵》播放量达到3.8亿次，《AI迷局》播放量达到1.4亿次，在互联网上获得了较大的影响力。柳夜熙在短视频剧集领域的应用，是原生数字人应用于影视领域的初步尝试，为原生数字人此后进一步应用于网剧、电视剧、电影拍摄提供了参考案例和成功经验。

（2）原生数字人参与长视频剧集拍摄。

原生数字人在短视频剧集中的成功应用，为其进入更大规模的长视频剧集打开了市场。在电视剧领域，原生数字人尽管尚未得到广泛的应用，但已有制作团队进行了初步尝试。例如，原生数字人202出演了2022年在湖南卫视播出的电视剧《二十不惑2》，这个数字人演员有自己的微博账号"202不是404"。数字人202在剧中的表现距离真正的超写实数字人还有一定的距离，他在剧中出演的是一个人工智能数字人，被安置在一个名为"答案之书"的袖珍装置中，与其他真人演员的角色并非1:1的大小，并且在观感上还有不少瑕疵，如肢体动作和面部表情不够自然、细节渲染不够逼真等。这次应用主要是基于对数字人概念的尝试，数字人202的预算投入和戏份都很少，反映了电视剧作为传统影视媒介面对数字人演员相对保守的态度。

2023年，在腾讯视频平台发行的网剧《神女杂货铺》和优酷视频平台发行的网剧《异人之下》都使用了数字人演员。2022年发行的《二十不惑2》应用的原生数字人技术尚未成熟，更偏向基于概念的尝试。与之相比，2023年的这两部网剧中的原生数字人技术更加成熟，原生数字人戏份更多，效果更加写实。《神女杂货铺》每集10分钟左右，共24集，其中原生数字人演员果果饰演女配角叶拾一，戏份主要在第一集。尽管数字人演员的戏份较少，但这是超写实数字人演员在短视频平台以外首次出演制作规模较大的长剧集。在这一剧集中，制作团队通过使用人工智能换脸技术呈现了超写实数字人效果。《神女杂货铺》的官方微博也发布了演员果果的"出道首秀"视频，呈现了各种造型装扮的果果在各种生活场景中的活动。在优酷网剧《异人之下》中，阿里大文娱旗下的原生数字人演员厘里饰演二壮，采用真人替身加后期光场制作的方式，综合运用计算机动画和人工智能技术，呈现出超写实的效果。其面部表情生动、细节逼真，身体上的光影效果和谐地融入周围的环境，因此观众并不会产生不自然的观感体验，不少观众甚至称"还以为是真人"。截至2023年11月，厘里的微博粉丝达到128.5万人，是具有一定影响力的原生数字人虚拟偶像。原生数字人厘里参演这一制作规模的网剧，并且出演具有较多戏份的重要配角，反映出影视产业对原生数字人的充分信心，这与前几年原生数字人在短视频领域的应用经验和逐渐成熟的技术是离不开的。《异人之下》在播出之后，也取得了较好的市场反馈。根据优酷平台的数据，共有105.5万人"追剧"。此外，该剧在豆瓣平台的评分高达8.1分，并进入豆瓣平台"近期热门大陆剧榜"前十名。数字人厘里饰演的角色二壮也深受观众喜爱。

（3）原生数字人在影视领域的应用趋势分析。

从2021—2023年原生数字人在中国影视领域的应用中可以看出以下几点。

① 在时长方面，原生数字人拍摄的剧集由5分钟以内的短视频逐渐向更长的视频过渡，由早期仅参与拍摄抖音发布的1~5分钟的短视频剧集，到后期参与长达10分钟、40分钟的连续剧的拍摄。时长的增长，反映了原生数字人参与影视制作规模的变化，由最初的小制作项目逐渐发展到大制作项目。

② 在媒体平台方面，原生数字人在影视作品拍摄中的应用最初集中于抖音平台发布的短视频剧集，后逐渐向优酷视频、腾讯视频等网剧平台拓展，甚至进入湖南卫视播出的电视剧。与此同时，原生数字人参演的剧集在构图方面也逐渐实现了从竖屏构图向横屏构图的过渡，向更广泛的媒体平台逐步拓展。

③ 在题材与角色的适配度方面，原生数字人大多在与元宇宙、新科技相关的剧集中饰演角色。例如，柳夜熙出演的《AI迷局》大多涉及科技相关的社会议题，如人工智能电信诈骗、人工智能辅助破案、人工智能定制男友等。宫玖羽出演的《平行之翼》是科幻题材的短剧，她在其中饰演一位从平行时空穿越而来的女子。在《神女杂货铺》中，果果饰演经营神秘酒馆的店主。在她的引导下，女主角穿越到了电子游戏的时空中。厘里在《异人之下》中饰演的二壮的真身是一个身体残缺、使用脑电波进行交流的角色，厘里在其中扮演二壮通过脑电波控制的数字化身。目前，使用超写实数字人演员的成本仍然高于大部分真人演员。由于数字人技术还在发展之中，数字人与真人演员的演出效果存在差距。鉴于此，仅采用原生数字人演员作为真人演员的平行替代，在现阶段是一个性价比极低的选择。但是，由原生数字人演员出演本身具备数字人属性的角色（即"让数字人演数字人"）则改变了这一点，因为这一策略让原生数字人演员与真人演员的差异从不足巧妙地转换为剧集的卖点。此外，在制作规模较小的微短剧中让数字人演员饰演主角，在制作规模较大的网剧、电视剧中让数字人演员饰演配角也反映出制作团队面对新事物比较谨慎的态度。

从以上几个方面可见，原生数字人参与拍摄的中国影视作品呈现纵深化发展趋势，具有循序渐进的特点，符合影视产业的发展规律，可以做到行稳致远。

2. 孪生数字人参与影视作品拍摄

孪生数字人在中国电影的拍摄中已经得到初步的应用。在《流浪地球1》中饰演韩子昂的演员吴孟达去世，出于剧情需要和纪念逝者的目的，2023年上映的《流浪地球2》使用计算机图形技术，生成吴孟达的孪生数字人，进行相应镜头的拍摄。尽管最终效果差强人意，但依然使观众感动。不过，孪生数字人技术尚未成熟，效果并不完美，所以这个镜头受到一些诟病，也限制了韩子昂这个角色在《流浪地球2》中的戏份比重。

2023年的短片《奇境》可以被视作孪生数字人参与中国影视作品拍摄的一次大胆尝试。《奇境》是一部时长2分9秒的短片，由天画画天出品，优链时代和横琴粤澳深度合作区数链数字金融研究院联合出品。尽管孪生数字人尚未在中国影视领域得到广泛应用，但从这部短片采用的技术可以看出，孪生数字人技术已经初步具备投入影视领域进行大规模商用的水准。《奇境》使用专业的三维相机对真人进行扫描，真人在设备内部以静止状态完成站立拍摄后，即可自动生成超写实孪生数字人。摄像头对用户进行360度全方位扫描，仅需要1秒钟的拍摄时间，便能够用算法集合这些影像信息生成可运动的人体三维模型，30分钟就可以生成细节渲染更丰富、更逼真的孪生数字人模型。由此可见，孪生数字人技术无论在软件方面还是在硬件方面都具备了一定的基础，生成孪生数字人模型的速度和质量都达到了较高的水平。此外，尽管在各大网络平台发布的版本采用优链时代创始人蒋亚洪的数字分身作为主演，但借助相关设备，观众也可以生成自己的孪生数字人，成为影片的主演。这预示着孪生数字人在影视领域应用的另一条路径，那就是与以观众体验为中心的交互电影相结合，探索以观众的孪生数字人拍摄影视作品的新玩法。

（二）数字人在中国影视作品后期制作中的应用

在中国影视作品后期制作过程中，孪生数字人已经得到了广泛的应用，发挥着重要的作用。尽管孪生数字人在中国影视作品拍摄中尚未得到充分的应用，技术并不太成熟，但在影视作品后期制作方面已经发挥着重要的作用。

换脸技术是在影视作品后期制作中实现孪生数字人的一项重要技术。对于拍摄完毕的剧集，倘若已经使用具有舆情风险的演员完成拍摄，片方为规避风险，常常采用后期人工智能换脸的方法生成"救场演员"的孪生数字人进行补救。例如，《了不起的儿科医生》《三千鸦杀》《星汉灿烂》《长安十二时辰》等电视剧都在后期制作中使用了孪生数字人技术，对有舆情风险的演员进行了人工智能换脸处理。这一技术往往使用与原演员具有相似面部特征的演员进行面部替换，以减少五官与整体之间的不协调带来的怪异感。

在影视作品后期制作中采用孪生数字人对规避演员带来的舆情风险有一定的帮助，但效果不够自然。例如，《三千鸦杀》对青青这一角色进行了人工智能换脸，将深陷负面新闻风波的演员刘露的面部替换为演员张鼎鼎的面部，不仅观众表示效果怪异，连片方也在官方微博提醒观众"慎重点击"人工智能换脸的片段，建议跳过。此外，人工智能换脸的花销也很大，至少每分钟要花费数万元人民币。基于上述原因，一般仅在戏份较少的配角演员发生舆情风波的时候制作团队才采用人工智能换脸生成的孪生数字人进行后期制作，这一技术目前还不适用于戏份较多的主演出现舆情风波的影视作品。例如，电视剧《青簪行》主演深陷舆情风波，尽管网传制作团队将在后期对其进行人工智能换脸，但出于对呈现效果和成本的考量，最终剧组选择另请演员补拍相关戏份。

另外，在特技动作方面，孪生数字人在中国影视作品后期制作中也开始发挥重要的作用。在需要出现面部的特技镜头中，采用可活动的超写实孪生数字人花费过高，所以制作团队往往采用后期人工智能换脸技术对特技替身演员的面部进行替换。例如，2022年，中央电视台综合频道播出的电视剧《超越》讲述了一个女孩努力学习短道速滑，最终登上冬奥会舞台为国争光的成长故事。由于剧情需要，剧中多次出现演员滑冰的镜头。这些镜头都采用替身演员加后期人工智能换脸的技术进行处理，其生成效果较为自然。由此可见，在影视作品后期制作中通过人工智能换脸制作孪生数字人是一个能够兼顾预算与效果的决策。

（三）数字人在中国影视作品宣传发行中的应用

数字人在中国影视作品宣传发行领域也得到了形式多样的应用，如与观众互动、宣传影视作品等。最常见的应用场景是数字人参与宣传自己出演的影视作品。柳夜熙、宫玖羽等原生数字人都曾经在抖音账号上发布自己主演微短剧的预热短视频进行宣传。她们都以抖音为主要平台，其主演的微短剧也在自己的抖音主页上发布。因此，她们使用同样的账号在同一平台上发布预热短视频具有得天独厚的优势。她们引流直接，因而宣传效果显著。另一个例子是上文提及的原生数字人厘里，在她出演的网剧《异人之下》热播期间，随着剧集的更新，她在新浪微博等网络平台的社交账号发布相应的宣传文案和自己的剧照，还发布了试镜视频、定妆视频、宣传视频等，以数字人身份为这部剧集吸引了更多人的关注。

此外，数字人也可以为其并未参演的影视作品进行宣传。厘里不仅为自己参与拍摄的《异人之下》做宣传，还与日本导演新海诚的动画电影《铃芽之旅》合作进行宣传。2023年3月23日，厘里的新浪微博账号"厘里Leah"发布了她身着电影女主角同款装扮的宣传视频，该条微博也被电影《铃芽之旅》的官方账号转发互动。截至 2023 年 11 月，该视频共获得 95.1 万次的播放量。

值得关注的是，数字人也在电影节、影视周等活动中发挥了积极的宣传作用。2023 年，青岛影视周发布了影视周数字人推荐官"拾忆"，并且联动柳夜熙发布宣传视频，收获 7.9 万点赞数，对青岛影视周起到了推广宣传作用。

除此之外，数字人还可以通过融合人工智能语言模型，与观众进行交互，以助力影视宣传。例如，2023 年，由北京爱奇艺科技有限公司、欢瑞世纪（东阳）影视传媒有限公司（简称"欢瑞世纪"）出品，在中央电视台播出的电视剧《莲花楼》剧中出现李莲花、昭翎公主两个数字人角色。这两个数字人是与人工智能语言模型技术相结合、基于演员面部模型生成的超写实孪生数字人，由 360 智慧商业、N 世界、欢瑞世纪联合制作，观众可以通过在对话框中输入文字或者语音，与数字人进行互动。数字人会带着生动的表情，用接近真人的声音回答问题，其回答符合剧中角色的性格和经历。这种新鲜有趣的互动方式让观众对剧中人物更加亲切，能够加强观众与剧集的情感联结，增强用户黏性。

总之，数字人在中国影视作品宣传中发挥着多元作用，无论是原生数字人还是孪生数字人，都在影视作品宣传应用方面具有广阔的空间。

四、数字人在中国影视领域应用中存在的问题与前景展望

（一）数字人在中国影视领域的应用目前存在的缺点和不足

虽然数字人在中国影视领域已经得到初步应用，但在此过程中也暴露出一些缺点和不足之处。

（1）在影视作品拍摄中采用数字人演员的制作时间长，会拉长整部作品的制作周期。倘若使用超写实数字人进行拍摄，而非单纯依靠计算机图形技术，则需要在前期进行大量的演技训练。例如，《异人之下》中的数字人厘里就经过了反复的演技训练后才投入使用。

（2）在影视领域使用超写实数字人演员，需要投入大量资金。限于技术水平，使用传统计算机图形技术制作数字人，按秒计费，耗资巨大；而使用人工智能技术，目前还达不到相应的要求。

（3）采用数字人演员需要较高的技术支持，而目前的技术还没有完全成熟。就数字人的演技而言，目前人工智能学习演技的水平依旧有很大的提升空间，因而数字人演员还无法完全摆脱对动作捕捉技术的依赖。

(4) 原生数字人演员目前无法具有一线演员的影响力。尽管柳夜熙、厘里等原生数字人的虚拟偶像 IP 具有一定的关注度，但与一线演员的影响力仍然不能相提并论，无法取代流量演员，为影视作品吸引更多的关注。

(5) 若大规模采用真人演员的孪生数字人，可能给演艺行业带来不重视演技、只重视外形的负面风气，不利于演艺行业良性发展。

（二）数字人在中国影视领域的应用中存在的优势

尽管目前数字人仍然处于初级发展阶段，有许多问题和不足之处[①]，但相比真人演员，数字人在影视领域的应用依然具有很大的优势[②]，主要体现在以下几个方面。

（1）数字人演员可以做出高难度动作或危险动作，丰富影视创作内容。在传统的影视作品拍摄中，如果需要拍摄高难度和危险动作，往往只能通过聘请特技演员来拍摄。而可活动的超写实孪生数字人可以做出高难度的，甚至危险的动作，一方面可以防止意外事故发生，另一方面可以在科幻片、动作片等影视作品中呈现更多的场景，丰富影视创作内容。

（2）使用数字人作为影视作品的演员，能够在很大程度上规避真人演员的舆情风险和名誉风险。真人偶像"塌房"事件发生，给其出演的影视作品的口碑带来负面影响，在涉及法律和道德底线的情况下，甚至会影响影视作品的顺利播出。对于成本动辄上亿元的影视作品来说，真人演员的名誉是风险极大的不可控因素。因此，使用原生数字人出演影视作品能够规避真人演员带来的不确定因素，从而为片方降低风险。此外，当真人演员出现舆情风险时，也可以采用"救场"演员的孪生数字人补拍相关戏份，这一技术帮助不少影视团队降低了偶像"塌房"带来的损失。

（3）使用数字人演员在一定程度上能够降低拍摄成本。目前，在影视剧中使用数字人演员的成本仍然高于使用普通真人演员，但成本低于一线知名演员。未来，随着技术水平的提高，尤其人工智能技术的成熟，数字人演员的成本进一步降低指日可待。

（4）使用数字人演员可以减少拍摄时间，提高拍摄效率。数字人演员的镜头主要依靠后期制作，因此在拍摄阶段数字人演员的戏份很快就能完成。不过，数字人演员的前期演技训练需要花费较长的时间，后期制作的工作量也比采用真人

---

① FLEMING D H. DIGITALISING DELEUZE. The Curious Case of the Digital Human Assemblage, or What Can a Digital Body Do? [J]. Deleuze and Film, 2012: 192-209.

② BOUWER W, HUMAN F, DE LANGE R. The Perceived Human Likeness and Familiarity of Human Actors in Relationship to Digital Actors in Film[J]. The Computer Games Journal, 2019, 8: 83-105.

演员更大。

（5）数字人能够赋能影视作品宣传，吸引观众目光。目前，数字人技术仍未得到广泛普及，对大多数观众而言，数字人依然是新鲜事物。柳夜熙等原生数字人出演的影视作品之所以具有很高的热度，不仅是基于优质的创作内容，其数字人身份也是吸引关注的重要因素。

（三）数字人在中国影视领域的应用前景展望

数字人在中国影视领域已经得到了初步应用，未来将拥有更加广阔的应用场景。

（1）数字人将在科幻电影与动作电影中起到替身演员的作用。目前，我国电视剧已经能够通过人工智能换脸技术替换特技演员的面部。例如，上文提及的电视剧《超越》通过人工智能换脸技术生成了演员滑冰的特殊动作镜头。尽管电影的制作要求远远高于电视剧，但随着技术的发展，孪生数字人可能很快就能在电影产业中得到应用。未来，可活动的超写实孪生数字人将应用到科幻电影及动作电影中，根据剧情需要做出相应的高难度动作和危险动作，代替真人演员[1]，赋能科幻电影和动作电影发展。

（2）超写实孪生数字人技术将使已逝人物"复活"参演影视作品成为可能。除目前已经初步实现的"复活"已逝演员参演电影（如电影《流浪地球2》和《速度与激情7》）以外，影视制作团队还可以尝试还原历史人物形象，并将其应用到影视作品拍摄中。文化和旅游领域已经推出了许多已故文化名人的数字人，如2021年发布的国内首个高精度京剧数字人"数字梅兰芳"、2023年广西壮族自治区文化和旅游厅发布的"刘三姐数字人"等。此类数字人未来也可能在影视领域得到应用，参与影视作品拍摄或宣传。

（3）孪生数字人技术融合数字化人脸逆龄技术和老化技术，能够生成一个演员年老或年轻的形象，用于拍摄时间跨度长的影视作品。[2]这一技术主要对数字人的面部特征进行改变，由此生成比真实演员的视觉效果更年轻或者更年长的孪生数字人。例如，李安导演的《双子杀手》应用这一技术生成了威尔·史密斯年轻版本的孪生数字人[3]。在国内，数字化人脸逆龄技术与老化技术在《流浪地球2》中得到应用，刘德华在片中饰演的图恒宇与吴京饰演的刘培强在剧中经历了数十

---

[1] MERSCH D, REY A, GRUNWALD T, et al. Actor & Avatar: A Scientific and Artistic Catalog[M]. Transcript Verlag, 2023.

[2] 莫惠中，赵建军. 人脸老化与逆龄技术在电影特效制作中的应用浅析[J]. 现代电影技术，2021(2): 9-14.

[3] Loock K. On the realist aesthetics of digital de-aging in contemporary Hollywood cinema[J]. Orbis Litterarum, 2021, 76(4): 214-225.

年的时间跨度，根据剧情需要，片中需要出现年轻时的刘德华和吴京。在没有相应后期技术的过去，要满足这种需求只能通过特效化妆，效果并不理想。后期制作特效团队通过数字化人脸逆龄技术生成刘德华、吴京的面部模型。具体技术手段主要是搜集演员年轻时出演过的影视片段作为素材，并以此训练人工智能模型，后期再手动修复，进行微调。未来，数字化人脸逆龄技术和老化技术进一步与超写实孪生数字人技术融合，可以在影视领域得到更广泛的应用。

数字人在中国影视领域的应用也可能推动交互电影的创新和电影与游戏融合的进程。随着技术的进步，观众也能够生成自己的可活动写实孪生数字人，从而使交互电影有了新的发展方向。未来，这一技术与虚拟现实、增强现实等数字虚拟技术融合，观众的虚拟化身将进入影视之中。交互电影可能出现具身化、游戏化的发展趋势，观众将能够在电影中扮演角色，并且以虚拟现实的方式体验电影剧情，这将进一步推动电影与游戏融合发展。

除此之外，数字人在中国影视领域的应用也将激发创作者的创作活力，未来个人低成本创作电影将成为可能。就目前而言，影视作品拍摄的成本极高，需要投入巨大的人力、物力和财力。但是，随着数字人技术的普及，以及生成式人工智能技术的不断精进，个人低成本创作电影将成为可能。2023 年，一部由人工智能生成的伪预告片《芭比海默》在网络上引起关注，这一短片融合了《芭比》和《奥本海默》两部电影的关键元素，通过 ChatGPT 进行分镜头剧本及字幕生成，并且由 Midjourney 生成每个镜头开始的图片，最后使用 Gen-2 将这些图片变成分镜头。这部影片的生产过程几乎完全通过人工智能完成，基本上实现了影片生产的全自动化，成本远远低于实际拍摄所需的成本。而超写实数字人技术与生成式人工智能技术融合，将进一步推动个人创作影视作品。例如，视频创作小程序剪映已经推出了免费数字人功能，视频创作者可以选用不同形象的数字人参与视频创作。未来，电影拍摄主体不一定是具有制作团队的专业导演，普通人也能够借助相关技术进行影视创作。

（四）对数字人在中国影视领域进一步应用的建议

数字人在中国影视领域的应用有其自身的优势和问题，为推动数字人在中国影视领域进一步应用，需要面对问题、发挥优势，这离不开立法机构、政府、企业和影视从业者等主体发挥相应的作用。

在立法方面，数字人在影视领域的应用有许多问题需要厘清，涉及肖像权、人格权、知识产权等许多问题。[1]例如，生成知名演员的孪生数字人进行影视创作，可能侵害其本人的肖像权和人格权等权利。生成新的原生数字人以满足特定影视作品的需要，其生成过程使用的数据获取来源和使用合法性也需要得到清晰的界定。此外，其他创作主体对影视中的数字人进行二次创作，也需要法律对数字人 IP 的权利进行清晰的界定，既保护数字人持有方的权利，又保持影视创作领域的创新活力。

对政府而言，应该对数字人在中国影视领域的应用起到规范和引导作用。在规范方面，政府应根据法律出台相应政策，对数字人的使用进行监管。在引导方面，政府可以支持高新技术企业对数字人影视技术的研发，并且出台相关优惠政策，鼓励影视从业者使用数字人。

对从事数字人相关技术研究的科研机构和高新技术企业而言，应该有针对性地对图像采集、建模、人工智能换脸、动作捕捉、智能光场等数字人影视关键技术进行突破。此外，影视从业者应该积极了解数字人技术，并且敢于创新，与高校等科研机构和高新技术企业展开合作，从而使数字人在中国影视领域的应用得到进一步拓展，推动数字人的产学研融合与良性发展。

总而言之，数字人作为新技术的产物，在中国影视领域的应用具有广阔的前景。数字人也将与生成式人工智能、扩展现实等新技术相结合，在不久的将来影响中国电影产业与电影艺术的审美范式[1]，给中国电影工业注入新的活力。

电子参考文献

扫描二维码，阅读本文电子参考文献。

---

[1] 宋雷雨. 从"替身"到"独化"——元宇宙电影中数字人的类型与美学转向[J]. 当代电影，2023(2): 151-157.

数字人在服务行业的应用与前景

文 冬[①] 杨 琢[②] 谢雪光[③]

摘要： 随着数字人技术的发展，越来越多的行业开始将数字人作为新员工为用户提供服务，这对大众生活的各个方面均产生了重要影响。本文对服务行业中数字人的应用现状进行了分类和梳理，并结合实际案例对其主要的优势、存在的问题及发展方向进行了讨论，从数字人的开发端、应用端与政策端三个方面提出了意见和建议。

关键词： 数字人；服务业；电子商务；客户服务；医疗健康

数字人作为一种虚拟实体，具备智能化、交互性和情感表达能力，逐渐在各行各业中发挥重要作用，对人们的物质文化生活产生了重要影响。从数字人应用的角度，可以将其粗略地分为身份型数字人和服务型数字人。身份型数字人在应用中主要关注其代表的抽象意义与文化价值，如身份型数字人被设计为企业"代言人"，通过与商业行为结合，提高数字人的IP知名度，实现数字人的"明星效益"，最终达到为企业创造经济收益的目的。而服务型数字人更关注数字人本身在实际工作中的具体功能。这类数字人在服务行业的各个方面展现出了超强的适用性，显示出巨大的应用潜力。

商业分析机构量子位发布的《虚拟数字人深度产业报告》指出，预计到2030年，中国数字人整体市场规模将达到2700亿元，其中身份型数字人市场规模约1750亿元，服务型数字人市场规模将超过950亿元。由此可见，数字人未来将成为推动我国数字化发展和数字经济的重要力量。

[①] 文冬，北京科技大学智能科学与技术学院教授、博士生导师。
[②] 杨琢，北京理工大学光电学院研究生。
[③] 谢雪光，北京科技大学智能科学与技术学院博士后。

一、数字人在服务行业的应用

（一）数字人直播带货

网络发达的今天，电子商务蓬勃发展，在购物网站和软件上进行购物已经成为人们普遍采用的购物方式，数字经济代替实体经济是我国现阶段经济发展的一大特点。截至 2023 年 6 月，我国网络购物用户规模达 8.84 亿人，较 2022 年 12 月增长 3880 万人，占网民整体的 82.0%。2023 年上半年，全国网上零售额达 7.16 万亿元，同比增长 13.1%[1]。其中，直播带货作为电子商务的一个重要组成部分，于 2016 年出现在网络直播平台，经过 7 年的发展，不断以新鲜的姿态为电商市场注入活力，极大地提高了人们通过电商平台购物的欲望。消费者通过直播电商购买商品已经成为一种常态化的购物方式。

在直播带货领域，数字人已经广泛应用，通过实时语音合成和动作生成技术，数字主持人可以代替真人进行直播，对产品进行口播类型的介绍和推荐销售，为电商卖家提供更多的营销渠道和销售机会。主流购物平台或多或少都活跃着数字主持人的身影，许多数字人领域的上游企业也在积极探索和加入这个领域。例如，达旦数生是一家专注通过人工智能驱动数字人进行直播的企业，自成立以来已经为来自淘宝、京东、抖音等多个平台的电商卖家提供了人工智能虚拟主持人方案①。

数字人直播带货的优势十分明显。它可以突破时间与空间的限制，实现全天候、多场景切换直播，满足了许多中小型商家对于直播间的功能需要。此外，相比真人主持人，数字主持人的成本并不会伴随工作时间的增加而直线增加，可谓精力无限。因此，在实际的应用中，数字主持人多用于满足商家对非黄金时段直播的需求，成本更为低廉②。例如，硅基智能公司的数字主持人在抖音平台进行了两场带货直播。这些直播无需灯光、布景、摄像等复杂设备，在单日成本仅 190 元的情况下，预估销售额达到 7 万元左右，不亚于许多尾部主持人直播带来的销售额。这说明数字主持人在直播带货方面具有很大的潜力。

此外，数字主持人本身作为最新科技产物，也可以作为直播带货的吸睛之处，吸引流量，从而进一步变现。例如，北京齐乐无穷文化科技有限公司旗下的数字人"VIVI 子涵"在 2021 年"双 11"期间，曾经担任京东进口超市的虚拟推荐官，

---

① 李佳琪，周会霞. 达旦数生孙立发：虚拟主持人不是来跟李佳琦们"抢饭碗"的[J]. 科技与金融，2022(11): 42-44.

② 李晓夏. 虚拟直播电商的治理挑战与优化策略研究[J]. 电子政务，2023(3): 106-117.

在她的直播间内，直播在线观看人数接近30万人，为店铺带来比平时高8倍的关注人数①。

然而，数字主持人在与实际空间的交互方面仍然存在一些限制。由于技术的限制，数字人很难和真人一样服饰上身、彩妆上脸、食品入口，因此常常需要采用和真人主持人搭配直播的方式来弥补这些交互上的不足。未来，可以通过其他思路来突破这一限制。例如，从一对多的直播模式转化为一对一的个性化导购定制服务；通过学习消费者的购买习惯和偏好，数字人可以进行个性化的产品推荐，为用户提供更好的购物体验，从而提高带货效率。

（二）数字人客户服务

在高度数字化的现在，数字客户服务从最初的固定问答，逐渐发展到可以理解人类的语义并寻找对应答案的人工智能交互模式，这使用户可以更加容易地与企业进行沟通。而随着数字人技术的发展，数字客户服务也迎来了新的可能性。

在网页和各种应用程序中，数字人可以全时段为客户提供一对一的智能化服务，包括回复用户咨询、向用户介绍产品相关信息、协助完成系统操作、记录反馈问题等一系列工作。数字人实现了一种接近面对面沟通的效果，通过语气、表情、动作的配合，更符合客户的自然交流习惯，可以提升客户的停留时间和主动提问率。借助人工智能加持的数字人对用户的语义进行分析并提供相应的帮助，可以解放大量同质化的基础人工劳动，提升效能，降低成本；同时，人工智能加持的数字人可以通过语音、画面上的交互，减少用户在使用过程中需要阅读和理解的文字信息量，降低使用门槛，提高用户的使用主动性；通过整合用户信息并结合推荐算法，数字人还可以做出个性化推荐，为用户提供更好的服务体验。

根据中国银行业协会的《远程银行虚拟数字人应用报告》，截至2023年，已有11家银行客户服务中心与远程银行实现了数字人应用落地，将数字人广泛应用于客户服务等领域，为客户提供从咨询到指引再到办理业务的全流程陪伴式服务[2]。这一应用在银行业的成功案例进一步表明数字人客户服务的潜力和优势。

（三）数字人赋能线下场景

除了活跃在线上平台，数字人在线下场景中也得到了应用。形象美观、亲切热情的数字服务人员动态显示在数字终端上，实时通过摄像头和话筒收集现场客户的需求，进而分析理解并做出相应的回应。目前，这种技术已经应用于一些线下办事大厅和大型展会的指引工作。例如，宁波银行的数字大堂经理"小宁"，能

---

① 刘青青，石丹. ViVi子涵：元宇宙的尽头是带货[J]. 商学院，2022(4): 41-43.

够根据识别出的到店客户意图引导客户办理业务，并为客户提供业务咨询、产品推荐等服务[①]。华为云的虚拟导游"云笙"在2022年世界移动通信大会上，为参展人员提供展品信息介绍、回答问题和表演等服务。科大讯飞数字人"爱加"在第四届世界声博会现场，为大会提供导览服务。

总之，这些在线下场景中的数字人通过与现场客户的实时互动，提供个性化的指引和服务，增强了用户体验。这种技术的应用为线下场景带来了创新，为用户提供了更便捷、高效的服务体验。

（四）数字人助力信息传播

在国内的主流视听媒体中，数字人也有很多应用，如虚拟记者、虚拟主持人、虚拟播报员等。例如，搜狗与新华社联合发布的"AI合成主持人超市"成员以高仿真形象示人，在新媒体端可以支持用户自定义选择的常态化内容播报[②]；与此类似，每日经济新闻账号的每经AI电视数字主持人"N小黑""N小白"正在全网全天候不间断直播金融资讯。这些数字主持人通过文本信息生成音频和视频，为观众提供及时的新闻报道。此外，这种技术也被用于短视频制作，越来越多的短视频博主将数字人用于生产短视频，并将其作为账号运营的一部分。对于那些对拍摄场景和细节要求不高，更注重内容传播的视频类型来说，数字人技术能够满足需求，具有广阔的应用前景及市场。

数字人在语言翻译方面同样发挥着重要作用。数字人具备肢体表情能力，它们可以用于为听障人群提供翻译服务。央视频人工智能手语翻译官"聆语"就是一个例子。通过对《国家通用手语词典》的学习，加上多模态交互、自然语言理解等技术，"聆语"在北京冬奥会的各项比赛中为听障人士提供易于理解的手语解说服务。此外，马栏山计算媒体研究院和千博公司共同开发的手语数字人"千言"不仅作为听障学校的手语助教服务学生，还在中国共产党第二十次全国代表大会新闻中心亮相，为大会提供手语翻译服务。"千言"具备手语与汉语双向互译能力[3]，可以为听障人士和大会参与者提供沟通和翻译服务，进一步拓宽数字人受益群体。

（五）数字人在医疗健康领域的应用

数字人作为新兴的技术产业，利用现代信息化手段参与保障人民健康的工作。类似在其他领域设置问答数字人、引导数字人的方式，医院等医疗机构也开始将

---

① 交通银行发展研究部课题组，方卫星. 数字人应用与商业银行策略[J]. 中国金融，2022(22): 67-68.
② 徐琦. 主流视听媒体虚拟数字人应用创新与优化策略[J]. 中国电视，2023(1): 102-107.

数字人作为线上、线下各种场景的一部分，使其在医疗领域发挥重要作用。

1. 在线问诊

由权威医疗机构推出的在线问诊数字人通过学习医疗知识，可以为不同的咨询患者有针对性地进行简单的病情推断和提供诊疗建议。对于常见病，可以给出一定的休息调整建议；或实施分诊台功能，引导患者选择对症科室。数字人在一定程度上减少了"网络问诊"中患者自行判断病症对号入座产生的焦虑和恐慌，以及忽视身体危险信号错过诊疗时机的情况。数字人在线问诊还具有适老化，以及对残障人士友好的优势。例如，仁济医院运用腾讯行业大模型，着力推进互联网医院适老化服务，为人们提供便捷就医的智慧化体验。春雨医生小程序则实现全天候"秒回"，能够个性化地追问患者情况、提供就诊意见等多场景功能，并根据情况将患者转接至平台的真人医生。

2. 患者助手

数字人同样可以作为医疗场所的患者助手，辅助患者更好地完成就医过程。许多医疗机构，特别是大型医院，往往存在楼宇多、楼层多、功能区域划分不明晰、指引不充分的问题。此外，还有大量医疗机构存在自助机功能局限、功能不明确、就诊流程缺乏引导等情况，进而导致自助机利用不充分、人工窗口排队人多、排错队、等候久等问题。对于前往医疗机构就诊的患者，数字人助手实现了协助挂号、缴费、医院内路线指引、及时获取化验单，甚至就诊流程引导等功能，大大减少了患者在各处浪费的时间，优化了医疗机构内的就诊体验。

3. 家庭医生

随着社会老龄化程度的加剧，对居家健康检测的需求逐渐增多。未来，数字人可以作为虚拟家庭医生，为人们提供专业的照顾意见，并协助对老人的各项日常健康指标进行检测。同样，对于慢性疾病的患者的长期治疗也可以起到同样的作用，记录和分析患者的各项生理指标，按时提醒患者遵医嘱用药、定期复查，关注患者身体的异常情况，并及时提醒患者家属。

4. 心理健康服务

近年来，随着物质生活水平的提高，心理健康和精神卫生受到个人、社会和国家的日益重视。个性化、定制化、陪伴型的数字人，通过学习心理健康知识，可以为人们提供专业建议和帮助。数字人在心理疾病诊断中能够提供客观描述，记录患者表现，评估治疗后的恢复情况。此外，它还能够帮助家人和朋友理解患者，提供与患者相处的建议。在临床治疗方面，数字人结合虚拟现实技术，可以为社交障碍等认知功能障碍患者提供康复训练手段[①]，为焦虑症、抑郁症患者提供舒缓情绪的新方法[②]。

（六）数字员工提升企业效率

"数字员工"的概念自提出以来，许多企业开始在此方面进行尝试。数字员工不仅可以缓解人力资源的短缺，还可以与真人协同办公，协助企业提高工作质量、提升工作效率。例如，2021年"入职"万科的数字人崔筱盼，可以快速监测系统内工作逾期等异常情况并以拟人化的方式发送邮件提醒。据万科统计，自"入职"以来，经崔筱盼提醒的单据，处理的响应程度是传统IT系统提示的7倍，她催办的预付应收逾期单据核销率达到91.44%。与此相似，2023年11月，金蝶携手科大讯飞推出全球首个企业业务能力（EBC）管理领域的数字员工"K"，用于财务、税务、运营、人力资源管理、营销等岗位和场景[4]，利用数字人赋能企业管理。

二、数字人在服务行业的优势及存在的问题

（一）数字人的主要优势和发展潜力

（1）数字人可以突破人类的生理和物理限制，实现全天候不间断的工作状态，还可以通过复制同时应对多个任务，实现"分身"效果。数字人在运行过程中严格遵守程序设计，不会受精力、注意力等因素影响，从而能够避免主观上的失误，如工作内容记忆错误、理解错误及语言表述不当等。这使数字人能够稳定胜任各项工作。

（2）针对不同用途，数字人可以广泛学习专业知识，并且充分了解工作内容，掌握相关信息，由此达到对某个特定工作范畴更为专业化和规范化的效果。虽然数字人无法和人类专家在某个特定领域的专业知识媲美，但可以在广泛的领域提供专业服务，发挥自身特有的作用。

（3）相比常见的服务机器人或智能屏，数字人可以通过语音直接与人交流，通过实时的肢体动作与表情进行交互，实现更贴近真人的用户体验。此外，通过自然语言理解等技术手段，数字人可以更好地理解用户的表述方式，在交互中逐渐明确用户的意图。在一些特殊使用场景中，数字人甚至可以通过图像识别等技

[①] 段爽，宗伟华，陈安格，等. 虚拟现实技术助力心理医疗[J]. 电子技术与软件工程，2020(24): 56-57.

[②] 薛松. 虚拟人交互对焦虑情绪舒缓效果的研究[D]. 北京：北京理工大学，2016.

术理解用户需求，大大降低使用门槛。这使用户无须学习智能设备的使用方法就可以获得良好的服务体验。

（二）数字人目前存在的问题

（1）数字人技术正在不断发展，但制作符合期望的高质量数字人需要先进的技术和高成本投入，因此高质量的数字人尚未广泛应用。目前，大部分投入应用的数字人的外观和自然实时动态效果仍然存在限制，粗糙和僵硬的数字人在交互过程中往往无法让用户产生亲切感，经常为人诟病。同时，不真实的数字人往往也会使用户对其可信度产生怀疑。

（2）许多数字人并不具有智慧的"头脑"，应用的技术较为陈旧，导致其在提供服务的过程中交互模式较为原始，并不能如客户期望的那样提供优质的专业服务。并且，数字人在情感沟通能力上与真人依旧存在较大差距，可能导致用户体验不佳。这样的数字人不仅无法很好地代表企业形象，甚至可能对企业在用户心中的形象产生负面影响。

（3）在数字人进入服务行业的同时，也出现了各类风险与挑战。例如，在隐私保护方面，数字人在工作过程中会涉及对用户个人数据的收集和处理，需要符合相关的隐私保护法律法规。此外，在信息传输和储存的过程中，也需要采取严格的加密和防护措施。由于数字人技术发展较快，技术规范不足，可能产生技术滥用、恶意篡改数字人功能和行为的情况，从而误导用户或造成负面事件。

三、数字人在服务行业的发展方向及意见建议

（一）针对数字人的开发者

对于数字人行业上游的开发者来说，需要不断提升与数字人相关的各项技术、降低制作成本。

1. 提升识别能力

数字人需要进一步提高对文字、语音和图像信息的识别能力，拥有多模态内容分析和理解能力，以更加智能地理解用户的意图和需求，并能够准确、快速地做出回答，提升服务效率。

2. 加强记忆和判断能力

通过应用人工智能大模型，数字人可以获得更强大的记忆力和判断力。这使

其能够更好地记住用户的偏好和历史信息，并根据上下文做出更加智能的决策和回应。

3. 改进建模技术

数字人的形象是其重要组成部分，因此需要进一步改进建模技术，以提供更真实的外观。这包括优化语音输出和动作驱动技术，使数字人在交互过程中的表达更准确、更自然。

4. 降低制作成本和门槛

数字人的制作成本和门槛对于行业的发展至关重要。通过整体升级相关行业，可以进一步降低超写实数字人的制作成本、制作门槛和制作周期。这将有助于扩展数字人的使用场景，并促进其在更广阔的领域应用。

（二）针对应用数字人的企业

尝试应用数字人的企业，必须结合自身特点，生成贴合企业特色的数字人。

1. 明确数字人的工作内容和目标

企业需要明确数字人应该承担的具体工作内容，以提升工作效率或弥补现有不足之处。企业明确数字人的角色和职责，可以更好地指导数字人的开发和应用。

2. 提供专业基础资料

为数字人的制作提供专业性强、内容全面的基础资料是至关重要的。这样可以确保数字人具备针对特定岗位的专业工作能力，并能够更好地与人协作和交流。

3. 设定外貌特征和性格

根据不同的需求，企业可以为数字人设定外貌和性格等方面的特点。这样可以给用户带来更亲切友善或更冷静专业等不同的感受，提升用户对数字人的接受程度。

（三）针对政策制定层面

国家应该进一步健全相关法律法规，特别是涉及数字人技术和隐私保护方面的法规。这样可以为企业提供明确的指导和规范，同时保护被服务对象的个人隐私，提高企业和民众对数字人技术的信任度。

总之，通过不断提升数字人的技术能力、降低制作成本以及完善相关政策，数字人的应用将更加广泛。这将为企业提供更高效的工作方式，改善现有不足，并提供更好的用户体验和服务。随着技术的进步和应用场景的扩展，数字人有望在各个领域发挥更大的作用，为人们带来更大的便利和价值。

电子参考文献

扫描二维码，阅读本文电子参考文献。

第四篇

应用案例

数字梅兰芳的复现[1]

甘杨雨[2] 王鼎添[3] 史 仪[4]

在信息科技和人工智能快速迭代转换,从信息时代向智能时代演进的今天,传承与传播中华文化的方式发生了根本性的变化,文化数字化对于弘扬与传播中国京剧文化具有深远的意义。"数字梅兰芳"不是仿真技术和虚拟技术的应用,而是以梅兰芳的历史数据为依据,应用机器学习、模型算法等人工智能生成历史人物的方法,对不同年龄段的梅兰芳形象进行数字化复现,通过先进的智能化数字人技术,打造在各方面还原梅兰芳的"梅兰芳孪生数字人"。智能生成为"文化遗产活起来"提供了实现工具,为传统文化的传承与传播提供了新的技术方法。

数字梅兰芳如图1和图2所示。

图1 数字梅兰芳登场亮相

---

[1] 本文系北京高等学校卓越青年科学家计划项目(项目编号:BJJWZYJH01201910048035)的阶段性研究成果。
[2] 甘杨雨,中央戏剧学院传统戏剧数字化高精尖研究中心戏剧人工智能博士候选人。
[3] 王鼎添,中央戏剧学院数字戏剧系硕士研究生。
[4] 史仪,中央戏剧学院数字戏剧系硕士研究生。

图 2　数字梅兰芳虎年拜年

一、东方思路

"数字梅兰芳"大师复现项目于 2021 年 10 月在北京举行启动仪式,数字梅兰芳在仪式上首次亮相,数字梅兰芳 1.0 版数字资产在仪式上发布,如图 3 所示。项目组采用创新的方法,将梅派京剧文化的核心内容进行客观、真实、全面的搜集和数字化整理,并通过可视化和交互性的方式传达出来。项目组将孪生数字人重建从技术视域转向艺术视域,为中国人物的孪生建模提供了可行的东方方法。

图 3　数字梅兰芳 1.0 版数字资产

文化数字化对信息科技向智能科技的迭代具有特殊的意义。"数字梅兰芳"大师复现项目不是对数字人制作方法的简单应用,而是以艺术创作方法再现梅兰芳的神态、体貌、唱腔、表演程式等,建立从艺术到技术的"数字京剧人"技术范式,提出了数字人艺术创作方法论的中国模式,使数字人产业从技术上升为艺术,使数字人制作转变为"数字人创作"。

该项目揭示了智能科技革命的文化要义,人工智能在文化领域应用体现的是"艺术科技",艺术科技对智能时代的演进具有重要的历史意义。同时,该项目是对我国传统文化数字化的一次全新尝试,依据历史文献,本着历史事实,按照中央戏剧学院提出的数字人伦理规范,开展数字梅兰芳展演的尝试,严禁换脸、假演,严禁娱乐化交互,为构建"中国人物"数字资产库塑造典范。

二、跨界交叉

"数字梅兰芳"大师复现项目联合各学科顶尖专家,以跨学科研究联合项目组协作模式,优势互补,发挥各学科专长。该项目由中央戏剧学院和北京理工大学翁冬冬团队共同发起,腾讯公司提供技术支持,并受到"北京高等学校卓越青年科学家计划"资助,中国科学院自动化研究所共同协作完成。项目组采用高逼真数字人实时呈现技术,对梅兰芳的相貌体态、形体动作和生前表演用的盔头、服饰进行了数字化复现,在这些数据资产的基础上复现身着京剧戏服的数字梅兰芳,最终利用"人工智能大脑"和"人工智能小脑"技术,实现对数字演员的实时驱动,并在可交互、沉浸式、虚实融合的场景中进行表演。项目组突破传统数字人采集方案,制订了基于雕塑的数字人复现技术方案,先后攻克了高逼真表情光场采集、皮肤纹理写实渲染、民国布料采集分析计算、京剧服饰道具实时物理模拟采集等关键技术。

该项目得到了梅兰芳纪念馆、梅兰芳大剧院、国家京剧院,以及社会各界的鼎力支持。项目组收集了大量梅兰芳的便装照、剧照、演出戏单、唱片、实况录音、影像等资料,在此基础上协同各方力量,复原了部分梅兰芳演出服装、盔头、道具,并通过三维扫描、图像采集,形成了具有一定体量的数字梅兰芳知识库。在经过大量分析后,项目组决定以26岁名冠京城的梅兰芳形象为原型,采用艺术方法复现青年梅兰芳的便装人物形象。

(一)头部模型制作

准确还原年轻时的梅兰芳形象,研发团队面临的最大挑战是梅兰芳已故,无法用传统光学快速建模方式现场采集他的外貌、言行举止和神态等信息。项目组在分析收集的大量珍贵历史照片和影像资料时,发现梅兰芳现存的很多照片都经过了"美颜"处理,在底片上进行过修改和润饰。因此,从原始照片或现有的黑白历史影像中进行复现变得极其困难。为了解决这一难题,项目组邀请中央美术学院张伟教授以梅兰芳的照片做参照,从雕塑艺术话语体系出发,创作了一尊1:1中立表情的实体肖像雕塑,复现了26岁时的梅兰芳头部形态。项目组先后采用照片建模、光场、工业级高精度激光扫描等多种技术,以梅兰芳的雕塑为蓝本获取多种雕塑元数据,生成三维模型,进行比对优化,并通过数字化雕刻流程对模型的细节进行处理,最终得到数字梅兰芳的头部模型,实现了从二维到三维的数字艺术转化,形成了以艺术手段完成以三维数字化为目标的真人雕像数字人制作流程,为后续的复现技术研发奠定了坚实的基础。

使用高精度三维激光扫描仪扫描雕塑,重建的基本头部模型具有雕塑艺术的抽象性和符号性。为复原梅兰芳具体的形象,项目组通过在数字化雕塑模型的骨架、皮肤细节、毛发细节和眼神等方面进行补充和完善,使模型更加精细、具象,重建出达到精细毛孔级别的三维数字模型资产。

真实复现梅兰芳头发的自然状态,需要综合考虑头发的各向异性特性、头发在不同方向上的特点、头发的细节和质感等因素,并结合物理模拟、引导线、实时渲染等多种技术手段来实现。为了实现高度逼真的效果,研究团队采用 XGen 技术生成毛发,充分考虑毛发的形状、分布、方向、光泽和色彩等因素,同时使用 UVs 和纹理信息来增强毛发的真实感。

(1)项目组使用 XGen 技术对头发进行分束,并确定每束头发的整体方向。数字梅兰芳1.0版采用 XGen 技术生成了大约20万根头发,结合实时渲染着色实现了对头发的实时动态仿真渲染,复原梅兰芳头发的质感和造型。为充分复原亚洲人的发质,让每根头发都具有光泽,使头发在视觉上更加真实、生动,仍需在纹理方面进行精细处理。

(2)考虑头发的造型。艺术家很难逐一手动创建每根头发,因此采用 XGen 软件、Groom 技术,将头发分成多束,并用引导线来确定每束头发的整体方向。梅兰芳26岁的头发是中分的,因此有很多左右分开的发束。每束头发都有一根单独的引导线,艺术家只需编辑这些引导线,便可以根据需求生成随机的头发。此外,此技术可以对每束头发进行微调,如散乱程度、是否打结、长度、粗细等。通过这种随机生成的头发束,可以复现出真实的头发。这些发束是整体引导的,因此可以模拟物理效应,如飘动效果,使其产生自然的运动效果。该技术在物理仿真时,可以对每束头发的引导线与碰撞体进行检测。这样头发就可以产生自然摆动的效果,增强头发的真实感。

(3)利用扫描生成的置换贴图复原梅兰芳真实人物的皮肤效果,并对环境光照、数字人眼神进行细致的调整。在数字梅兰芳皮肤的复现中采用基于物理的渲染方法,这种渲染方法的核心是微表面的法线分布函数,用来描述皮肤的粗糙程度。在实时渲染中,只需使用法线贴图和漫反射贴图,就能呈现皮肤的细节纹理。

这两种贴图是通过球形梯度照明方式获得的，采用了四种不同的光照模式。使用四幅不同的光照图像来计算每个像素的法线方向。此外，还使用了偏振分离方法，将光分为高光反射光和漫反射光，高光反射光保留入射光的偏振状态，漫反射光则会破坏输入光的偏振状态。使用两种不同的偏振状态的光进行采集，通过相减或相加得到高光反射光和漫反射光，实现对两者的分离。最后，通过光度法线计算实现对皮肤的精细呈现。

数字梅兰芳头部模型制作过程如图 4 所示。

①梅兰芳雕塑　　②梅兰芳雕塑激光采集　　③数字建模　　④数字细化模型

图 4　数字梅兰芳头部模型制作过程

数字梅兰芳皮肤表情技术路线如图 5 所示。

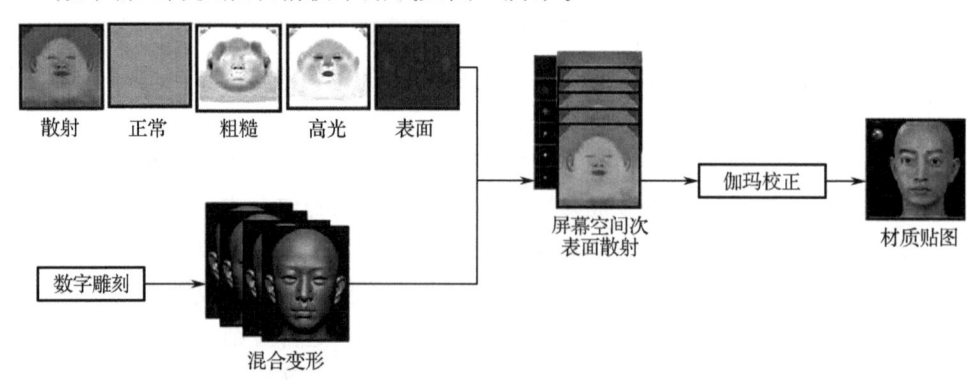

图 5　数字梅兰芳皮肤表情技术路线

（4）一身之戏在于脸，一脸之戏在于"眼"。眼神用于传情达意，正如诗人泰戈尔所说："眼睛的语言，在表情上是无穷无尽的。"眼神的调整分为两个步骤：一是调整瞳孔的尺寸和位置，以及内部纹理的复现。由于每个人的瞳孔尺寸都不相同，因此需要根据照片中的情况进行调整。二是实现眼睛和周围肌肉之间的联动。项目组采用的是绑定迁移的方式，先构建一个真实演员的眼部绑定关系，然后将其迁移到数字梅兰芳的脸部，并稍微进行调整。例如，当眼睛向四周转动时，它会牵拉周围的皮肤表面，需要进行一些微调，以实现数字梅兰芳特殊的眼神效果。

（二）身体模型制作

在数字梅兰芳身形仪表方面，项目组参考梅兰芳当年居家照片中的形体，以身形相似的模特为参考进行身体数字建模。在搜集大量梅兰芳生活年代留存的布样后，参照梅兰芳当时的便衣服饰，按照当年的制作工艺，邀请精通民国服装形制的制衣名家，以真实立体裁剪为基础，对当年梅兰芳照片中的服装形制进行实体复现，结合数字梅兰芳身体模型，通过数字裁剪、缝合生成了一套民国时的便装版式。服装纹样定稿由当年给梅兰芳设计服装的京绣非物质文化遗产传承人李树棠指导绘制，李树棠亲自参与服装的选料、配色，复现出当年梅兰芳的民国便装服饰。在创作过程中，项目组发现当时使用的戏服缝制技术几乎失传。为了打造出最贴近梅兰芳时代的服装，在京剧专家指导下，项目组仔细研究梅兰芳便装的细节，如领子和布纹等。经过多番努力，找到了现存的民国时期布样，以此为范本复现民国布料材质。首先，对留存布样的材质和纹理进行采集，并使用智能算法对纹样进行分析计算，以复现服饰细节纹理。其次，为了复现当时的绸缎材质，使用数字扫描方法采集绸缎的数据后，通过对着色参数进行调整，使其能够渲染出绸缎的质感。丝绸制品是中国衣物独有的材料，没有现成的数字材质，项目组对各向异性材料材质进行修改，以生成适合丝绸制品的标准材质。此外，对于纹样质感，项目组最初找了一些老的布样，发现其刺绣材质与丝绸的材质非常相似且颜色相近，但无法一概而论。项目组基于两者材质性质一样的属性，在布料绸缎材质基础上进行修改，结合从图像中手动分离出的纹样，通过 Substance Designer 复现布料花纹及每条针线的清晰走势，还原出真实的刺绣效果。最后，在实时驱动引擎中引入实时材质管线，通过给材质添加各向异性和线性节点来复现梅兰芳便装的材质。

布样及便装服饰材质如图 6 所示。

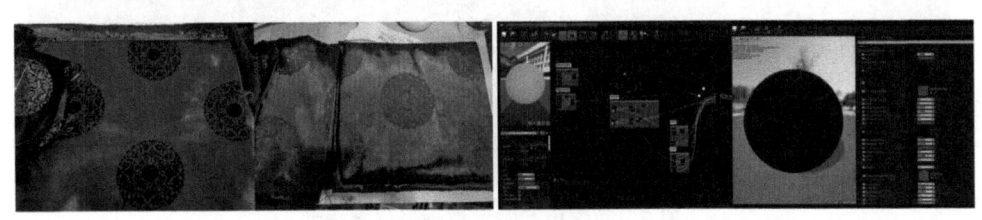

图 6　布样及便装服饰材质

为了复现布料运动的状态，采用实时与非实时两种方法相结合的方式进行解算。首先，在服装仿真设计软件中根据剪裁的形状完全裁剪出布料，并将其套在数字人身体上。其次，为了实现服装和身体之间的贴合，以及随着模型运动的服装变化，使用基于有限元方法的非实时解算。这种解算特点是耗时，但可以获得比较精确的结果，可以完全模拟布料穿在人身上时产生的褶皱等细节信息。具体地说，将布料看作由许多相互之间具有弹性关系的质点组成，通过逐点计算来模拟布料的运动和变化。在非实时解算得到每一帧的固定形状后，形成一个三维序列的 ABC 动画，实现实时播放。使用非实时的算力解决了实时衣服运动的问题。

京剧戏服是一种非常独特的文化艺术表现形式，由于极其复杂的制作工序和传统手工艺口口相传的继承特点，京剧戏服大部分手艺都濒临失传，被保存下来的准确图纸和纹样文献极少，服装所用材料也很难找，采用现代工艺复原原版原样的戏服变得异常困难。为了尽可能地还原梅兰芳当年的舞台形象，项目组进行了大量的实验性工作，对戏服和道具进行了数字化处理。具体来说，使用三维扫描和光场采集技术，采用便装服饰生成管线，对梅兰芳纪念馆中梅兰芳演出时穿戴的戏服进行纹理和材质采集。项目组运用模拟解算技术，攻克了大量技术难关，如在数字化场景中还原传统的戏剧艺术效果、平衡数字技术和传统手工艺之间的差异等，复现了 1.0 版戏服数字资产。该技术还在进一步迭代。

盔头有绒球、翠活和帽穗，其表面结构非常复杂，有许多微小的纤维和绒毛毛孔，这些细节是难以被数字化扫描技术捕捉的。初期使用三维摄影重建系统多角度拍摄盔头，重建的模型不够真实。于是，数字艺术家花费大量时间对模型进行修复，并结合盔头实体质感复现出局部细节的纹理和材质。现阶段，采集设备的迭代、智能技术的加持将为戏服资产复现提供更多技术支持，项目组将从艺术的角度使用这些工具，服务整个数字资产的复现。

数字梅兰芳完整身形仪表造型如图 7 所示。

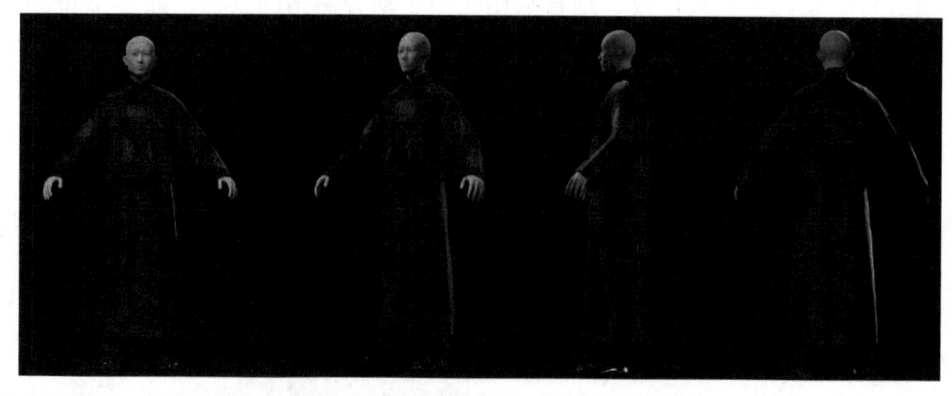

图 7　数字梅兰芳完整身形仪表造型

（三）表情和动作的制作

除了数字化雕塑模型的制作，梅兰芳表情和动作的数字化同样是一个难题，处理不当就容易陷入"皮笑肉不笑"的"恐怖谷效应"。人类表情由面部44块表情肌、皮肤、骨骼相互配合形成，是生命力和真实感的样态。要使情感表达和沟通更加精准和细腻，离不开神情的传达，数字梅兰芳面部表情需要形神兼备才能复现出梅兰芳栩栩如生的"形韵""气韵""情韵""意韵"和"神韵"。数字梅兰芳1.0版数字资产中，通过表情数据的"移植"，实现面部精准化动态驱动，采用对梅派京剧专家的手部动作、面部表情和肢体动作同时进行数据采集的方法，以梅派传承人的真实数据来复现梅兰芳的表情和身体动态。

人脸各部分具有非刚性联动的属性，复现出人的表情神态，需要对人的表情进行细分拆解。一般做法是扫描被采集者的面部肌肉运动、脸部皱褶、脸部微表情皮肤贴图等，编码出人的基础表情元素，通过组合来复现出多种表情。由于无法采集到梅兰芳的多种表情，所以只能通过表情迁移来实现。前文提到数字梅兰芳是从一个中立表情雕像开始的，对于表情动态化而言，基于面部行为编码系统（FACS），创作出一套54个表情雕塑是不太可能的事情。

为了更好地还原梅兰芳的表情、说话方式和气质，项目组找到一位外貌和气质都与梅兰芳相似且具有京剧底蕴的梅派京剧名家，采集了他的部分表情，并将这些表情与雕像的中立表情进行比对，计算表情差异。优化后，将这些差异应用到数字梅兰芳的中立表情上。当然，这种方法的前提是两人的相似度足够高。在动作驱动方面，项目组使用标准作业动作捕捉场地，采用高精度大范围光学全身动作组合捕捉系统，使用40个顶级捕捉摄像头（每帧1600像素的捕捉精度）进行捕捉，同时采用影视化产品级的捕捉方案和流程，以保证动作和手势的精准度。在系统精度足够高、数量足够多的条件下，捕捉到每个细节。在面部表情驱动方面，使用了一套电影级表情捕捉系统，该系统采用无标记点跟踪方式，可以精确地捕捉眼睛、鼻子、嘴角等面部特征的位置和表演数据，满足实时驱动的要求。

在京剧表演服饰的动态方面，如翎子和靠等，这些物件的复杂结构和表面细节使单纯靠机器自动模拟或直接采集来实现动态化重建仍然需要有大量技术突破。项目组采用物理模拟和采集相结合的方式来解决这个问题，但要达到完美实时驱动，还需要技术更新迭代。现在，项目组正在进行表演全数据采集和空间传输技术攻关。引入模式识别技术后，将可以取代物理仿真模拟，实现跨模态的元数据驱动，从而更好地实现对服饰的数字化重建。

项目选择以26岁的梅兰芳为原型，但当时采录并保留的声音很少。而且，当时的录音有些是通过唱片、磁带记录的，在今天看来失真程度非常高。采取用数据"喂养"人工智能的方式，难以复现梅兰芳当年的声音。经过多次实验论证，现有版本采用了声优模拟方案。

目前，主流实时驱动软件提供了良好的平台和接口，实时交互渲染主要难点体现在皮肤的复现上。由于次表面反射需要的光线随视角的不同呈现实时渲染结果，如果完全按照物理模拟渲染管线进行计算渲染，就会产生巨大的计算量，难以实现实时呈现。屏幕空间次表面散射的加速算法为项目高质量实时渲染提供了可靠保证，同时避免了皮肤质感的干涩、干枯或蜡一样的效果。在这项技术的加持下，经过反复调试，项目组最终获得复现梅兰芳皮肤肤质的参数。

三、面对"真""情"挑战

数字梅兰芳创新性地提出了"从艺术到技术"的人物建模方法，确保数字人和真人具有一致性。采用毛孔级数字人建模技术赋予数字人"形"，自然流畅的表情动作和语言情感等赋予数字人"神"，从而使"形神兼备"的梅兰芳复现。与现有的西方明确、直白的审美观和量化理性认知技术不同，数字梅兰芳结合了东方含蓄美、隐晦、内敛、暗示和留白等元素，以"人学"为范式的数字戏剧应用，使"真""情"的戏剧艺术规律保持不变。同时，数字梅兰芳从数字演员建模标准和技术伦理规范方面进行探索和实践，把人物性格、情感融入模型驱动参数，融入梅派京剧传承人的实时表演驱动数据，复现出梅兰芳。由表演驱动的数字人建模方式，不是动画式模拟，而是依托艺术表演，结合前沿数据科学研究方法，实现数字京剧虚实融合的交互演出模式。

项目组完成了数字梅兰芳静态资产和动态资产的创造工作。基于已有的动态成果，项目组正在进行技术和人物数字资产的迭代，结合"艺术科技"，完成数字梅兰芳模型的实时升级。同时，项目组将以"艺术创作"为科研实践的核心，着重处理驱动过程中的人脸数据、面部表情迁移、动作程式、流派风格和渲染呈现等方面，这将为开展数字梅兰芳展演提供设计和实施保障。在遵循数字人伦理规范的前提下，项目组将使用现代科技手段，传承大师的优秀传统人格精神，以跨越时空的方式，唤醒新一代对京剧艺术的热爱，并实现对传统文化的"活态传承"，为中国文化注入更多的自信和活力。

"苏东坡数字人"的开发与应用

王 健[①] 孟慧琳[②]

一、概述

中华书局，百年文化央企，成立于1912年，是中国近代历史最悠久和最有影响力的出版机构之一。古联（北京）数字传媒科技有限公司（简称"古联数字"）是中华书局下属全资子公司，业务涵盖中华文化数字化内容的设计、研发、制作、运营、衍生开发等全流程。古联数字先后开发了中华基本史籍知识库、中华古籍整理出版资源平台等数字化国家项目。"中华经典古籍库"获得第四届中国出版政府奖，得到业内广泛认可。

北京谛听视界文化科技有限公司（简称"谛听视界"），是元宇宙生态链企业之一。谛听视界提供全息沉浸式交互场景和虚拟角色内容开发服务，拥有多项全息专利技术和海量虚拟角色内容及作品版权。该企业在全国范围内布局打造元宇宙全息融媒体交互矩阵，整合全息空间成像、沉浸式交互、虚拟角色开发、混合现实、人工智能算法艺术、实时动作捕捉、5G全息直播等前沿科技，依托强大的创意策划与制作团队，形成新颖独创的艺术+科技表现形式。

"苏东坡3D超写实数字人"（简称"苏东坡数字人"）是由古联数字与谛听视界联合开发，以中华书局承担的中宣部指导协调下出版的"中华人物故事汇"系列丛书之一"中华先贤人物故事汇"为蓝本，倾力打造的首位超写实中华文化数字名人IP。

苏东坡数字人在以下五个方面展现出特色和优势。

（一）数据支撑

基于对古籍大数据的知识挖掘和文献整理，让数字人的容貌有据可依。为了

[①] 王健，北京航空航天大学人工智能研究院博士后，主要从事复杂网络渗流与传播动力学相关理论研究。

[②] 孟慧琳，中华书局编辑。

让苏东坡数字人贴近苏东坡的原貌,古联数字在容量超过70亿字的古籍大数据中心进行海量搜索,通过一系列精心设计的关键词精准抓取到一批涉及苏东坡容貌形象的古籍文本数据。同时,采用图像搜索技术,抓取从宋代到清代涉及苏东坡的100余幅画作,既包括苏东坡单人画像,又包括"西园雅集""赤壁"等主题群像,以及若干石刻画像拓片,从而初步形成对苏东坡容貌形象之"古籍真实"的把握,然后由权威专家进行系统校验,确定超写实苏东坡数字人的每个细节。

（二）技术支撑

通过深度融合传统文化与现代科技,打造中华文化数字名人IP,实现对传统IP的现代化创造。技术支撑包括先进数字影像技术、全息影像显示技术、多元交互体验技术及商业智能体系等。在技术表达上,国内顶级数字科技团队倾力打造360度数字沉浸、人脸识别、混合现实等数字体验,以全新视角诠释名家风采。

（三）借势原有IP

通过借势原有知名IP,奠定苏东坡数字人的广大受众群体和流量基础。苏东坡是中华传统文化中的重量级知名IP,具有非凡的人格魅力,深受人们喜爱,其本身是自带流量的。数字科技让这位可爱亲民的文化偶像在现代社会"复活",具有不可替代的受众基础。苏东坡从古代穿越时空而来,他是宇宙四维时空的现实存在;数字科技使他可以真实地和我们生活在一起。

（四）内容赋魂

专门建设苏东坡专题数据库,开发苏东坡主题知识图谱。依托数据标引体系,生成各个维度的知识图谱,相当于将苏东坡跌宕起伏的人生历程与丰富多彩的精神世界翻译成一张彼此关联的数据网络,并将其放进苏东坡数字人脑中,从而为苏东坡数字人凝神。目前,古联数字正在对苏东坡数字人进行人工智能训练,为其"赋魂",从而让苏东坡数字人真正像苏东坡一样去认知、思考、表达、行动,最终实现苏东坡在数字世界的复活。

（五）艺术表达

通过打造沉浸式艺术展,实现对传统文化的当代艺术表达。倾力打造"你好,苏东坡"沉浸式宋韵艺术展,立足"中华文化元宇宙·数字先贤工程",集合艺术家、创意人、策展人、设计师、动画师、编程师、工程师等多个领域的国际化人才,遵循"让东方新媒体艺术融入生活"的宗旨,专注"传统文化的当代艺术表达"的新媒体艺术作品创作、展览策划、开发与运营，以最前沿的新媒体艺术视角，融合艺术与科技，结合行为分析及创意编程，为中华文化数字名人 IP、东方生活美学空间、展览场景注入新生能量，增强场域体验，升华精神内核，营造中式"灵境"沉浸式梦幻奇景，进而达成对人类感官意识世界探索的诉求。

同各个行业已经上线的数字人相比，"苏东坡 3D 写实数字人"是首次基于中华文化古籍大数据开发设计的数字人项目，这在国内外均为首创之举，因此该项目具有不可替代的先发创新优势。

二、苏东坡数字人大事记

2022 年 1 月，"苏东坡 3D 超写实数字人"项目立项。

2022 年 9 月 23 日，苏东坡数字人在中华书局百年庆典上亮相，中宣部相关领导前来视察。

2022 年 11 月 28 日，苏东坡数字人与真人同台主持第五届伯鸿书香奖颁奖典礼。

2022 年 11 月 5 日，用于新媒体传播的卡通版苏东坡表情包发布。

2023 年 1 月，苏东坡数字人 IP 获第六届北京文化创意大赛优秀奖。

2023 年 1 月 29 日，苏东坡数字人在中央电视台一套（CCTV1）《2023 中国诗词大会》节目中亮相。

2023 年 2 月 6 日，苏东坡数字人在第 12 届中国数字出版博览会、第 35 届北京图书订货会上亮相。

2023 年 3 月 29 日，苏东坡数字人在成都举行的"灵感中国 数字东坡"新视听论坛上以光雕秀的形式出场并讲话。

2023 年 4 月 23 日，在中华书局读者开放日，苏东坡数字人在伯鸿书店与读者互动。

2023 年 6 月 8 日，苏东坡数字人在眉山三苏祠博物馆亮相。

2023 年 11 月，"你好苏东坡"沉浸式宋韵艺术展获得中国旅游协会夜经济专业委员会新消费场景创意奖。

2023 年 11 月，"你好苏东坡"沉浸式宋韵艺术展入选 2023 年全国文化元宇宙示范案例（示范三星级）。

2023 年 11 月，"苏东坡 3D 超写实数字人"入选国家新闻出版署 2023 年出版业科技与标准创新示范项目。

三、苏东坡数字人的诞生过程

（一）政策背景

2021 年 12 月 14 日，习近平总书记在中国文联十一大、中国作协十大开幕式上说："要立足中国大地，讲好中国故事，塑造更多为世界所认知的中华文化形象，努力展示一个生动立体的中国，为推动构建人类命运共同体谱写新篇章。"

2023 年 6 月 2 日，习近平总书记在文化传承发展座谈会上强调："中国文化源远流长，中华文明博大精深。只有全面深入了解中华文明的历史，才能更有效地推动中华优秀传统文化创造性转化、创新性发展，更有力地推进中国特色社会主义文化建设，建设中华民族现代文明。"

东坡文化是中华优秀传统文化宝库中的璀璨明珠，习近平总书记多次引用苏东坡的名言，人民网曾以"常提儒家名言，苏轼名句最多"来概括习近平总书记用典情况。

21 世纪以来，中华书局坚持"守正出新"的理念，积极发展中华文化数字业务，在古籍数字化方面取得长足进步，陆续开发了一系列数据库，积累了海量的古籍数据资源，从而为进一步探索基于数据资源的各类产业开发提供了内容数据支持。

2022 年 1 月，中华书局积极响应习近平总书记关于"不断做强做优做大我国数字经济"的号召，切实落实国家关于推进虚拟现实产业发展的各项方针政策，依托中华书局一百多年来在中华文化领域的深厚积淀，以及其全资子公司古联数字在中华文化数字化开发领域的成功探索，开发、创作、运营"中华文化数字人"，力图让古籍里的历史名人"活"起来，让中华优秀传统文化"火"起来。古联数字通过积极布局中华文化的元宇宙产业方向，深度融合"科技+文化"，更好地"立足中国大地，讲好中国故事，塑造更多为世界所认知的中华文化形象，努力展示一个生动立体的中国"；创新并丰富人们的生活方式，满足数字时代人们对于中华传统文化持续高涨的需求。

古联数字参考习近平总书记经常引用的名人名言、国人心目中最具影响力的中华文化人物、海外人士心目中最具影响力的中华文化人物，综合考虑时代、地域、性别、年龄、外貌、性格、职业、才艺、覆盖面、影响力等不同维度，拟选出最能代表中华文化的先贤，开发出一系列"中华文化数字人"，并逐步形成"中华文化数字人"矩阵。古联数字综合考虑人物特征及受欢迎度等因素，率先推出了苏东坡数字人。

古联数字基于古籍文献和数字技术做了将近一年的思考与尝试，经过几十次内部探讨、专家论证，以及版本迭代，推出了全国首位"3D超写实苏东坡数字人"。"中华文化数字人"开发流程如图1所示。

前期准备	中期制作	后期运营
数据挖掘与人设数据库	角色设计—三维技术呈现—出道	线上+线下价值转化

资源获取	角色小传	角色提炼与设计	捕捉驱动	城市/景区代言
数据采集	时代背景	角色三维模型	动画制作	数字艺术展/消费空间
架构设计	生活场景	导演/脚本	后期特效	文创衍生品
内容加工	史料外形	场景设计稿/概念稿	配乐	国风小游戏
知识挖掘	场景与配角信息	场景建模	动效/配音	全息剧演艺等

图1 "中华文化数字人"开发流程

（二）诞生过程

1. 苏东坡数字人人设数据库及知识图谱开发

（1）写出角色小传（2022年3月）。

（2）挖掘与整理角色史料外形（2022年3月）。

（3）确定场景与配角信息（2022年3月）。

2. 角色设计

（1）确定根据资料需要提炼的角色样稿（2022年5月）。

（2）确定角色设计必需的步骤（2022年5月）。

3. 三维技术呈现（2022年8月）

（1）原画设定。

（2）模型制作。

（3）材质贴图。

（4）身体、表情绑定。

（5）动作捕捉。

（6）动画制作。

4. 专家论证

由于在中华文化出版领域的影响力和深厚积淀，中华书局从事"中华文化数字人"开发有着突出的专家团队优势，可从各个角度为"苏东坡3D写实数字人"项目的建设提供学术和专业支撑。

项目组特别邀请海内外知名学者成立专家顾问组，成员包括：

康震，北京师范大学文学院教授、博士生导师，北京师范大学党委常委、副校长。

陈才智，中国社会科学院文学研究所研究员，中国社会科学院大学教授、博士生导师，中国王维研究会会长，中华文学史料学学会副会长，中国苏轼研究学会副会长。

李山，著名中国文化学者，北京师范大学文学院教授、博士生导师，启功先生弟子，百家讲坛著名主讲人。

衣若芬，新加坡南洋理工大学教授，新加坡《联合早报》特邀专栏作家，新加坡政府注册社团"文图学会"荣誉主席，中央电视台纪录片《苏东坡》海外讲述人。

祝勇，故宫博物院故宫文化传播研究所所长，《辛亥》《历史的拐点》《苏东坡》等大型纪录片总撰稿人，大型纪录片《天山脚下》总导演。

沈飞，北京服装学院服装艺术与工程学院副教授，带领团队完成中央电视台"三星堆奇幻之旅"古蜀国神殿祭祀场景的服饰复原。

四、主持伯鸿书香奖颁奖典礼

2022年11月28日，苏东坡数字人与真人同台主持第五届伯鸿书香奖颁奖典礼。

五、在《2023中国诗词大会》惊艳出场

苏东坡数字人于2023年1月29日在中央电视台一套（CCTV1）《2023中国诗词大会》节目中亮相，带领国内外观众穿越历史，回到不同的时空场景，并在现场与主持、专家和选手实时互动，引发文化圈、科技圈、各大媒体高度关注。《光明日报》、《中国政协报》、学习强国、《成都日报》、《中国新闻出版广电报》、《中华读书报》、中国出版集团、中国苏轼研究学会官方微博、三苏祠官方微博、儋州文旅、定州日报社、泰国中华文化促进会、惠州政府新闻办、海南电视台、海南省苏学研究会等官方媒体或机构纷纷报道。

六、苏东坡回家：入住三苏祠

2023年6月8日，苏东坡数字人在眉山三苏祠博物馆亮相，以《数字东坡讲家风》为主题，以视频的形式向观众讲述他的家风家教的故事。

七、苏东坡数字文化艺术大展：长沙—苏州

2023年5月，"你好，苏东坡"宋韵艺术展落地长沙，7月落地苏州。该项目由中华书局、古联数字、中关村大数据产业联盟、浑敦科技联合部署，以中华书局承担的中宣部指导协调下出版的"中华人物故事汇"系列丛书之一"中华先贤人物故事汇"为蓝本，通过"既遇东坡""西园境象""拂晓时辰""脍炙珍馐""梦华风雅""文辞生花""致敬东坡"七大展项，深入挖掘苏东坡及其朝代的历史叙事，运用现代化、艺术化手段表达传统文化，引领观众进入梦幻之境，与先贤苏东坡展开一场跨越时空的对话。

该项目极具示范与引领效应。

（1）优质IP强强联手，呈现创意商业新图景。该项目在龙湖长沙洋湖天街两周年之际作为湖南首展特别呈现，助力商场更好地匹配空间场景的创新表达、内容运营的差异化打造，更好地与消费者实现连接。同时，该项目具有良好的传播效应，除中国新闻网、《湖南日报》、《长沙晚报》、《潇湘晨报》、湖南都市频道、掌上长沙、湖南湘江新区等官方媒体报道外，长沙当地网红及观众在小红书、抖音、B站等新媒体平台纷纷进行自发传播。

（2）新场景与新业态打造消费新引擎。该项目成为洋湖天街夜经济2.0的缩影，通过制造更具互动性、话题性和情感价值的活动来连接消费者，商业不再是单纯售卖、功利化的引流，而是与消费者达成一种情感的共鸣和对话的默契。该展览获"抖音吃喝玩乐榜·长沙市展馆展览好评榜"五星好评，排名第一位。

（3）将创意策划、新媒体、多媒体融合，将创新科技与主题文化相结合，打造兼具"文化+科技+艺术"的线下主题体验式新场景、新消费。通过深入挖掘苏东坡及其朝代的历史叙事，中华书局联合国内顶级数字科技团队，倾力打造最让人沉浸的观展体验。展览采用数字文化+艺术的表现形式，为观众构筑起"梦回宋朝，遇见东坡"的梦幻之境，与苏东坡展开一场沉浸式、跨时空的对话。

（4）助力落地空间成为当地的示范商圈代表。在暑期档，商场内的"你好苏东坡·宋韵艺术展""秘境方舟·主题游猎展"双IP展吸引了不少外地客流，客流同比提升30%。

苏东坡数字人在不同城市落地艺术展,全方位地参与城市宣传,如拍摄城市宣传片,为城市形象代言,在研学基地中"教学",在博物馆、图书馆、文化馆、青少年宫等公共文化教育场所进行"互动讲解"、文博推介,等等。苏东坡数字人对于彰显城市精神风貌,打造城市品牌,推动城市文化建设提质增效,均具有重要的意义。

从动画到元宇宙——
连接虚实世界的生命行为数字化

久子[1]　李中秋[2]　李洪新[3]　王纯璐[4]　杨超然[5]

摘要：北京迪生数字娱乐科技股份有限公司（简称"迪生公司"）发展的30多年历史，可以说是当代中国动画科技的发展史。迪生公司以"引进+自研"双线并行的发展路线，一方面将世界领先技术引入中国，另一方面深度研发具有自主知识产权的动画技术，开启中国三维动画时代，引领中国动画工业化发展道路，开拓了中国的虚拟制作领域。随着动画技术的进步，迪生公司董事长李中秋重新聚焦动画本体概念，提出"泛动画"理论。"泛动画"理论的提出为动画产业发展提供了更大、更多元、更融合的产业空间。为此，迪生公司以"泛动画"为指导思想推动业务结构的转变，从"迪生动画"转型到"迪生数娱"，再到"迪生数字"。本文以迪生公司的发展为线索，以小见大，探索数字内容产业的未来发展趋势。

一、历史：迪生公司发展史映射了中国动画科技史

"始自1989年，中国动画技术每一次革命的推动者，都有同一个名字——迪生。"可以自豪地说，迪生公司的发展史就是中国动画科技的发展史。

---

[1] 久子，国际动画协会学术负责人，清华大学新媒体演艺创新研究所研究员。

[2] 李中秋，北京迪生数字娱乐科技股份有限公司董事长，国际动画协会副主席，中央戏剧学院研究生导师，中国传媒大学客座教授，吉林动画学院特聘教授。

[3] 李洪新，北京迪生数字娱乐科技股份有限公司总经理、中国图象图形学会数码专业委员会副秘书长、北京阿希法动画技术研究院院长。

[4] 王纯璐，北京迪生数字娱乐科技股份有限公司产品经理，负责传媒娱乐领域数字资产创作产品的设计与研发。

[5] 杨超然，北京迪生数字娱乐科技股份有限公司市场部主管，负责企业品牌市场推广。

（一）引进+自研三维动画技术，开启中国三维动画时代

在世界动画史上，1984年是不能被忽视的重要节点。这一年，约翰·拉塞特创作了世界上第一部使用三维动画技术的作品《安德烈与威利的冒险》。在传统二维手绘动画大行其道的时代，这部动画的诞生可以说极具开创性。早期的计算机图形技术通常仅限于生成刚性的几何形体，而拉塞特制作出了具有挤压和拉伸风格的可操纵的形体，突破了极限，它标志着"动画可以脱离传统的手绘"。这部作品奠定了皮克斯公司未来的发展方向，使其因三维动画而闻名于世。

当时的中国动画，主要还是以上海美术电影制片厂和中国电视剧制作中心创作的传统二维动画短片和系列片为主。而先人一步意识到计算机三维动画的未来前景，并积极与世界最先进的计算机动画技术接轨的就是迪生公司。1989年，迪生公司的前身——香港爱迪生综合企业北京代表处，首次为我国引进三维动画技术——美国硅图公司（SGI）图形工作站和法国汤姆逊数字影像公司（TDI）三维动画软件。此后，迪生全力推动三维动画技术在中国的普及与应用，并作为技术支持方，协助国家体委、中国科学院软件所、中央电视台共同完成了中国第一部三维动画作品——亚运会体育转播片头，创建了中国第一个三维动画形象——熊猫盼盼。

作为中国计算机图形领域的探索者，迪生公司一边引进国际先进技术，一边推动我国自主知识产权动画技术的研发，支持中国科学院电子所和大洋公司研发出我国第一套字幕机，从而奠定了今日国产字幕机、非线性编辑、虚拟演播室的计算机图形市场基础。1991年，北方工业大学CAD研究中心在迪生公司支持下，由我国计算机图形学泰斗齐东旭教授带领团队自主研发出了国内首套三维动画软件，并为我国培养了徐迎庆、黄心渊等一批计算机图形与虚拟现实领域的著名学者和学科带头人。

（二）建立无纸动画品控中心，推动中国动画的工业化发展

世纪之交，随着计算机图形技术的发展，曾经在纸上或赛璐珞片上手绘制作的传统二维动画也迎来了工艺升级。以日本Celsys为代表的无纸动画技术迅速崛起。与此同时，北美的Animator，法国的TVPaint、Media，意大利的Toons，英国的Animo等无纸动画制作软件纷纷涌入市场，共同开启了无纸动画的"春秋战国"时代。全流程无纸动画工艺快速成长并日臻成熟，具有成本低、效率高、易修改并且方便输出等优点，被世界范围内的许多顶尖动画企业采用，就连传统二

维动画工艺的领航者美国迪士尼动画公司，也在2004年初正式关闭了传统动画工作室，建立起横跨国际许多国家和地区的无纸动画流程生产线。

在整个动画行业升级迭代的国际大背景下，中国动画同样走上了变革之路。迪生公司又一次担当起中国动画的领头羊。早在1994年，迪生公司就引进了二维动画计算机上色技术，并为中央电视台动画《西游记》提供计算机上色技术服务，打破了传统的二维动画工艺，让中国动画结束了70多年的传统二维描线上色的历史，一步跨越到二维动画工业时代。1997年，为满足动画外包品质控制的需求，结合互联网的发展，迪生公司成功研发出一款具有自主知识产权的动画辅助设备——迪生网络线拍。这款设备的问世，不仅结束了我国动画企业依赖外国动检仪的历史，还使全球动画加工结束了动画检查需要航空传递录像带的历史，迪生网络线拍成为全球二维动画的动检通用设备和格式标准，这也是我国动画制作技术首次出现在国际舞台上。自此之后，中国的许多中小动画公司和工作室形成了协同作业网络，以虚拟动画工厂的方式，形成了中国动画国际服务外包的强大生产力。

进入21世纪，动画制作工艺更加趋向于产业化与国际化，岗位分工更加明确，动画创作与制作环节实现全面分离。创作、制作、发行及衍生市场拓展等环节跨越了国家与地域的界限。同一部动画片的制作团队成员可以分布在世界各地，通过协同创作平台紧密联系。基于此，迪生公司在北京市文化创意产业基金的支持下，于2010年主导了北京市重大科技项目"无纸动画品控中心"。该项目成功构建了全国范围内分工协作的无纸动画制作及周期管理网络，全面推动我国动画产业步入工业化时代。此外，迪生公司通过与欧美多家动画上游企业及东南亚下游企业建立数字动画协同作业服务外包网络，进一步促进国内外动画产业的紧密合作，实现了我国动画技术与国际动画市场的技术对接，为"国漫崛起"奠定了坚实的生产力基础。

（三）攻关动作捕捉和三维扫描技术，开拓中国的虚拟制作领域

20世纪末，电子游戏领域广泛使用了动作捕捉技术。进入21世纪，动作捕捉技术亦逐渐成为动画界的潮流。动作捕捉技术通过记录真人演员或其他生物、物体的动作并应用到动画场景中，提升动画生产效率，具有事半功倍的效果。

在中国，迪生公司几乎同时意识到动作捕捉技术会带给动画制作颠覆性的变革，于2000年引进了全球行业龙头动作捕捉品牌Vicon和加拿大InSpeck三维扫描仪。同年，迪生公司充分发挥创新精神，与澳大利亚7网络电视台合作制作出了我国第一个虚拟主持人——言东方。以当今的标准审视这位25年前的虚拟主持人，难免会觉得其毛发、布料纹理等不够成熟，但他在中国动画技术史上的重要

价值不言而喻。他不仅为我国的动画产业注入了新的活力，还在虚拟现实、数字人等领域的研究与发展中留下了浓墨重彩的一笔。

除引进之外，迪生公司同样加大了在动作捕捉方面的研究力度。2006 年，在国家 863 计划的推动下，迪生公司研发出了我国首个具有自主知识产权的光学动作捕捉设备——迪生 DMC。这款设备的诞生，为我国动画电影的精准动作捕捉和高质量动画制作提供了强有力的技术支持，也为我国发展具有自主知识产权的动作捕捉和空间测量技术积累了宝贵的经验。在此基础上，迪生公司又创造性地开发出将动作捕捉、定格动画、三维动画有机融为一个系统的 Moco Toon 定格动画车间，将三种主流动画技术完美地结合在一起。这项技术不仅在中国是第一，在全球也是首创。该产品进入中央电视台、中影集团等重要企业，承担了重要的影视项目。该产品还被科学技术部评为"中国好技术"。2015 年，迪生公司对虚拟角色植入直播节目制作进行核心技术攻关，经过近一年的努力，首次实现了高清直播现场环境下三维虚拟角色与真人主持的实时互动播出。随即，迪生公司使用该技术服务湖南卫视"快乐大本营 20 周年"和"2017 中秋之夜晚会"，为广播电视行业开创了新的制作方法，影响了中国广播电视业的发展。2021 年，迪生公司发布了深度自研的便捷式 HVC 动作捕捉系统，该系统以高于惯性捕捉精度的系统性能和低于光学捕捉的支出成本，填补了行业空白，为直播、教学、快速内容创作等提供了简单易学的创作解决方案。2022 年，迪生公司在同场同时进行动作捕捉的人员上限上打破了吉尼斯世界纪录，完美进行了 25 人同场动作捕捉。

二、转型：在"泛动画"思想指导下，迪生动画向迪生数娱转型

（一）"泛动画"的提出及其对中国动画的影响

动画是什么？相信每个人思考到这个问题的时候脑子里闪现的都是不同的画面，或许想到了正在奔跑与追逐的猫和老鼠，或许想到了登上凌霄宝殿的齐天大圣，或许想到了"今年过年不收礼"的脑白金爷爷奶奶，或许想到了手机里保存的兔斯基表情包，或许想到了李逍遥和赵灵儿的像素人武打画面，或许想到了楼盘景观预演、博物馆内可交互的科普作品、电视节目的片头，等等。这就是对动画的本体研究，它是如此之难：每当学术界为其进行定义，随之而来的新技术和新媒介就会推翻旧定义，人们不得不一次又一次地去研究，去修改，令其不断焕发新的生机与活力。

早先有学者从词根研究的角度对动画进行定义（这个版本在今天的各种书籍

和文章中也常被提及）:"动画"（animation）一词源自拉丁文字根"anima"，意思为"灵魂"或"精神"。动词"animate"是"赋予生命"的意思，引申为"使某物活起来"。那么，"animation"一词则是给某物赋予生命，使之鲜活呈现。从这个定义之中，我们能够体会到动画作为艺术迷人的"赋灵"魅力。但是，这个定义显然感性成分较多，它把"运动"当作"生命"来理解，但从大量的实验动画和特效动画中，我们能够看到很多无法辨认出生命体的图像，如三角形、发光粒子等在运动。此外，景观动画的呈现，往往画面内并没有物体在运动，而是靠摄影机运动让观众进行视角跟随。我们显然不能说由于有图像运动，就有了"生命"。

国际动画协会（ASIFA）在1960年成立之初，就经过严谨的学术研究，为动画进行了学术定义：逐帧绘制的画面，经过连续播放，通过视觉暂留效果形成的动态影像。这一定义在当时被国际认可，并出现在世界范围内的动画概论教科书上。后来，随着计算机技术的进步，动画制作工艺打破了"逐帧绘制"这一描述，国际动画协会不得不对动画的定义做了补充修订：动画艺术是指除实拍方法外，使用各种技术创造出来的活动影像，亦即以人工方式创造动态影像（1992年）。这一定义在当时被视为权威定义。但是，随着技术的发展，尤其是运用动作捕捉技术的电影《阿凡达》上线之后，人们对于它究竟是实拍影像还是动画产生了长久不息的争论。这种争论也让国际动画协会对动画的定义再一次面临挑战。基于此，对动画重新定义十分有必要。

从国际动画协会对于动画定义的修改中，我们可以发现很重要的一点——尽管协会的主要成员多是动画片创作者，但他们从来没有狭隘地将动画定义为"动画片"，而是以更多元的视角去认识动画本身。这种打开的思路、扩充的视野，对动画发展来说是极其有益的。

正是基于以上认识，同时在经历我国各地动漫基地的兴衰、游戏和虚拟现实行业的崛起，以及关于动画院校人才培养方向和就业状况的争论等系列事件后，迪生公司创始人、时任中国动画学会副秘书长、现任国际动画协会副主席李中秋先生，重新聚焦"动画是什么"的本体问题，以把握动画作为"运动幻觉"和"想象力的视觉呈现"为研究基础，以动画行业的发展为研究目标，结合动画发展的历史技术动因，再汲取传播学理论基础和研究成果，于2003年提出了"泛动画"理论。其基本概念是指以制造"运动幻觉"为目的的一切表现手段。它最初的设想，是为了给动画片以外的动画内容和形式正名，使之得以在众多媒体形式中找到自己的身份和定位。那么，广告动画、表情包动画、游戏动画、虚拟现实全景动画、交互动画、短视频竖屏动画等一切动画应用领域都可以在"泛动画"概念之下进行思考。而这些扩展出来的动画应用领域，恰好也是动画技术不断进步、自我突破的最好证明。然而，随着研究的深入，我们意识到，"泛动画"的研究价值远不止于此。除揭示动画技术的发展规律，给动画片之外的动画作品正名之外，"泛动画"概念更能帮助我们洞见动画产业的未来发展趋势和行业走向。尤其在现在信息爆炸的时代，动画产业面临前所未有的机遇和挑战。如何在纷繁复杂的市场环境中找到自己的定位，把握产业发展的脉搏，成为每个动画从业者都需要思考的问题，而对"泛动画"的研究，正是为了提供这样一种思考的视角和理论支撑，为动画发展提供更大的产业空间。

"泛动画"这个概念的提出，标志着动画领域的一次重大突破，得到了国际范围内的广泛认可。李中秋先生多次受邀在国内外举办主题讲座。无论是学术研究，还是动画产业，"泛动画"都取得了显著的发展成果。例如，厦门软件园以"泛动画"产业为指导，成功构建了包括游戏、影视和虚拟现实在内的一系列产业集群。这一成功经验不仅为我国其他地区提供了借鉴，还进一步推动了动画产业在我国的蓬勃发展。2023金融街论坛年会特别设立了以"泛动画引领投资新蓝海"为主题的平行论坛，如图1所示。北京市西城区在论坛上宣布，将"泛动画"作为数字产业的主要增长点，并加大政策支持力度，出台了"文化十条"，推动"泛动画"产业快速发展。

图1　泛动画引领投资新蓝海论坛

（二）"泛动画"推动迪生公司业务结构转变，全面进入"迪生数娱"时代

秉持知行合一的理念，迪生公司率先将自己作为"泛动画"理论的实践基地，打造"泛动画"产业集群。在纵向发展上，迪生公司一以贯之地延续对动画技术的深度研究，保持在动画技术方面的领先地位，中央电视台为此曾经多次开设专题，报道迪生公司作为中国动画技术领域的代表，在中国动画行业进行的一系列

动画技术革命。在横向发展上，迪生公司以动画技术为核心，以"泛动画"理念为指导思想，开拓了数字游戏、虚拟现实、元宇宙、娱乐综艺、互动教育等多个领域，全面进入"迪生数娱"时代。

这种从"迪生动画"到"迪生数娱"的转型自然而然，顺理成章。首先，在"泛动画"思想的指导之下，动画的概念从影像艺术层面扩展到形象思维表达工具层面，极大地扩展了动画的本体边界与产业边界。在此概念下，虚拟现实可视为观众具有自由视角的全景动画，数字游戏可视为可交互的、多分支镜头序列动画，元宇宙更是给观众提供了一个极大的满足观众主观能动性的动画世界，相关产业都可以在"泛动画"体系之下进行考量。其次，强大而广泛的动画技术支撑是基础保证。为此，迪生公司更加重视对技术的研发投入，尤其是基础技术研究的投入，开垦和扩大"泛动画"试验田。在策略上，迪生公司同样采取"引进+自研"双线并行的前进路线：一方面，和法国的 SolidAnim、Dynamix，英国的 Vicon，以色列的 Vector 等国际龙头厂家进行深度合作，将更多的高新科技引入中国。另一方面，坚持自研"泛动画"产业制作流程中各个环节的软件系统及硬件设备，充分满足数字娱乐产业的技术要求。最后，媒介的不断发展、人民对精神生活要求的日益提高，这些都促使原本以动画片为中心的动画产业进行变革。今天，数字媒介已经随处可见：电梯里、地铁上、商场中……人们的日常生活已经被数字媒介包围。此外，自媒体环境越来越发达，非专业的、上手简单的制作软件不断涌现，使普通民众也可以参与到创作之中。可以说，现在已经进入"全民娱乐"时代。因此，在李中秋先生提出"泛动画"概念之后，迪生公司预判市场未来的发展，马上以先行者的姿态探索打造"泛动画"产业集群，改变了以动画片制作为主的产业模式，将各种关键技术与先进流程管理方式进行整合，并根据项目要求提供全流程的制作技术与管理方案，构建起融合动作捕捉、表情采集、动作资产数据库、造型资产数据库、虚拟拍摄、虚拟合成、引擎技术、云计算、云存储等的全方位体系架构，进入以"泛动画"为核心的数字娱乐领域。近些年，我们见证了无数次"风口"变迁，也见证了太多为了追求热点"昙花一现"的人和事，但以"人生就是为一件事而来"为信仰与企业文化的迪生人在每一个"风口"都保持宠辱不惊的姿态严谨思考，深入研究，抓住每一个机遇，形成了以"泛动画"为核心的数字娱乐生态集群。这种多元化发展策略，使迪生公司在市场竞争中站稳脚跟，进一步提升了企业实力，业务规模得到了很大的扩展。

1. 数字游戏领域

迪生公司在 2018 年为网易《逆水寒》项目提供实时动作捕捉技术解决方案与服务支持，深度还原真人表演，为游戏带来完美的体验。2022 年，迪生公司助力国内第一个拟真操控类足球游戏《绿茵信仰》，为真人球员的同场捕捉提供精准的捕捉技术与多机同步实时解算方案，为玩家还原真实的足球世界。值得一提的是，同年迪生公司与广州网易互娱动作捕捉中心联合完成了 25 人同场实时动作捕捉的新挑战，成功刷新了 19 人同场实时动作捕捉的吉尼斯世界纪录，如图 2 所示。此外，迪生公司还为米哈游的《原神》、西山居的《剑侠情缘三》、腾讯的《和平精英》等多款爆款游戏提供了服务。

图 2　25 人同场实时动作捕捉现场

2. 影视制作领域

2016 年，迪生公司为中国首部虚拟三维魔幻动画电影《兰陵王入阵曲》提供全方位的动作捕捉解决方案与技术支持，这是中国动作捕捉领域首次应用虚拟拍摄技术。2017 年，迪生公司为演员成龙的"成家班"提供全流程动作捕捉服务，精确的动作还原得到了"成家班"的一致好评。此次动作捕捉技术在传统影视中的应用既保证了动作演员的生命安全，又为影视导演的拍摄提供了超越实拍影像的更多创作空间和可能性。2022 年，迪生公司参与动画电影《新神榜：杨戬》的幕后制作，并为追光动画提供全套定制化的动作捕捉技术解决方案，超预期满足了动画电影对动作捕捉精度和性能的严苛要求。同年，由刘慈欣同名长篇科幻小说改编的国产动画剧《三体》，也依托迪生公司的动作捕捉技术与其他制作技术，实现了制作效率和人物表现力的提升，上线首日播放量突破一亿次。此外，迪生公司还为三维动作奇幻电影《西游记之三打白骨精》、奇幻神话电影《封神传奇》等作品提供了完整的技术服务。

3. 广播电视领域

2017 年，迪生公司为湖南卫视提供虚拟建模与动作捕捉集成服务，为广播电视行业开创了新的创作及传播方法。同年，迪生公司再度与湖南卫视联手，将表情捕捉系统应用于虚拟主持人，使虚拟角色与幕后演员同步表演，这又是一次对新技术的大胆尝试，开启了广播电视行业的新思路，影响了中国广播电视业的发展。2019 年，在中央电视台《经典咏流传》节目中，迪生公司为撒贝宁研发了他的数字分身——赛小撒。技术团队利用迪生三维扫描系统，对真人撒贝宁进行全身扫描，得到其三维模型，然后进行模型与动作捕捉的绑定，接着完成对面部表情和身体动作的捕捉。赛小撒在节目中对话、采访、背诵诗词，几乎无所不能。整个项目的制作周期不到一个月，在这么短的时间里，迪生公司再次完成了一个"不可能"的任务。

4．虚拟演唱会及综艺领域

2021 年，迪生公司为上海文广集团旗下的 SMT 子午工作室提供技术支持，完成了全虚拟歌舞剧《创世之音》的演唱会表演，实现了虚拟角色的实时表演和互动，以及对摄影机的实时追踪，在制作效率和数据品质上给予 SMT 子午工作室最大的保障。2022 年，迪生公司与 B 站深度合作，采用全流程虚拟制作及动作捕捉等技术集群支持大型在线虚拟演唱会《冰火歌会之冰火夏日夜》。此次虚拟演唱会共计 53 位虚拟偶像同台献艺，为 B 站观众带来了精彩绝伦的盛夏狂欢。同年，迪生公司深度参与爱奇艺虚拟现实游戏闯关真人秀《元音大冒险》的节目制作，为其提供全栈式的动作捕捉、后期制作、合成等技术支持，这一爆款综艺节目引发了国内综艺节目的创新，迪生公司再次引领发展新路径。图 3 为《元音大冒险》录制现场。

图 3 《元音大冒险》录制现场

5. 虚拟偶像领域

迪生公司率先进军虚拟偶像领域，为虚拟偶像的打造提供强大的、可靠的幕后技术支持。在 2020 年湖南卫视跨年夜晚会上，黄子韬的虚拟分身韬斯曼呈现出自然流畅的舞蹈动作和丰富灵动的面部表情，令其大放异彩。除了真人偶像的数字分身，迪生公司还参与制作了灵犀组合、许星悠、星瞳等虚拟歌姬。这些虚拟偶像在满足了娱乐需求之外，迪生公司还积极扩展其应用领域。例如，全球第一位数字虚拟航天员（新华社数字记者）"小诤"，就是迪生公司提供幕后技术支持的具有社会身份的虚拟偶像，如图 4 所示。"小诤"亮相中国空间站，完成了国家重大航天项目的播报任务。

图 4　全球首位数字航天员"小诤"

6. 直播带货领域

在直播带货这一新兴经济领域，迪生公司依托强大的技术整合能力，服务电商平台，打造虚拟形象进行直播带货，合作对象有三只松鼠、小茗同学、旺仔、小厨子阿汤等品牌。值得一提的是，迪生公司自研的 HVC 媒达虚拟直播系统，如图 5 所示。该系统成本低、效率高、操作易，自备丰富的角色资源、场景资源、动作资源及特效资源，无须长时间反复调试工作，无需多人团队，一人即可进行直播操作和视频创作，3 分钟即可完成准备工作，持续直播长达 8 小时。即便从未接触过动作捕捉技术的普通人，也可以使用该系统进行虚拟直播，真正跨越专业技术鸿沟，实现"全民娱乐"。

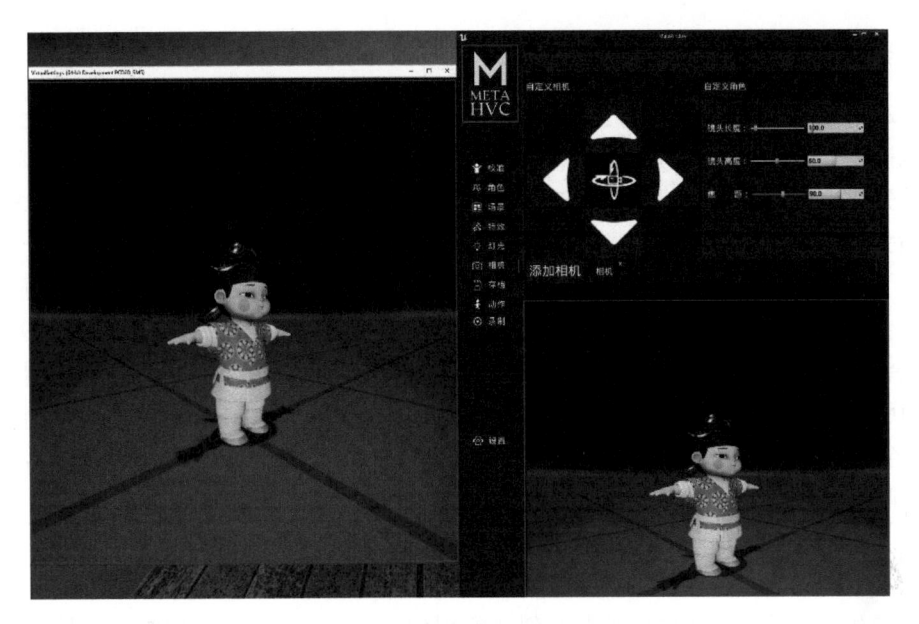

图 5　HVC 媒达虚拟直播系统界面

7．虚拟现实领域

2016 年，迪生公司亮相中国国际数码互动娱乐展览会，将先进的虚拟现实技术融入数字游戏，引起行业关注。同年，迪生公司在第 16 届北京电影学院动画学院奖活动期间举办了大型虚拟现实体验与学术交流活动。2019 年，迪生公司自主研发的虚拟现实冬奥雪上项目科普体验系统（图 6）成功通过北京市科学技术委员会的项目验收。该项目以虚拟现实的互动体验方式普及冬奥会知识，为北京冬奥会助力。

图 6　虚拟现实冬奥雪上项目科普体验系统

第四篇　应用案例

8. 泛动画"赛—节—展"领域

2007 年，经国际动画协会理事会批准，国际动画协会中国分会成立，前上海美术电影制片厂厂长、《宝莲灯》总导演常光希先生出任分会会长，迪生公司董事长李中秋先生出任秘书长，迪生公司成为国际动画协会唯一的中国代表处。分会成立之后，圆满完成了一系列在国际上具有影响力的动画"赛—节—展"。例如，迄今为止已经举办了 16 届的厦门国际动漫节，活动内容包含"金海豚"动画作品大赛、动画技术展示会、电子竞技大赛、游戏开发大赛、产业对接会等围绕"泛动画"概念展开的 40 余项活动，已成为"专业人士交流的平台、动漫爱好者的年度盛会、产业对接和招商引资的载体"。此外，迪生公司作为亚洲动画峰会（AAS）在中国唯一的合作伙伴，全权负责为其征集及评选中国区的路演项目，协助中国的动画工作室和制片人获得国际资源，搭建国际合作渠道，进一步将中国的动画产业推向国际舞台。

9. 教育领域

迪生公司在 35 年的发展中深刻地意识到，"泛动画"市场需要一大批高素质的人才。为了满足这一市场需求，迪生公司积极与高校进行深度合作。例如，迪生公司同清华大学、北京大学、中国传媒大学、北京电影学院、中央戏剧学院、中央美术学院等院校合作，开展无纸动画、动作捕捉、虚拟现实、虚拟拍摄等实验室的共建，培养专业人才。与此同时，迪生公司还积极寻求与高等职业院校合作，以培养更多具备实践能力的实用型人才。以迪生公司与北京首钢工学院的虚拟现实基地为例，基地设立之初就是为了培养学生的一线实践技能，使其在校期间就具备满足市场化服务需求的能力：一方面，学生在企业教师的带领之下完成影视制作、智能加工、动作捕捉、虚拟拍摄、虚拟现实等制作项目的外包订单，另一方面，学生个人或学生团队也可以在学校教师的指导下在基地进行原创尝试。学生毕业之后，无论是继续孵化原创项目，还是寻找工作，都已具备丰富的项目经验和过硬的技术水平。

三、深耕：元宇宙时代连接现实与虚拟的生命行为数字化

（一）元宇宙——"泛动画"理念下动画产业的必然走向

从 2020 年底开始，"元宇宙"一词开始受到全世界的关注。2021 年 3 月，元

宇宙第一股 Roblox 在纽约证券交易所上市。同年 10 月，世界头部社交媒体 Facebook 宣布更名为"Meta"。股票市场的变化让"元宇宙"概念更加火爆，2021 年被称为"元宇宙"元年。

"元宇宙"概念最早由科幻小说家尼尔·斯蒂芬森在其小说《雪崩》（1992 年）中首次提出，原概念描绘一种虚拟世界的数字网络空间，人类使用自己的虚拟形象化身，进行超脱于物理空间的广泛社会活动。前些年，得益于计算机动画、动作捕捉、虚拟拍摄等技术的发展，曾经停留于文字上需要靠读者想象的"元宇宙"逐渐以视觉化的方式呈现，如可以帮助我们理解元宇宙概念的电影《黑客帝国》《阿凡达》《头号玩家》等。同时，得益于游戏引擎、人机交互等技术的发展，我们也体验到了已经初现元宇宙端倪的游戏，如《第二人生》《我的世界》《堡垒之夜》等。而现在，区块链、虚拟现实、增强现实、人工智能、机器人、脑机接口等技术迅猛发展，让元宇宙越发如其最初的科幻文学描述，以一种连接虚拟与现实的融合姿态向我们走来。

从学术角度来说，"元宇宙"在目前是没有清晰定义的。清华大学沈阳教授团队先后撰写了三版《元宇宙发展研究报告》，每一次改版对元宇宙的定义都会进行修订。在第三版中，该团队从不同角度出发，整理出了元宇宙的"小中大全"四个概念、元宇宙的"三个三"（三维化、三元化、三权化）定义，以及元宇宙的数学定义。在这里，我们引用该团队基于"三个三"提出的定义：元宇宙是整合多种新技术的下一代互联网应用和社会形态，它基于扩展现实和数字孪生技术实现时空拓展，基于人工智能和物联网实现数字人、自然人和机器人的人机融生，基于区块链、Web3.0、数字藏品/NFT①等实现经济增值。在社交系统、生产系统、经济系统上虚实共生，每个用户都可进行世界编辑、内容生产和数字资产自我所有。

现在，让我们回到"泛动画"的思维范式，动画是指以制造"运动幻觉"为目的的一切表现手段。其中，"运动幻觉"的目的就是不断满足人类的综合维度感官体验，而"一切手段"就是技术集成。纵观动画的发展，从无声到有声，从平面视觉进化到立体视觉，从单向播放到双向交互，从限制视角到全景视角，也是在不断满足人类的综合维度感官体验。从人类社会媒介发展的角度来说，自从互联网在 20 世纪末进入人类的日常生活中以来，它就连接了真实世界与虚拟世界，人类一直活在线下和线上相结合的混合现实世界里。只不过 Web1.0 是静态网页时代，特点是信息传递和信息单向流动，用户可以在虚拟世界浏览信息，却缺乏互动性和个性化。Web2.0 增加了交互性，用户不仅可以浏览信息，还可以参与和生成个性化内容，增强了虚拟世界与现实世界的连接。但是，这种连接囿于所谓

---

① NFT，全称为"Non-Fungible Token"，指非同质化通证，是区块链中具有唯一性特点的可信数字权益凭证。

的"屏幕"和"中心化",沉浸体验较差。到了Web3.0时代,也可以说元宇宙时代,虚拟现实、增强现实、脑机接口、区块链等技术可以突破Web2.0的限制,呈现出高沉浸感、高自由度、融合虚拟世界与现实世界的综合环境,满足人类的综合维度感官体验。因此,我们完全可以将元宇宙置于"泛动画"的概念下去思考,追溯元宇宙过去的积累,攻克元宇宙现在的难题,推测元宇宙未来的发展走势并提前布局。历史的教训很深刻,孤立看待问题,盲目追求热点,完全从经济角度把它"炒"为一个股票市场的新主题,对真正的元宇宙产业来说毫无益处,甚至现在已经有很多人把"元宇宙"概念当作了泡沫。

综上所述,我们可以肯定,虽然现有的"泛动画"技术只能靠近,却无法达到如科幻文学、影视作品中展现的元宇宙,但随着技术的不断进步,元宇宙一定是动画产业发展的必然走向,未来的动画形态将在虚拟现实的基础上,进一步将现实元素映射其中,丰富人类感官的综合体验,从而实现扩展现实的美好愿景。

(二)动画与元宇宙的相互影响

随着元宇宙的成熟与发展,动画与元宇宙将产生深度的相互影响。我们可以通过把元宇宙分成模块,并在每个模块之内思考其与动画之间的相互影响来进行分析。在这里,我们以清华大学沈阳教授团队对元宇宙划分的"人""货""场""器""境""艺"作为基础,以一个完整的社会生态系统对其进行考量,将其进一步划分为"元宇宙居民""元宇宙环境""元宇宙生活"三个方面。

1. 元宇宙居民

元宇宙居民指数字人和人形机器人。基于真实用户的数字分身可以根据用户的三维扫描数据生成,用户也可以摒弃自己本身的外貌属性,具有高度自由化选择,甚至创作全虚拟角色的权利。同时,元宇宙内也会有非真实生命体映射的人形机器人。他们都是元宇宙的"居民",而这些"居民"的存在,是需要动画技术作为基础支持的。为了让"居民"的沉浸体验更强,元宇宙也会推动动画技术向模型采集更精确、表情动作更流畅、定制自由度更高的方向发展。

2. 元宇宙环境

元宇宙环境是居民生存的空间,既有现实空间的数字孪生,也有纯虚拟的元空间。这一部分的建设同样需要以动画方式来完成,这也促进了动画的内容创作和叙事,可以以更具有交互性与沉浸感的方式呈现。这些空间也可以反过来为动画作品提供更广阔的传播和展示平台。例如,元宇宙中的虚拟展览馆、虚拟影院、虚拟剧场等场所可以为动画作品提供更丰富的展示方式。

3. 元宇宙生活

元宇宙生活包含"经济""社交"等方方面面，构成了居民的全部生活内容。从经济上说，元宇宙包含大量数字资产、数字藏品、NFT 等，具体应用如在元宇宙中销售虚拟服装、虚拟交通工具等。从社交上说，元宇宙内丰富多彩的内容及各种交互的实时反馈，都极大满足了用户的多感官体验。这也为动画产业带来了更多的商业模式和创新机会。例如，可以将现实世界中已经成功的动画 IP 移植到元宇宙，打造一批数字资产。独立创作者也可以在元宇宙中进行满足元宇宙居民精神需求的产品设计，通过买卖实现商业变现。

可以预见，动画技术的发展和迭代会使元宇宙成为现实，而元宇宙对动画的影响也是多元的，它可以为动画创作带来更多的可能性，提升用户的沉浸体验，创新商业模式和传播展示平台，为动画产业注入新的活力。随着技术的不断进步和市场的不断扩大，元宇宙与动画的结合将有更大的发展空间和潜力。

（三）虚实共生——连接现实与虚拟的生命行为数字化

从前面的论述中，我们可以发现，无论是动画的发展，还是人类媒介形态的演变，其走向都是不断丰富人的感知体验，达到综合感知维度，进而得到最大化的沉浸体验。也就是说，无论媒介怎么发展，技术怎么进步，其服务对象都是人。"以人为本"，也是今天泛动画、数字娱乐、数字创意等产业的核心内容。在此背景下，迪生公司再一次迎来了使命——连接现实世界与虚拟世界的双向映射和转换，将人的肉体生命行为数字化。

2023 年，迪生公司成功开发了具有自主知识产权的高灵敏脑机反馈技术，与国内顶级神经电生理专家合作，形成了完整的人类生命行为数字化技术架构，并将这个架构融合于迪生公司自主开发的核心技术平台 VDP 中，形成了一个完整的生命行为数据交换和应用场景技术衔接的技术平台，从而实现了对多种人体行为特征的数据采集、整理和交换，准确、高效、开放地进入游戏、虚拟现实、元宇宙等多种数字内容的应用场景。

迪生公司的 VDP 平台，作为虚实融合解决方案的核心关键技术，构建了一座跨域的桥梁，连接虚拟世界与现实世界的数据交换平台及设备接口。在 VDP 平台助力下，不同技术体系的设备和软件数据得以互通整合，为满足多样化需求提供综合性解决方案。VDP 平台的建设源于迪生公司多年对动作捕捉技术和扩展现实技术的研究与实践经验，将多种接口互换协议与系统插件融为一体。VDP 平台架构如图 7 所示，其采用八层系统架构和鱼骨技术流程结构，为解决方案的实施提供了坚实的技术支撑。VDP 平台具备强大的数据交换能力，实现了现实世界与虚拟世界的无缝对接。借助这一平台，各类设备与软件之间的数据传输更为便捷，为创新应用提供了广阔的空间。VDP 平台支持多种接口互换协议，解决了不同技术体系之间的兼容性问题。这使各种设备与软件可以充分发挥自身优势，共同构建起强大的虚实融合解决方案。VDP 平台整合了多种系统插件，为用户提供一站式解决方案。用户可以根据自身需求，选择合适的插件进行定制，以满足不同场景的应用要求。

VDP 平台还是一个多层架构的感知综合平台，更是感知信息交换平台，能够和许多影视设备、交互设备、终端设备厂家进行数据交换，这是在迪生公司 30 多年来与动画、游戏、广电领域的多家国内国际大厂深度技术合作的基础上建立起来的，具有巨大的资源价值。通过 VDP 平台，我们可以将感知测量，包括动作捕捉、表情捕捉、空间和造型数字化、现场环境评测等，通过数字通信平台汇集和驱动，通过虚拟数字引擎注入人类智慧（如设计、创意），形成数字内容，再输出到各种场景呈现设备。这样就形成了多种数字创意解决方案。

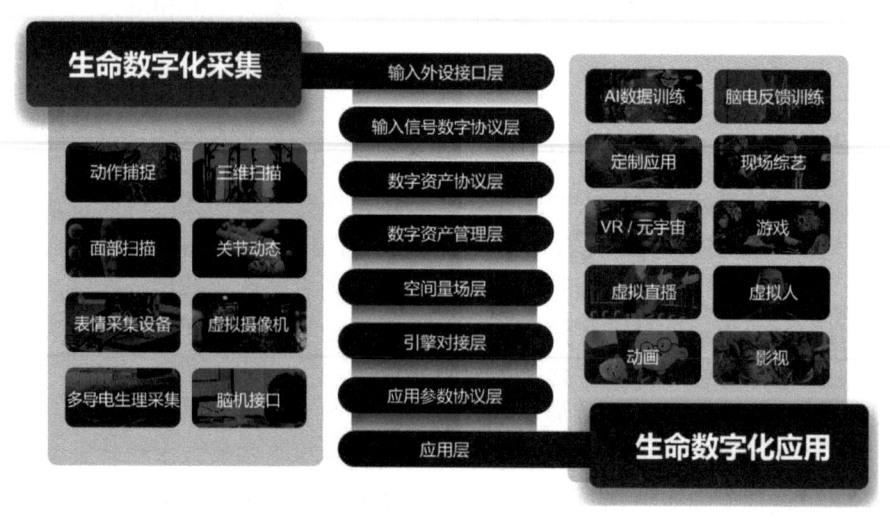

图 7　VDP 平台架构

VDP 平台的基本架构如下所述：

1. 输入外设接口层

这一层主要负责与各种外部设备进行通信，如动作捕捉摄影机、虚拟摄影机跟踪传感器、光强敏感器、音响强度传感器、无人机控制器、广播车现场控制台等。通过这一层的接口，各类设备可以非常方便地接入整个系统，为后续的信号处理和分析提供数据支持。

2. 输入信号数字协议层

目前的输入信号大部分是数字信号，但很多设备的数据标准并不统一，而且仍有部分特殊设备是模拟信号。模拟信号通过信号转换器从这里进入 VDP 平台，非标准的数字信号经过数据格式转换，可以与其他互动设备通信。

3. 数字资产协议层

这一层主要负责对数字资产的定义、存储和管理。数字资产包括各种格式的文件，如三维造型图形、点云数据，以及一般的图像、音频、视频等。

4. 数字资产管理层

这一层对数字资产进行统一管理。不同于一般的动画和游戏的数字资产管理，VDP 平台的数字资产管理层是将引擎的数字资产（如场景造型）、互动信号内容、第三方虚拟演播室的造型灯光数字资产、外设的三维数字化造型数字资产、互动信息数字资产、动作捕捉的动作数据、神经电生理数据等多种设备引擎作为统一的数字资产管理，并在内部实行数据的去中心化和透明化，这样才能灵活地输出不同的技术解决方案。

5. 空间量场层

空间量场层是对空间信息进行处理和分析的关键。通过对空间数据的挖掘和分析，系统可以实现对现实世界的感知和理解，以及对实体对象的精确定位和空间分析。

6. 引擎对接层

这一层负责对接各种引擎，如计算引擎、数据引擎、搜索引擎，以及人工智能大数据模型等。利用引擎的强大功能，系统可以实现对各类数据的快速处理和高效分析。

7. 应用参数协议层

在这一层，用户可以设置各种参数，以满足不同应用场景的需求。例如，在图像识别任务中，用户可以设置图像的分辨率、采样率等参数。

8. 应用层

这一层是整个系统的最外层，面向最终用户。应用层提供丰富的功能，如数据可视化、分析报告、智能推荐等。用户可以根据自己的需求，选择合适的应用模块。

通过以上八个层次的协同工作，整个系统可以实现对各类数据的采集、处理、分析、管理、应用等功能。在实际应用中，各个层次可以根据具体需求进行灵活调整和扩展，以满足不断变化的市场需求。从单一功能的专业设备，到复杂解决方案的应用过程，仍然需要不断探索。迪生公司凭借30多年在数字领域的丰富经验和技术积淀，将这些技术应用于具有自主知识产权的虚拟数字平台。通过攻克一个又一个技术难题，不断整合数字领域的最新科技成果，迪生公司最终打造出多元化解决方案。随着包括虚拟现实、人工智能和元宇宙在内的数字经济的迅猛发展，这些解决方案仍在不断拓展和延伸。

四、结语

未来，迪生公司将专注于虚拟和现实的交互融合领域，凭借30多年的技术积累，以"泛动画"为切入点，深入研究人体运动数字化采集（动作捕捉）、形体特征数字化采集（三维扫描）、表情捕捉、虚拟主观视角的虚拟摄影、脑电神经测量与分析反馈等技术，并将感知测量数据映射到有更大信息量的虚拟世界。

在服务形式上，迪生公司将在进行技术研发的同时，注重将内容制作与产品定制开发相结合；通过不断自我验证与提高，为客户提供更优质的服务与创新体验，推动虚拟现实技术的发展与创新。在未来的探索中，迪生公司将继续拓展业务领域，为用户提供更高品质的扩展现实体验。

二维数字人直播带货

李世尊[1]

一、应用场景及解决方案详情

（一）直播带货面临的需求痛点和挑战

从 2018 年起，直播带货已经成为一个不可或缺的营销工具，尤其在中国市场。随着消费者对购物体验的期待日益提高，品牌和商家越来越依赖直播平台来展示产品，同时与顾客互动，并最终促成销售。然而，在这个迅速发展的领域，一系列需求痛点和挑战逐渐浮现。

1. 传统的直播带货模式具有劳动密集度高和成本高昂两大缺点

为了维持直播间的活跃度，商家需要投入大量的人力资源来管理每场直播活动，包括但不限于选品、撰写脚本、培训主持人、直播时的运营操作等多个环节。这种模式耗费时间，对于中小企业或商家而言，高昂的成本常常成为他们难以承担的负担。

2. 直播带货行业面临人才稳定性和一致性挑战

真人主持人可能因个人原因无法持续稳定地进行直播，如生病、情绪波动等，这些因素都可能影响直播的质量和场次，导致商家的利益受损。此外，不同主持人之间的表现差异也会传递出完全不同的信息，从而影响品牌形象和销售效果。

---

[1] 李世尊，北京广益集思智能科技有限公司首席执行官。北京广益集思智能科技有限公司是国内首批成功实施人工智能生成内容应用的企业之一，是二维数字人直播带货的创造者。

3. 直播带货过程存在合规风险

在直播过程中，主持人可能无意中使用了敏感词汇，或进行了不恰当的表述。这不仅会对品牌形象造成损害，还可能引发法律风险。因此，商家需要投入额外的资源监控直播内容，确保合规。

4. 传统真人直播的效率和覆盖面也是限制因素

由于依赖真人主持人，直播的时间和频率受到限制，这意味着品牌无法实现全天候、全方位的产品推广。同时，由于具有语言和文化差异，跨境电商在直播带货时面临更大的挑战。

综上所述，传统直播带货模式虽然有效，但劳动密集度高、成本高、稳定性低、合规风险高，以及效率和覆盖面有限等问题，已经成为商家亟待解决的需求痛点。这些挑战催生了对解决方案的创新需求，特别是能够利用人工智能技术来优化直播带货流程、降低成本、提高效率和安全性的解决方案。

（二）解决直播带货痛点的方案

市场有痛点和需求，就自然催生出了一系列产品和技术来解决问题，这类产品和技术被统称为数字人直播产品。数字人直播分为卡通人形象虚拟主持人和二维仿真虚拟主持人两个发展阶段。

1. 卡通人形象虚拟主持人

2018 年前后，市场上开始有科技企业着手开发用计算机动画技术制作的卡通人形象虚拟主持人。2020 年，不少商家开始使用虚拟主持人进行直播，但同时出现了一系列的需求与供给错配的情况。例如，业内服务商想要制作精良的虚拟主持人模型，而这种模型依赖大量前期建模，这意味着巨大的成本。大部分商家没有相应的高额预算，只能采用一些较为粗糙的模型进行直播。这些模型与品牌的市场形象不符，最终销售结果不佳。同时，基于计算机动画建模而成的虚拟主持人，在直播间中的口播展示其实与背后的讲解音频关系不大。绝大多数虚拟主持人无法对准口型，失去了部分直播画面展示的意义。虚拟主持人的声音都是基于传统的文本转语音技术，声音机械感重，直播间试听效果不佳。最致命的是，当时大部分虚拟主持人无法与消费者进行互动，这样的功能缺失，导致这个阶段的虚拟主持人产品只能满足直播行业的部分浅层需求。

卡通人形象虚拟主持人如图 1 所示。

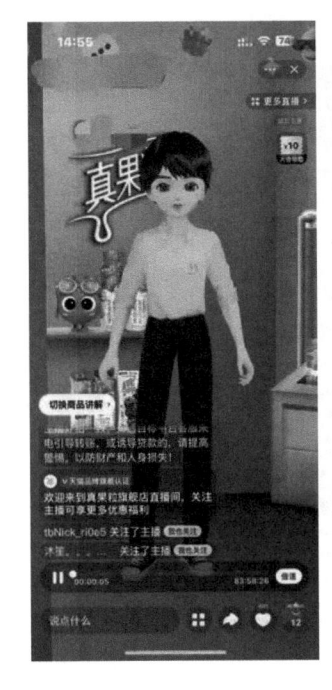

图 1　卡通人形象虚拟主持人

2．二维仿真虚拟主持人

第一阶段的发展并不顺利，技术发展让这条赛道快速进入第二阶段。在这个阶段，掌握计算机视觉生成技术的团队开始尝试消除行业痛点。最终，2022 年 2 月 28 日，也是当年的电商节日"3.8 女神节"开始的第一天，集思科技（Johnsmith.ai）在 38 家知名品牌的京东平台直播间中推出了全网第一个二维仿真人直播带货案例，当时参与的商家包括兰蔻、圣罗兰、欧莱雅、玉兰油、科颜氏等知名品牌商家。和卡通人形象虚拟主持人相比，这些二维仿真虚拟主持人具有明显的优势：首先，二维真人形态的虚拟主持人满足了更多品牌的市场形象需求，可以被更多商家品牌接受。其次，这些虚拟主持人可以与消费者进行互动。得益于计算机视觉生成技术的突破，从 2020 年下半年开始，计算机视觉生成技术在生成人脸及匹配口型方面有了重大突破。例如，印度理工学院的 K. R. Prajwal 在 2020 年下半年发布了著名的 Wav2Lip 模型，该模型已经可以提供高度拟真的口型匹配。在交互方面，人们在 2022 年开始逐步意识到大模型的潜力，集思科技率先将二维数字人与大模型的交互能力结合在一起，突破了传统抓取关键词的交互方式，使数字直播间的回答是基于语义的回答，效果更加精准和自然。

二维仿真虚拟主持人如图 2 所示。

图 2　二维仿真虚拟主持人

3. 集思科技解决方案

数字人人工智能直播作为一种新兴技术，为品牌和商家提供了全新的降本增效的营销手段。尽管数字人直播带来了前所未有的机遇，但在实际应用中面临一系列挑战和难点。

（1）技术实现难度较大。

数字人人工智能直播依赖先进的计算机视觉技术和大数据处理技术，需要高水平的技术支持才能实现虚拟主持人的自然语言处理、实时互动反应等功能。这不仅要求有强大的技术研发团队，还需要持续的技术更新和优化，以及对场景的深刻理解，以适应不断变化的市场需求。

（2）消费者接受度存在不确定性。

虽然数字人人工智能直播具有成本低、效率高等优势，但消费者对于虚拟主持人的接受度存在不确定性。在一定程度上，真人主持人的个性魅力和即兴互动是虚拟主持人难以全面替代的。因此，如何提升数字人人工智能直播的互动性和真实感成为提高消费者接受度的关键。

（3）内容生产和管理的复杂性。

虚拟主持人需要大量的预设脚本和内容支持，这对内容生产团队提出了较高的要求。同时，在直播过程中如何有效地管理和控制内容，让内容变得有吸引力，也是一大挑战。

面对这些问题，集思科技通过技术手段打造符合直播场景的数字人直播产品，使产品在视觉、听觉和交互上均满足品牌在电商平台上直播的需求。集思科技的解决方案主要围绕三大核心领域展开，即人力成本显著降低、直播效率大幅提升、直播效果增益。通过自研计算机视觉生成技术，集思科技能够帮助品牌实现 7 天 24 小时不间断直播，同时避免了传统直播中的稳定性问题和高昂的人力成本。此外，该解决方案还通过采取自动化流程和人工智能技术，提高了直播的互动性和个性化体验，从而提升消费者的参与度和转化率。

集思科技的产品基于顶尖的计算机视觉生成技术和大模型赋能的互动对话系统。集思科技开发了一套完整的人工智能直播技术框架，包括数字人"身体"的生成、语音克隆，以及"大脑"互动能力。通过对品牌方提供的基础文本进行处理，集思科技能够生成适合直播场景的脚本和回答，实现高度自然且专业的直播表现。尤其值得注意的是，集思科技的数字人技术不仅能够模拟真人主持人的外观和声音，还能够根据实时互动的情况进行智能回应，这得益于先进的人工智能对话系统——Streamer Copilot。该系统通过专门针对直播带货场景的训练，使数字主持人能够准确理解并回答消费者的问题，提供与真人主持人相媲美甚至更优越的互动体验。此外，集思科技还将数字人平台与电商平台之间的数据通道打通，电商的数据反馈可以帮助品牌对人工智能直播进行持续优化和改进。

随着生成式人工智能图像和文字技术的发展，数字人将越来越真实、自然、智能，在直播电商行业扮演越来越重要的角色。

二、二维交互型数字人技术及应用介绍

在电商直播的新时代，一个完整的二维数字人虚拟直播间，是计算机视觉技术、音视频技术、语音处理技术、自然语言处理技术等多领域技术融合的成果。这不仅要求技术团队具备跨领域的工作能力，还要应对数字人通常需持续直播 20 小时以上的挑战。集思科技在这一领域的工作，展现了人工智能在电商直播中的革命性进步。集思科技通过集成计算机视觉、语音处理和大模型技术，打造出高稳定性的数字人产品，不仅解决了传统直播带货的问题，还为合作品牌带来了前所未有的价值。

截至 2024 年 2 月底，集思科技已经为超过 300 个品牌客户提供服务，并成为欧莱雅集团、雅诗兰黛集团、宝洁集团、LVMH 集团、稳健集团等知名消费品集团的人工智能直播供应商。集思科技在技术应用和落地方面具有深厚功底，实现了多项技术突破。

（一）计算机视觉

在计算机视觉领域，集思科技利用先进技术创建了栩栩如生的数字人形象，实现了全身模型和面部表情的逼真呈现，使数字主持人能够展现与真人无异的自

然举止。通过持续研发，集思科技的数字人技术已经从最初的离线生成演变为流式生成，结合大模型和音视频技术，为消费者带来高度真实的购物体验。

（二）语音处理

在语音处理方面，集思科技的新一代语音处理技术仅需 30 秒的声音样本，即可克隆任何人的声音，并通过文本转语音技术实现自然流畅的语音输出，使数字主持人能够以多种语言和口音进行直播，极大拓展了受众范围。

（三）智能互动对话

在交互上，集思科技打造了基于大模型技术和专有数据开发的智能互动对话系统 Streamer Copilot，使数字主持人具备能够与真人媲美的互动能力，而且随着直播时长的增加持续积累品牌专属私域知识。这项技术让数字主持人能够理解并准确回应消费者的提问，提供个性化的购物建议和服务。通过持续优化模型，数字人形象变得越来越智能，能够更好地理解品牌价值和消费者需求。这个智能互动对话系统等同于在直播中不间断地帮助品牌建立其在大模型时代最重要的资产——知识库。知识库的建立需要真实消费者的数据反馈，结合专业人士的数据标注，如此才能获得最佳效果。因此，建立这种知识库往往需要一个周期，互动频次越高，周期越短。这种知识库将在未来的人工智能 2.0 时代，在品牌的发展过程中扮演越来越重要的角色。

集思科技对二维数字人技术的成功应用，不仅提高了直播带货的效率和效果，还为电商行业带来了全新的营销方式。与传统的真人直播相比，数字主持人直播不受时间和地点限制，能够实现 7 天 24 小时不间断直播，极大地降低了人力成本并提高了品牌曝光率。此外，由于数字主持人可以避免传统直播中可能出现的不稳定因素和风险，如主持人个人问题或不当言论等，为品牌形象提供了更有效的保护。

三、二维数字人直播带货的推广情况及经济社会效益

（一）二维数字人直播带货的推广情况

2022 年 2 月 28 日，二维数字人直播在京东平台的首次亮相，标志着该行业的崭新起点。随后，该行业在 2022 年保持稳健的增长，并在 2023 年全面爆发。在初始阶段，由于掌握相关技术的团队寥寥无几，而且市场对人工智能技术的认

知有限，采用二维数字人直播带货的主要是大型品牌。到了2023年，随着媒体曝光的增加，中小商家看到了数字人直播带货为大品牌带来的显著效益，开始纷纷尝试使用数字人直播带货。然而，市场上的产品质量参差不齐，许多商家使用低质量的数字人进行直播带货，没有效果，甚至被平台封禁，社交媒体上对此充斥着不满的声音。

2023年下半年，随着市场热度的降温，追逐短期风口而非长期发展的企业逐渐退出，市场上低质量的数字人提供者有所减少。这一变化为真正希望在行业内长期发展的企业创造了更健康的竞争环境。行业逐渐摆脱了初期的混乱状态，开始朝着更加成熟和有序的方向发展。2023年底，各种品牌在电商平台上使用数字人直播带货已经逐步成为潮流，欧莱雅集团、雅诗兰黛集团、宝洁集团、LVMH集团、稳健集团、资生堂集团均在其旗下的品牌直播间使用二维数字人进行直播带货。这些集团大多最早在2022年2月开始尝试使用二维数字人，二维数字人为其带来了可观的收益。这些知名品牌对数字人的使用形成明星效应，数字人直播间逐渐成为商家的标配。

（二）二维数字人直播带货的经济社会效益

在经济和社会层面，数字主持人技术的发展同样有着深远的影响。

1. 经济效益

在经济效益方面，该技术通过节约成本和提升效率为企业带来了显著的利润增长。数字主持人技术降低了直播带货的成本，消除了对昂贵直播场地、设备和人力资源的依赖，从而降低了企业的运营成本。此外，通过采取自动化直播流程和智能互动对话系统，提高了直播效率，使品牌方能够即时响应消费者的咨询并提供个性化推荐，从而增加销售机会并提升转化率。这种技术还使品牌能够扩大直播覆盖范围，触及更广大的受众群体，凭借高度逼真和个性化的互动能力吸引更多消费者参与，带来更多的订单和更高的净利润。

2. 社会效益

在社会效益方面，数字主持人技术促进了就业结构的转型。随着该技术的应用日益广泛，传统的直播带货模式正在逐步向以数字主持人为核心的新模式转变。这一转变不仅为技术开发、内容创作和后期制作等新兴职业创造了就业机会，也推动了数字经济的发展，让原本的真人主持人回归人应该做的创造性工作，而不是日复一日地进行重复性工作，把重复性工作交给人工智能来做。集思科技研发出的流式数字人生成技术，可以呈现"双簧直播"模式，即真人主持人可以在任意地点在不露脸的情况下通过声音驱动前端数字人模型直播带货，这使数字主人的形象和人类的大脑结合，在灵活度上更加有优势，还可以使更多因外貌形象无法成为主持人的人在直播行业就业。集思科技目前正在与残疾人联合会进行合作，帮助残疾人在新兴的行业就业。

从数字人直播带货在过去几年的发展过程来看，技术在逐步提高，数字主持人变得更加逼真、更加智能，使用的商家数量在增加，商家满意度也越来越高。随着人工智能技术的不断提升，数字人直播带货将会在市场上越来越普及，帮助从业人员从标准化和重复性高的工作中解放出来，回归更有创造性的工作。

数字人技术应用与产业实践

袁海杰[①]

一、数字人技术应用场景

数字人技术是近年来迅速发展的一种跨学科技术，其应用已经渗透到各个领域，为人们的生活、工作和学习带来了巨大的变革。特别是随着元宇宙和生成式人工智能以及多模态人工智能技术的爆发，数字人得到全行业的重视与研究。

数字人技术是一种融合计算机图形学、人工智能、虚拟现实等多种技术的创新技术，其在人物形象创建、动作捕捉、语音合成、计算机视觉等方面具有先进性，采用了最前沿的科技。数字人可以分为两大类，一类是二维真人形象数字人，另一类是三维虚拟形象数字人。

三维数字人采用三维建模技术或者四维扫描技术，或采用人工智能技术，进行三维角色形象建模，之后将一个人的脸、身材、声音、性格等数字化，并结合真人动作编排，使用先进的动作捕捉、表情捕捉技术，以及录制采集表情，可以让数字人的动作更加逼真，更加符合人们的想象。

二维数字人技术是一种基于虚拟现实技术的创新型人物形象创建方法，主要包含以下关键技术。

（1）二维数字人拍摄技术。这种技术通常需要一个固定的机位进行录制，但实际导出视频的难度较大。

（2）二维数字人生成技术。这种技术包括语言特征提取分析、唇形驱动、动作驱动、文本转语音、高分辨率生成等相关算法。

（3）二维数字人应用技术。例如，通过输入音频与文本信息，驱动二维真人数字人形象，生成视频。这种技术可用于多媒体播报、知识教育、内容宣导、智能问答交互等场景。

数字人技术是一种创新技术，具有先进性、高效性、自动化和智能化等特点，在多个领域都有广泛的应用前景。随着技术的不断发展，数字人技术将会在更多

---

① 袁海杰，小哆智能科技（北京）有限公司首席执行官。小哆智能科技（北京）有限公司是领先的数字人技术解决方案提供商。

领域得到应用和推广。

以下是笔者对数字人技术应用场景的详细分析。

（一）数字人在政务领域的应用

数字人在政务领域的应用主要体现在以下几个方面。

1. 虚拟导服

在政务服务大厅、博物馆、图书馆、展馆展厅等场景，数字人可以作为引导服务助手，提供智能问答、路线指引等服务，帮助办事人员快速获取相关信息。

2. 政务咨询

在政府网站、热线电话等渠道，数字人可以提供全天候的政务咨询服务，解答市民提出的问题，解读政策和提供办事指南。

3. 反诈问答

数字人可以通过智能问答系统识别诈骗行为，提供反诈问答服务，帮助市民提高防范意识，减少诈骗案件的发生。

4. 政策解读

数字人可以借助人工智能大模型技术以及自然语言处理技术，对政策文件进行解读和分析，帮助市民更好地理解政策内容。

5. 办事指南

数字人可以根据市民的需求，提供详细的办事指南和流程指导，帮助市民快速办理业务。

数字人在政务领域的应用，可以提高政务服务的效率和质量，降低政府运营成本，同时提高市民的满意度和获得感，以及办事的便捷性。未来，数字人政务服务有望在全国范围内得到推广和应用。

（二）数字人在金融领域的应用

数字人在金融领域的应用主要体现在以下几个方面。

1. 客户服务

数字人可以作为智能客户服务人员，提供全天候的高效服务。在客户咨询、业务办理等方面，数字人可以借助自然语言处理、人工智能及大模型技术，智能识别客户需求，为客户提供个性化的建议和服务，提高客户满意度和忠诚度。

2．风险评估

数字人可以借助大数据和人工智能技术，对客户进行风险评估，包括信用风险评估、欺诈风险评估等。通过数字人的分析，金融机构可以更加准确地判断客户的信用状况和欺诈风险，提高风险控制能力和业务运营效率。

3．金融营销

数字人可以作为营销助手，为金融机构提供智能化的营销方案。数字人可以根据市场趋势和客户需求，智能推荐产品和服务，提高营销效果和客户转化率。

4．监管合规

数字人可以作为监管合规助手，帮助金融机构满足监管要求。数字人可以通过自动化审核和智能识别技术，对业务数据进行实时监控和分析，及时发现违规行为和风险点，提高监管合规的效率和准确性。

5．虚拟柜员

数字人可以作为虚拟柜员，协助客户办理业务。在银行、证券等金融机构，数字人可以借助智能交互技术，与客户实时进行沟通，解答疑问和办理业务，提高服务效率，改善客户体验。

数字人在金融领域的应用可以在提高业务运营效率、降低成本、提高客户满意度和忠诚度等方面发挥重要作用。随着技术的不断进步和创新，数字人在金融领域的应用场景也将不断拓展和深化。

（三）数字人在娱乐领域的应用

娱乐领域是数字人技术应用最广泛的领域之一，主要包括游戏、动画、电影、短视频等产业。在游戏产业中，利用数字人技术可以创建出生动逼真的超写实三维数字人角色，让玩家或观众身临其境地体验游戏或故事情节。例如，在电子游戏中，借助数字人技术，可以呈现出生动的角色形象和丰富的表情，让玩家具有更加真实的游戏体验。同时，利用数字人技术，还可以创建虚拟主持人、虚拟偶像等，为观众带来全新的娱乐体验。例如，虚拟偶像团体初音未来、洛天依等在音乐界和动画界，以及广告营销行业都取得了巨大的成功。

（四）数字人在教育领域的应用

在教育领域，数字人技术为教学方式带来了创新。通过采用数字人技术，教师可以创建逼真的数字人作为教学助手，帮助学生更好地理解知识点和概念。例如，在科学教育中，可以创建虚拟实验室、虚拟科学家等形象，帮助学生更加深入地理解科学原理和实验过程。同时，数字人技术还可以用于模拟实验、模拟场景等方面，提高教学效果和学生的学习兴趣。例如，医学教育可以利用数字人技术进行模拟手术，提高医学生的实践技能和操作水平。

（五）数字人在医疗领域的应用

在医疗领域，数字人技术可以用于医学教育和模拟手术。借助逼真的数字人体模型和器官模型，医生可以模拟手术过程和操作技巧，提高手术水平和治疗效果。例如，外科医生可以利用数字人进行模拟手术，提高手术技能和操作水平。同时，数字人技术还可以用于康复训练和疼痛管理等方面，为患者提供个性化的治疗方案。

（六）数字人在商业领域的应用

在商业领域，数字人技术可以帮助企业进行品牌形象宣传和产品推广。通过创建逼真的数字人或根据企业需求定制数字人形象，可以吸引更多的消费者关注。例如，在汽车行业，企业可以利用数字人技术呈现出生动逼真的汽车形象和驾驶体验，吸引消费者关注，增强其购买意愿。同时，数字人技术还可以用于产品演示和交互体验等方面，提高消费者对产品的认知度和购买意愿。

数字人在电商行业的应用尤为突出，数字人在电商行业的应用场景主要包括以下几个方面。

1. 品牌直播间客户服务人员、带货主持人

数字人可以7天24小时全天候在线，降低人力成本。同时，数字人具有较高的智慧交互能力，可以深度解析消费者对产品的疑问，有效延长消费者在直播间的停留时间，进一步增加流量。

2. 营销创新

采取数字人技术与动作捕捉技术，进行内容和营销上的创新，成为品牌从营销同质化竞争中脱颖而出的关键。这种方式可以更好地帮助企业传递品牌价值，帮助商家留存粉丝，助力成交，创造收益。

3. 短视频带货

结合人工智能大模型与商品特点，输出相关文案，再使用文案制作数字人带

货的短视频，而且随时随地批量制作，这种方式可以极大地节省人力和物力，提高商家的效率，降低成本开销。

（七）数字人在文旅领域的应用

在文旅领域，数字人技术可以用于旅游景区的宣传和推广。游客通过逼真的虚拟导游或虚拟景区导览员，可以更加深入地了解景区文化和历史背景。例如，博物馆可以借助数字人技术呈现出生动的历史人物形象和场景，提高游客对历史文化的认知和理解。同时，数字人技术还可以用于博物馆、艺术馆等展示场所的数字化展示和交互体验等方面，提高观众的参观体验和参与度。

（八）数字人在新闻传媒领域的应用

在新闻传媒领域，数字人技术可以帮助媒体机构实现新闻报道创新和升级。通过逼真的虚拟新闻主持人，媒体机构可以吸引更多的观众关注。例如，在体育比赛中，可以借助数字人技术呈现出生动的比赛场景和运动员形象，为观众带来更加真实、生动的比赛体验。同时，数字人技术还可以用于视频新闻的制作和发布等方面，提高新闻报道的时效性和表现力。

（九）数字人在社交媒体领域的应用

社交媒体是现代人交流和互动的重要平台之一，数字人在社交媒体领域也发挥着越来越重要的作用。通过社交媒体平台，数字人可以与用户进行互动，如发布动态、参与话题讨论、进行直播等。同时，数字人还可以根据用户需求进行定制和发展社交功能，提高用户的参与度。

二、应用成效

数字人的应用成效主要表现在以下几个方面。

（一）提升工作效率

数字人可以自动处理一些重复性的工作，降低人力成本，提升工作效率。例如，在汽车行业中，虚拟汽车驾驶人可以实时呈现车辆行驶情况，并通过真人形象模拟驾驶动作，为车主提供建议，帮助车主提高行车安全与效率。

（二）增强用户体验

数字人技术可以提升产品的智能化水平，提高产品竞争力。例如，在教育行业，数字人可以帮助家长了解孩子在日常生活中可能遇到的各种问题和解决方案及成长方向，增强家长与孩子之间的互动和沟通。

（三）创新营销方式

数字人可以作为品牌 IP 形象，用于产品宣传和推广。例如，在新闻播报中，虚拟主持人可以通过生动的形象和智能化的交互方式，吸引观众的注意，增强新闻传播效果。

（四）降低成本

数字人不需要支付薪资、福利等费用，可以降低企业的人力成本。同时，还可以通过智能化算法和数据处理技术，提高数字人数据处理效率和准确性，进一步降低企业的运营成本。

（五）促进产业升级

数字人的应用可以促进各个行业的数字化转型和升级。例如，在建筑行业，借助三维建模和可视化技术，数字人可以帮助设计师更加准确地呈现设计方案，提高设计质量和效率。

总之，数字人的应用成效非常显著，可以在提升工作效率、增强用户体验、创新营销方式、降低成本、促进产业升级等方面发挥重要作用。随着技术的不断发展，数字人的应用领域也将不断扩大和深化。

三、示范作用

数字人的示范作用主要体现在以下几个方面。

（一）引领创新潮流

数字人引领了科技和艺术的创新潮流。例如，虚拟偶像、虚拟主持人等的应用，改变了传统媒体行业的工作模式，使内容创作更加多元化、个性化。同时，数字人形象设计和动作捕捉等技术，也给影视、游戏等行业带来了新的创作思路和表现手法。

（二）拓展应用领域

数字人的应用领域不断拓展，数字人不仅在娱乐、游戏、教育等领域得到广泛应用，还逐渐渗透到医疗、金融、文旅等传统行业。例如，在金融行业，数字人可以作为智能客户服务人员，提供24小时不间断的服务，提高客户服务的效率和质量。

（三）具有较大的社会影响力

数字人不仅丰富了人们的娱乐生活，还具有较大的社会影响力。例如，虚拟偶像的形象和歌曲可以成为年轻人追求的潮流和时尚，引导年轻人的价值观和行为方式。同时，数字人的应用也可以促进数字经济的发展和产业升级。

（四）提升文化软实力

对数字人的设计和应用，体现了国家或地区的文化软实力。例如，2023年杭州亚运会开幕式的数字火炬手，融合了中华传统文化和现代科技元素，展示了中国文化的独特魅力和创新精神。这种文化软实力的展示，有助于提升国家或地区的国际形象和文化影响力。

总之，数字人的示范作用非常显著，具体体现在引领创新潮流、拓展应用领域、具有较大的社会影响力和提升文化软实力等方面。随着技术的不断发展和应用场景的不断扩大，数字人的应用前景将更加广阔。

高质量的数字人驱动方式——光学动作捕捉技术

雷景伊[①]

随着元宇宙的不断发展和落地,数字人成为组成元宇宙最基础的单位。数字人的应用领域逐渐变得广泛,运营和管理也日趋成熟。作为数字人的驱动技术之一,动作捕捉已成为数字人应用场景中必需的底层技术。

一、数字人和动作捕捉技术的应用

(一)追求品质的数字人直播

数字人是作为现实真人在元宇宙世界的映射而出现的,虽然外表形象可以根据不同的目标人群进行定制,但其行为和动作需要最大限度地还原和符合真人运动规律。如果数字人动作过于滞涩和生硬,往往达不到代替真人工作应有的效果。

质量较低的数字人,或者"太假"的表演和互动,会受到直播平台、视频平台的禁止。例如,2023年5月9日,抖音平台发布《抖音关于人工智能生成内容的平台规范暨行业倡议》,在关于平台是否可以使用数字人技术的说明中,明确指出"使用已注册的虚拟人形象进行直播时,必须由真人驱动进行实时互动"。对低质量数字人采取"零"容忍态度的还有其他视频直播平台,禁止使用人工智能驱动数字人进行直播。

平台从不推荐到禁止使用低质量的数字人,主要由于目前人工智能在驱动数字人方面还不成熟,在技术和实施上存在一些难点。例如,人工智能对于图像和语音的处理能力还有待提高,目前难以达到真人效果。人工智能直播还存在一些道德和伦理问题。例如,使用人工智能进行数字人直播可能侵犯用户的隐私权和

[①] 雷景伊,北京度量科技有限公司市场经理,专注于动作捕捉技术在传媒娱乐领域的应用及推广。

肖像权，也可能引发不良竞争和虚假宣传等问题。"虚拟现实与元宇宙联盟"发布的《可信虚拟人白皮书》详细论述了目前人工智能驱动数字人面临的问题，未来如何对数字人进行规范，如何监管，避免侵权。部分直播平台为了维护用户权益，让平台健康发展，禁止使用人工智能技术进行数字人直播。大量使用人工智能技术进行数字人直播，可能导致平台的直播内容变得单一化、同质化，也会对平台的公平竞争造成影响，影响直播生态环境。

所以，为了保证数字人的质量，大部分 MCN 机构倾向于使用动作捕捉技术进行直播和产品宣传。目前，市场上有多种数字人真人驱动技术，包括光学动作捕捉、惯性动作捕捉、视频动作捕捉等。在多数情况下，高效率实现真人运动效果，光学动作捕捉技术稳定性和效果最好，但成本较高；惯性动作捕捉技术成本较低，精度也较低；视频动作捕捉技术处于发展阶段，在数字人驱动的精度上还在继续优化算法，以提高精度，达到商业应用要求。

在已有的数字人 IP、现实偶像虚拟替身案例中，使用光学动作捕捉技术作为驱动技术的占据绝大多数。例如，2023 年杭州亚运会的数字人火炬手，电视台虚拟主持人，包括中央电视台、湖南卫视、浙江卫视、苏州广电等的虚拟主持人，驱动均采用了光学动作捕捉技术。实时性、高效简单、运动自然逼真等特点，成为数字人选择使用光学动作捕捉技术驱动的重要原因。

（二）根据数字人的功能选择驱动技术

从功能来看，数字人可以分为非交互性和交互性数字人。不同数字人要完成的任务不同，工作场景不同，需要选择最适合的驱动技术。

1. 非交互型数字人

非交互型数字人是指没有交互功能的数字人。它们通常用于传媒和娱乐领域，以提供更加逼真和生动的视觉效果和体验。非交互型数字人的生成过程包括建模、动画和渲染等步骤，动作捕捉技术可以用来提高制作效率和效果。非交互型数字人通常用于展示特定的信息、表演等，用户只能被动接受，不能与其进行交互。非交互型数字人是一种相对简单的数字人，它们通常是由计算机程序或算法生成的数字化人物。

非交互型数字人可以应用的领域大致分为游戏、虚拟演唱会、影视制作、广告宣传等。这些领域对于数字人的质量要求非常高，所以需要更精准和稳定的模型驱动方式来完成。

2. 交互型数字人

交互型数字人是指在虚拟环境中与用户进行交互的数字化人物。它们具有更加智能和灵活的特点，可以通过语音、动作和表情等方式与用户进行交互，提供更加自然和个性化的服务。交互型数字人的应用领域非常广泛，通常是需要与人沟通互动的场景。

交互型数字人可以由计算机程序、人工智能算法和动作捕捉技术等共同生成，具有高度逼真的外貌和表情，以及智能交互能力。相比非交互型数字人，交互型数字人更加智能和灵活，能够与用户进行实时交流，提供更加自然和个性化的服务体验。交互型数字人可以应用的领域包括客户服务、虚拟直播、文旅导游、教育培训等。

交互型数字人根据场合选择驱动方式，动作捕捉驱动的效果和质量较高，用于需要创作和实时交互，以及一些非标准化的需要创造性的交互场景；人工智能驱动反应更快捷、部署更方便，适合标准化交流和互动模式固定的场景。

3. 动作捕捉技术驱动交互型数字人的优势

在元宇宙使用场景中，交互性是数字人重要的属性，所以下面着重介绍动作捕捉技术在交互型数字人中的优势。

（1）高度逼真的动作和表情。

动作捕捉技术可以捕捉真人演员的动作和表情，将其应用于数字人，使数字人的动作和表情更加逼真、自然。相比文本、音频、视频等驱动技术，动作捕捉技术可以更生动地展现角色的情感和行为。

（2）交互性和沉浸感。

动作捕捉技术可以实现数字人与用户的实时交互，使用户能够更自然地与数字人交流。相比文本、音频等驱动技术，动作捕捉技术可以更加直观地传递信息和情感，提高了交互性和沉浸感。

（3）灵活性和创意性。

动作捕捉技术可以使数字人的表演更加灵活和具有创意。相比脚本驱动，动作捕捉技术可以更加自由地发挥演员的表演能力，提高了数字人的表现力和吸引力。

（4）真实感和可信度。

动作捕捉技术使数字人的表演更加真实和可信。相比其他驱动技术，如卡通动画等，动作捕捉技术可以更加接近真实的人类行为和表情，提高了数字人的真实感。

（三）数字人驱动技术的使用成本降低

虽然光学动作捕捉是目前精度最高的动作捕捉技术，但成本高、有技术门槛，并未被个人或者小型工作室广泛使用。因此，质量比较粗糙，人物动作僵硬，具有穿模、滑步、抖动等问题的数字人在网络上频频出现。

降低使用成本，成为大范围普及光学动作捕捉技术的重要途径之一。

在国产品牌成熟以前，动作捕捉技术被国外品牌垄断，形成了技术壁垒。采购光学动作捕捉系统要支付高额的价格，其中包括极高的品牌溢价。这些系统的安装、销售、服务支持等都由国内的品牌经销商负责，在市场推广、定价、货期、售后服务等方面都存在一定的局限性，导致用户以极高的价格购买到性价比不高的服务。以往的光学动作捕捉用户大多是资金实力雄厚，对价格并不敏感的大型影视游戏工作室、传媒集团等。

随着元宇宙概念的普及，数字人将成为元宇宙最基本的组成单位，势必面临大量需求。一些新进入市场的数字人工作室亟须解决设备采购的问题，既需要优质的技术支持，又需要可以承担的产品价格。

由于国外发展较早，在动作捕捉技术方面形成了技术壁垒，这种技术壁垒保持了多年。但是，近些年，国产品牌逐渐打破了国外品牌的垄断地位。

国产品牌大多是从国外品牌的经销商发展起来的，通过多年的学习和积累，以及加大技术研发投入，已经追赶上了国外品牌，实现了对国外产品和技术的平替。同时，国产品牌凭借地域和本地优势，对供销生产渠道完全掌控，逐渐成为元宇宙底层技术的主要提供者，也成为大量数字人工作室的首选。

技术差距的缩小，体现在光学动作捕捉核心产品动作捕捉相机上，市场上动作捕捉相机镜头的最高分辨率可达 2600 万像素，国产品牌现在也可以研发生产出具有 2600 万像素的动作捕捉镜头［NOKOV（度量）Mars26H］，提供给专业影视特效和计算机动画制作行业。在动作捕捉行业，满足需求的产品非常多，在国产品牌的产品手册中都可以找到相应的产品。

除了在产品上的升级，国产品牌天然的地域优势也显现了出来，即本地化生产采购带来的低成本。在同样的预算下，镜头数量可以翻倍，而更多的镜头意味着更高的精度和数据质量。

在动作捕捉软件开发方面，不同产品的功能和效果正趋于同质化。数据实时观看、抗遮挡算法、连续校准、自动标定、动画引擎软件接口、快速修复数据、时间同步等功能，几乎所有的动作捕捉软件都已经实现。例如，国产 XING YING 软件经历了三次大的版本迭代，通过实时重定向、遮挡实时修复、一键后处理等功能，在数字人驱动中大幅减少了需要修复的数据，使数字人的驱动更加高效。

（四）促进产教融合，加速对元宇宙人才的培养

在教育行业中，普通高等院校和职业院校与元宇宙、动画、影视、文化、传媒等相关的专业也开设了动作捕捉课程。对元宇宙人才的培养是一个相对较新的领域，但已经有越来越多的教育机构和科技企业开始关注这一领域，并开展相关

的人才培养工作。通过建立专业课程、实践培养、行业合作、职业培训、跨学科合作等方式，加快对人才的培养。

动作捕捉厂商响应产教融合政策，将自身技术优势向学校输出，助力学校培养更多的行业人才。学校与企业加强合作，共同推动人才培养、科技创新和经济发展。学校和企业建立校企合作平台，共同制订人才培养方案，开展实践教学和实习实训，加强师资队伍建设，创新教学方式，拓展合作领域和模式。例如，北京度量科技有限公司（简称"度量科技"）整合了火星时代动画培训机构的资源，将市场上已经成熟的动作捕捉动画、动作捕捉影视制作、数字人制作等课程，提供给新建立动作捕捉课程的学科院系，协助其快速建立一套完整的教学体系。

二、什么是动作捕捉

（一）光学动作捕捉技术

动作捕捉技术源于"转描"技术，通过对演员动作的描绘，形成动作捕捉的概念，后来经过发展，逐渐形成光学、惯性、视频等不同实现方法的动作捕捉技术。

光学动作捕捉技术是一种高精度的动作捕捉技术，其原理是在场地内布置多个光学镜头，通过捕捉标记点的位置信息来捕捉人体或物体的动作姿态。这些标记点通常被贴在被捕捉对象的关键部位，如手臂、腿部、头部等。

通过多个光学镜头的协作，光学动作捕捉技术能够提供高精度、高稳定性的动作捕捉结果。该技术的应用十分广泛，常被用于电影、电视、游戏等娱乐产业，以及医疗、机器人、航天等领域。

标记点式光学动作捕捉系统利用多个光学相机从不同角度捕捉粘贴在被捕捉对象关键节点部位的标记点，并实时将其传输到数据处理工作站。工作站根据三角测量原理，计算出该点精确的空间坐标，并进一步计算出骨骼的六自由度运动。无论主动式还是被动式光学动作捕捉，都是基于标记点类型进行分类。主动式和被动式光学动作捕捉系统各有优点和缺点，具有互补关系。主动式光学动作捕捉系统实时性强，适用于工业制造、医疗、航天等领域，适用范围有限。被动式光学动作捕捉系统精度高、采样率高、实用性强，适用于高精度、大空间的定位需求场景。

（二）主动式光学动作捕捉系统

主动式光学动作捕捉系统采用 LED 光源作为标记点，这些 LED 光源通常被安装在人体关节部位，用来表示身体的关键节点。LED光源通过线缆连接电源供电，并发出光线。动作捕捉相机在场景中捕捉这些发光的LED标记点，然后利用计算机算法对这些点进行三维空间定位。其具有以下技术特点。

(1) 跟踪准确率较高，识别鲁棒性好。

(2) 自带光源，可在室内、室外使用，不受场地限制。

（三）被动式光学动作捕捉系统

被动式光学动作捕捉系统使用反光标记点作为身体关键节点的标记。这些反光标记点通常被贴在被捕捉对象的关键节点部位。光学动作捕捉相机发出红外光，这些红外光被标记点表面的反光涂层反射，然后被光学动作捕捉相机捕捉，利用计算机算法对捕捉到的反光点进行三维空间定位。其具有以下技术特点。

(1) 技术成熟，高精度，高采样率，低延迟，定位精准。

(2) 动作表演无障碍，标记点成本低，能够灵活增减布点，水下环境也可以适用。

(3) 无须为标记点提供电源，简化系统布线，提高布置效率。

（四）光学动作捕捉硬件

光学动作捕捉镜头是动作捕捉系统的核心，镜头的分辨率与视场角等数据决定了整个动作捕捉系统的动作捕捉效果与精度。光学动作捕捉系统利用红外光通过多个镜头对特定标记点进行观察和定位，来获取标记点的具体空间位置。光学动作捕捉镜头面板上的LED灯发出特定波长的红外光，照到被捕捉物，也就是反光标记点，反光标记点表面的反光材料将红外光反射回镜头，反射回的红外光经过信号处理，现场可编程门阵列（FPGA）抓取图像和进行算法处理，从而获得反光标记点在镜头中的二维坐标。一套动作捕捉系统通常有多个动作捕捉镜头，通过标定获取每个镜头的具体位置，从而得到三维坐标。

（五）光学动作捕捉软件

光学动作捕捉软件可以结合系统中多个镜头获取的二维坐标及每个镜头在空间中的位置信息，通过计算，得到六自由度、偏航角、横摇角、俯仰角、欧拉角等数据。

光学动作捕捉软件具备实时处理功能，支持完成系统标定、校正及数据采集、导出工作，其得到的数据可以通过实时远程设备访问平台传输，或通过SDK（C++语言）端口广播与ROS、Labview、Matlab（包含Simulink）等软件通信，进行二次开发，也可以接入动画制作软件和引擎，如 Unreal Engine、Unity、MAYA、Motion Builder、iClone 等。

（六）光学动作捕捉配件

1. 标定框

标定框是光学动作捕捉系统在校准时使用的标定工具。动作捕捉软件计算出镜头的准确空间位置和角度后，建立三维空间坐标，通过 L 型标定工具，即标定框，确定空间中的 X、Y、Z 三个坐标轴的方向和原点位置，为精确的动作捕捉做好准备。

2. 反光标记点

在光学动作捕捉系统中，被捕捉的目标上附着了能够反射红外光的标记点，反光标记点表面的反光材料反射的红外光会被多个镜头上的感应器矩阵接收，从而获取相关数据。

3. 连接线

连接线即普通网线，采用数电同传技术，通过网线就可以实现数据传输与供电。

4. POE 交换机

在数据传输中，POE 交换机通过网线接收光学动作捕捉镜头传输过来的三维位置数据，并将其传输到计算机，以便利用动作捕捉软件对数据进行进一步的算法处理，从而获取三维坐标、加速度等运动数据。POE 交换机同时也可以通过网线为镜头供电。

5. 镜头固定装置

镜头固定装置包含三脚架、云台、大力夹等。三脚架可以在缺少安装条件、较为空旷的场景使用，大力夹和云台同样可以用于多种环境条件下的镜头固定。

6. 动作捕捉服

动作捕捉服可以使反光标记点固定在人体表面，常用于影视动画、虚拟现实、运动分析、步态康复等领域。

（七）光学动作捕捉工作流程

1. 场地搭建

一套光学动作捕捉系统由红外光学镜头、动作捕捉软件、反光标志点、POE 交换机、线缆、标定框，以及三脚架等镜头固定装置组成。图 1 为场地搭建时用到的部分硬件设备。

图 1　场地搭建时用到的部分硬件设备

首先，将红外光学镜头用三脚架、夹具等镜头固定装置布置在场地周围，确保镜头视野能够覆盖捕捉区域。其次，将所有镜头通过网线连接到 POE 交换机。镜头通过 POE 交换机供电和传输数据，并连接到计算机中的动作捕捉软件。软件启动后，在页面中用实时模式操作，连接动作捕捉镜头。

2. 场地标定

系统软件和硬件搭建并相互连接成功后，下一步就是场地标定，场地标定分为 L 型标定与 T 型标定。其作用在于给动作捕捉区域建立三维坐标系，计算每个镜头在坐标系中的位置和姿态，只有完成标定后，才可以正确获取场地中各个标记点的三维坐标数据。

（1）L 型标定。

L 型标定通过将 L 型标定杆置于场地中央，在软件中进行相应设置来完成。其目的有两个：第一，确定统一的坐标系，通过对 L 型标定杆上四个点的定位，系统可以区分出长轴与短轴，从而定义出坐标轴的朝向和原点位置。第二，这一过程能够给看到 L 型标定杆的镜头一个初始参数，作为后面参数寻优的初值。

（2）T 型标定。

T 型标定的作用是给每个镜头足够的数据，使其能够在初值的基础上进行一个参数的迭代寻优。在这个过程中，软件处于 T 型标定模式，操作人员手持 T 型标定杆在场地中挥动，镜头实时捕捉大量数据。

3．数据采集与传输

（1）数据采集。

完成标定后，就可以进行被捕捉对象空间数据的获取。在需要定位的人或物体表面贴上反光标记点（一种表面涂有特殊反光物质的银灰色小球），动作捕捉镜头上的 LED 灯向外发射红外光，同时接收反光标记点反射回来的红外光。当多个光学镜头同时"看到"一个标记点后，这一标记点在空间的三维位置就会被确定。

数据采集如图 2 所示。

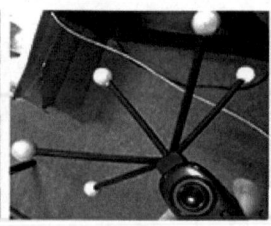

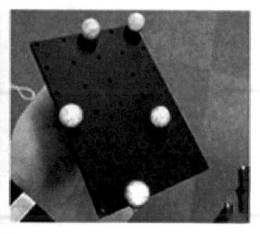

图 2　数据采集

（2）数据传输。

镜头获取的反光标记点位置信息需要实时传输到计算机中，以处理与使用数据。在光学动作捕捉系统中，所有镜头通过网线与交换机相连，当镜头获取反光标记点的空间位置（坐标）信息时，这些信息会通过网线传输到交换机，再由交换机统一传输到相连的计算机，并实时被动作捕捉软件接收。

数据传输如图 3 所示。

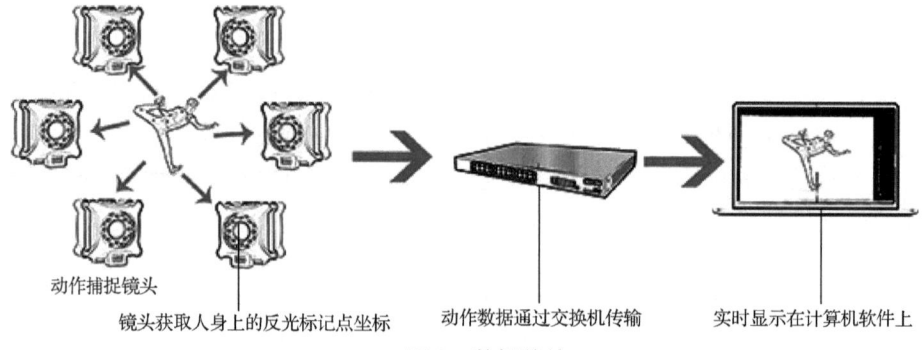

图 3　数据传输

4．数据识别与处理

软件获取多个反光标记点的三维空间位置后，下一步就是对物体进行识别。在同一物体表面贴有多个反光标记点，这些点之间的距离是不变的。因此，对同一物体上贴的点进行命名，并将点用线进行连接，表示两点间的相互关系，这一组点的名称与连线信息在软件中被记录为一组数据资产。当具有这组数据资产信息的物体出现在场地中时，即被系统识别为一个独立物体。

一些人体动作捕捉工作需要大量贴点捕捉数据，有专门的贴点模型可供选择使用，根据贴点模型，在人体固定位置粘贴反光标记点，并在软件中进行点的识别、连接与骨骼绑定。

当系统能够实时识别被捕捉物后，一个完整的光学动作捕捉系统就已经建立完成了，接下来就可以直接进行动作捕捉，捕捉到的模型数据可以在软件中进行调整与校正。根据不同领域和方向的需要，光学动作捕捉系统还可以与测力台等设备同步运动，捕捉数据，以及连接三维软件，进行数字人物生成等操作。

（八）影响动作捕捉精度的因素

光学动作捕捉系统以红外光学镜头作为核心产品，通过镜头获取定位物体表面反光标记点三维空间坐标数据，数据精度可达到亚毫米级，是精度极高的室内定位解决方案。

在各种实际应用中，需要获取速度、加速度、六自由度姿态等多种类型的数据。这些数据都是以系统获取的定位数据作为原始数据，通过软件计算得到的。因此，了解哪些重要因素会影响光学动作捕捉系统的数据精度，是十分必要的。

1. 镜头分辨率

被捕捉的反光标记点在镜头画面中以像素形式呈现，每个反光标记点作为像素图形被提取出中心点，进而获得这个点的二维坐标。那么，当这个点在镜头中呈现的图形接近圆形时，它被提取到的中心点坐标就会更加准确。因此，相比分辨率130万像素的镜头，在其他条件相同的情况下，分辨率1200万像素的镜头采集的数据精度更高。

2. 镜头视场角

镜头可以分为广角镜头和非广角镜头两种。相对来说，非广角镜头的视场角范围窄，但可视距离远；广角镜头的视场角范围广，但可视距离近。另外，广角镜头的边缘部分通常存在畸变，对边缘部分的反光标记点的二维坐标提取会形成一定的影响。

3. 系统标定质量

光学动作捕捉系统进行标定的一个重要目的是获取每个镜头之间的相对位置，确定镜头坐标系与大地坐标系之间的相对关系，为后续获取三维坐标数据做准备。在学习使用动作捕捉系统的过程中,标定操作是否标准规范,将直接影响最终的采集效果。

4. 镜头数量

在一套光学动作捕捉系统中,每个镜头看到一个反光标记点,可以获取一个二维坐标,多个镜头获取的点二维坐标数据,结合每个镜头自身的标记,以及大地坐标系,通过计算,可以得出点的三维坐标数据。

看到同一个点的镜头数量越多,该点在不同平面上的二维坐标数据也就越多,多个镜头平面相交,获取到的该点的三维坐标数据也就越精确,而当看到同一个点的镜头数量不够时,甚至会出现点丢失的情况。因此,镜头的数量越多,获取的数据精度越高,稳定性也就越好。

(九)动作捕捉的技术特点

在目前的动作捕捉市场中,对于产品的选择不是唯一的。针对不同的精度需求,市场上有多种产品可供选择。以国产品牌度量(NOKOV)为例,相机镜头分辨率从1300万像素到2600万像素,满足了影视动画、游戏制作、元宇宙数字人,以及校园教育的需求。2600万像素的动作捕捉镜头是目前市场上分辨率最高的动作捕捉镜头。

对于动作捕捉相机的镜头,需要关注几个参数,包括分辨率、延迟、最大探测距离、视场角等,如图4所示。

型号	规格	像素	分辨率	频率	延迟	3D精度	最大探测距离	视场角(FOV)	抗日光
Mars1.3H	Mars1.3H	1.3MP	1280×1024	240FPS	4.0ms	±0.2mm	11m*	56°×46°	可选
	Mars1.3HW	1.3MP	1280×1024	240FPS	4.0ms	±0.3mm	9m*	95°×74°	可选
Mars2H	Mars2H	2.2MP	2048×1088	380FPS	2.4ms	±0.15mm	21m*	70°×40°	可选
	Mars2HW	2.2MP	2048×1088	380FPS	2.4ms	±0.25mm	15m*	104°×55°	可选
Mars4H	Mars4H	4MP	2048×2048	180FPS	5.2ms	±0.1mm	32m*	52°×52°	可选
	Mars4HW	4MP	2048×2048	180FPS	5.2ms	±0.25mm	20m*	90°×90°	可选
Mars9H	Mars9H	9MP	4250×2160	300FPS	3.0ms	±0.05mm	28m*	68°×37°	可选
Mars12H	Mars12H	12MP	4096×3072	300FPS	3.0ms	±0.08mm	40m*	67°×52°	可选

图4 动作捕捉相机的镜头参数

1. 动作捕捉对数字人驱动的实时性

实时性预览对于数字人是必需的。在动作捕捉过程中，需要实时观察虚拟角色与实际演员的动作同步性。这种实时预览功能有助于动画师、导演在制作过程中进行有效的沟通和协作。通过实时预览，团队成员可以在拍摄现场立即看到虚拟角色的动作效果，进而更好地调整演员的表现、摄影角度和场景布置，提高整体制作效率。

在 2019 年的真人版电影《狮子王》的拍摄中，导演乔恩·费儒利用实时预览数字人技术，观察拍摄现场的虚拟动画效果，以此让制片人、导演和动画师在拍摄过程中更方便地沟通和协作，显著提高了制作效率。游戏《战地》（*Battlefield*）系列在开发过程中，游戏开发团队使用了实时预览数字人技术。基于此技术，动画师可以在捕捉过程中实时观察虚拟角色的动作，快速发现潜在的问题，并通过与演员的沟通，准确地调整动作表现。作为一款广泛用于游戏、电影和虚拟现实制作的实时图形渲染引擎，虚拟游戏引擎 Unreal Engine 同样支持配套动作捕捉设备的实时数字人预览功能，使用者可以在捕捉过程中在软件里观察虚拟角色的动作，进而利用游戏引擎对其实时进行调整和优化。这套整合技术已被许多游戏和电影制作团队采用（游戏《堡垒之夜》《瓦罗兰特》，电影《阿凡达Ⅱ水之道》《银河护卫队Ⅲ》）等。

2. 模型重定向功能

动作捕捉数据可用于模型重定向，即将捕捉的动作数据用于其他模型，从而使新模型具有相同的动作。这种技术广泛用于角色设计、游戏开发和虚拟现实领域。通过模型重定向，设计师可以重复使用现有的动作数据，节省时间和资源。

在《刺客信条》系列游戏中，开发商育碧（Ubisoft）使用模型重定向技术，将一个演员的动作捕捉数据用于游戏中的多个行人角色，使同类角色都具有相似的动作表现，这不仅提高了游戏制作效率，还令角色动作更加真实；电影《魔兽世界》（*Warcraft*）的导演邓肯·琼斯和制作团队使用了模型重定向技术，将捕捉到的单个真实演员动作数据用于虚拟角色群体（如兽人军团）的拍摄，使角色动作表现得更加真实自然；在制作《荒野大镖客：救赎 2》（*Red Dead Redemption2*）这款游戏时，开发商 Rockstar Games 使用了模型重定向技术，将马的动作捕捉数据用于不同品种和体型的马匹模型上。这使游戏中的马匹动作更加真实，提高了游戏的沉浸感，同时避免了重复的动作捕捉数据采集，在保障产品质量的同时有效降低了制作成本。

（十）解决传感器遮挡问题的算法和方法

光学动作捕捉系统依赖多个摄影机从不同角度捕捉附着在演员身上的标记

点。当某些标记点被遮挡时，系统可能无法从所有摄影机的视角捕捉到这些点，这就需要通过算法来解决遮挡问题。以下是几种常用的算法和技术手段。

1. 插值和预测算法

当一个标记点短暂丢失时，系统可以使用插值算法估计该点的位置。这通常涉及使用该点在遮挡前后的已知位置来预测其在遮挡期间的运动轨迹。常用的插值算法包括线性插值、多项式插值和样条插值等。

选择合适的插值或预测算法取决于多种因素，包括数据的性质、所需的准确性、计算资源和应用场景。例如，在动作捕捉中，如果对标记点的遮挡时间很短，线性插值或三次样条插值可能就够了。但是，如果需要预测一个动作序列的未来动作，可能就需要使用基于时间序列的预测模型或机器学习方法。

在实际应用中，通常需要对不同算法进行实验，以确定哪种方法在特定情况下表现最佳。此外，对算法的选择还可能受到数据量、噪声水平和计算效率的影响。在某些情况下，可能需要结合多种方法，或者对算法进行定制化修改，以满足特定的需求。在动作捕捉领域，这些算法确保在数据不完整的情况下，也能生成流畅且逼真的动画。

2. 基于物理的模拟

如果系统对演员的动作有一定的物理模型，它可以使用基于物理的模拟来预测标记点的运动。这种方法考虑了身体部位的运动学和动力学约束，以及演员的先前动作，来推断遮挡点的位置。

物理模拟在计算机图形学和动作捕捉中指的是使用计算机算法来模拟现实世界物理现象的过程。这些模拟包括力学、流体动力学、材料科学、光学等多个领域。在动作捕捉中，物理模拟主要用于创建更加逼真的动画，尤其在处理复杂的动作和交互时。

随着计算能力的提升和算法的进步，物理模拟在电影特效中的应用变得越来越广泛和精细。实时物理模拟正在成为可能，这对于虚拟现实和游戏开发尤为重要。

3. 重建算法

重建算法尝试从其他未被遮挡的标记点和已知的身体模型出发，推断遮挡点的位置。这种方法通常依赖骨骼动画系统，其中每个标记点都与特定的骨骼关节相关联。通过分析骨骼的整体运动，算法可以估计丢失标记点的大致位置。

在动作捕捉和计算机视觉领域，重建算法通常指的是从捕获的数据中重建三维结构或运动的过程。这些算法尤其在处理遮挡或数据丢失等情况时显得至关重要。

许多动作捕捉问题涉及非线性模型，这时需要使用非线性最优化方法。这些方法（如梯度下降法、牛顿法和拟牛顿法）可以处理复杂的目标函数，并找到全局或局部最优解。

在实际应用中，通常需要结合使用多种重建算法来处理动作捕捉数据。例如，可以先使用机器学习方法初步估计丢失的数据，然后使用优化方法进一步提高重建的精度。此外，还可以结合使用物理模型和数据驱动方法，以充分利用两者的优势。

4．机器学习和人工智能

随着技术的发展,机器学习和人工智能技术也被用于对动作捕捉数据的处理。系统通过训练算法识别特定的动作模式，可以在标记点丢失时，利用已学习的数据来填补缺失的信息。

在动作捕捉和计算机视觉领域，抗遮挡算法是指能够处理遮挡问题并准确追踪或重建目标的算法。机器学习和人工智能在这一领域的应用主要集中在通过学习大量数据来提高系统对遮挡情况的鲁棒性。随着人工智能技术的发展，抗遮挡算法将变得更加高效和智能，能够在更广泛的应用场景中具有可靠的性能。

5．多摄影机系统

动作捕捉系统会使用多个摄影机从不同的角度捕捉动作，以减少单个摄影机视角下的遮挡问题。即使某些标记点在一个摄影机的视角下被遮挡，其他摄影机仍然可能捕捉到这些点。

在动作捕捉系统中，多摄影机配置是一种常见的解决遮挡问题的方法。通过从不同的角度捕捉目标，多摄影机系统能够提供更全面的视野，减少单个摄影机可能遇到的视线遮挡问题。

多摄影机系统在动作捕捉中提供了一种强大的解决方案，能够有效地处理遮挡问题，并确保捕捉到高质量的动作数据。

6．优化算法

优化算法，如最小二乘法、遗传算法或粒子群优化算法，可以用来优化整个动作捕捉系统的性能。这些算法通过最小化预测位置和实际位置之间的差异来提高标记点重建的准确性。

在动作捕捉系统中，对抗遮挡算法的优化是一个持续的过程，旨在提高算法在面对遮挡时的准确性和鲁棒性。优化措施包括：将抗遮挡算法的代码开源，鼓励社区合作和共享。与学术界和工业界合作，共同开发和改进抗遮挡算法。随着技术的发展，抗遮挡算法将更加智能化，能够自动适应各种遮挡情况，为用户提供更高质量的动作捕捉数据。

7. 手动修正

在某些情况下,自动算法可能无法完全解决遮挡问题,特别是当遮挡情况非常严重或持续时间较长时。在这种情况下,动作捕捉数据可能需要人工干预和手动修正。

在动作捕捉过程中,尽管自动化的抗遮挡算法可以处理大部分情况,但有时仍然需要手动修正来确保数据的准确性。手动修正通常由动作捕捉技术人员或动画师执行,他们会在捕捉后的数据处理阶段进行细致的调整。

手动修正是动作捕捉后期处理的一个重要环节,它可以确保最终的动画质量。随着技术的进步,自动化算法的准确性和鲁棒性不断提高,但手动修正仍然是保证动作捕捉数据质量的重要措施。

总之,解决光学动作捕捉中的遮挡问题通常需要综合使用多种算法和技术。对这些方法的选择和应用取决于具体的动作捕捉系统、所捕捉的动作类型,以及遮挡的程度。

三、动作捕捉技术的社会效应和市场推广情况

动作捕捉技术在元宇宙中具有多种功能,产生了广泛的社会效应,通过捕捉人物的动作,将真实的动态和表情带入虚拟世界,增加用户的沉浸感和真实感,可以实时生成和捕捉物体和场景的动态效果,丰富元宇宙的互动体验。

目前,数字人在文旅、主持人、动画片中都有广泛的应用。数字人出镜的技术门槛降低,为人们带来了更多的内容体验。人们也逐渐对与数字人的互动表示出接纳和喜欢的态度。

1. 文旅推荐官,数字人楚楚

湖北文旅集团数字人楚楚在东湖论坛上正式亮相,成为湖北文旅推荐官,当地人称之为"湖北的女儿"。数字人楚楚可以初步实现语音交互、智能推荐、虚拟现实互动等功能,与游客进行简单的自然语言交互,并提供个性化的景点介绍和游览建议,在其背后提供支撑的湖北文旅大数据模型正在逐步完善。

武汉零点数字文化发展有限公司是楚楚的技术提供方,采用技术等级最高的超写实模式打造楚楚,做到毫发毕现、栩栩如生。楚楚的外貌从2300多位湖北女性面部特征"平均脸"数据融合而来,其人设为"湖北文旅推荐官"。在模型驱动方式上,采用动作捕捉系统,使用MARS镜头+XING YING动作捕捉解决方案,楚楚无论跳舞表演还是与观众互动,都显得真实自然。

2. 虚拟直播偶像狐璃璃

虚拟直播偶像狐璃璃在快手平台拥有超过400万名粉丝,精心打造的人设和

叙事风格让其成为元宇宙数字人的顶流 IP。狐璃璃被大家亲切地称为"快手女儿""主持人团宠",获得众多网友喜爱。数据显示,狐璃璃在快手 40 天收获近 120 万名粉丝,共进行了 42 场直播和 40 次短视频互动,日最高涨粉突破 15 万人。其中,狐璃璃直播时,在线人数最高超过 16 万人,累计点赞人数超过 1750 万人,短视频总播放量超 1 亿次,总互动数超过 250 万次。

3. 广电虚拟主持人苏小新

苏州广播电视总台锐意创新,积极布局元宇宙,以动作捕捉技术赋能内容生产,推动广电智慧制播,与度量科技携手打造了苏州广电首位虚拟主持人——苏小新。苏小新在苏州两会特别节目《太湖会客厅》中,以虚拟主持人的身份首次亮相,与现实主持人搭档配合,完成苏州两会期间的采访工作。

苏州广播电视总台推出了大型沉浸式访谈特别节目《非凡十年·大美中国苏州篇》。在原创歌曲《一梦姑苏》中,婉转悠扬的苏州评弹先声夺人,虚拟主持人苏小新随之配合动感音乐,倾情献唱,说唱与传统评弹"水火交融",古典与现代相互辉映,虚拟与现实交织,点燃节目高潮。苏州广播电视总台制播技术负责人评价道:"光学动作捕捉技术的介入,帮助我们高效创作了虚拟主持人苏小新。"